21 世纪高等职业教育创新型精品规划教材(会计类专业适用)

初级企业财务会计学习指导

Guide to Elementary Financial Accounting of Enterprises

主　编　史新浩
副主编　侯君邦　薄异伟
吴向阳　谭桂荣

内 容 简 介

本书是《初级企业财务会计》的配套辅导教材，也是特色专业建设的“双证融通”教材。本教材完全以新企业会计准则及其应用指南为依据，并把会计职业资格考试的要求渗透到教材中，突出会计实务的分析讲解，尽量避免过多理论性的阐述。

本教材每章均包括四个部分：第一部分是“本章基本结构框架”；第二部分是“本章重点与难点”；第三部分是“巩固练习题”；第四部分是“巩固练习题参考答案及解析”。学生通过自我练习，然后对照答案分析，可以检测自己对专业知识和实践技能的掌握程度，进一步加深对教材内容的理解。

让习题既成为掌握专业知识必不可少的环节，也成为总结考试重点和规律的重要手段。这也是本书希望实现的目标。

图书在版编目(CIP)数据

初级企业财务会计学习指导/史新浩主编. —天津：天津大学出版社，2009. 4

21 世纪高等职业教育创新型精品规划教材. 会计类专业适用

ISBN 978-7-5618-2953-0

Ⅰ. 初… Ⅱ. 史… Ⅲ. 企业管理－财务会计－高等学校：技术学校－教材 Ⅳ. F275. 2

中国版本图书馆 CIP 数据核字(2009)第 044836 号

出版发行 天津大学出版社
出 版 人 杨欢
地　　址 天津市卫津路 92 号天津大学内(邮编：300072)
电　　话 发行部：022-27403647　邮购部：022-27402742
网　　址 www. tjup. com
印　　刷 天津泰宇印务有限公司
经　　销 全国各地新华书店
开　　本 169mm×239mm
印　　张 17. 5
字　　数 373 千
版　　次 2009 年 4 月第 1 版
印　　次 2009 年 4 月第 1 次
印　　数 1－4 000
定　　价 35. 00 元

前言

财政部于2006年2月15日颁布了包括1项基本准则和38项具体准则在内的企业会计准则体系，同年10月30日又发布了《企业会计准则——应用指南》。新的企业会计准则已于2007年在上市公司中执行，2009年以后所有的大中型企业将全面执行这套准则体系。作为肩负着为国家培养高素质技能型专门人才任务的高职院校教师，我们认为有责任推动新企业会计准则在企业的全面实施，而编写教材是推动企业会计准则实施最有效的方式，为此我们编写了本套教材。同时，本套教材也是我们为高职高专会计电算化特色专业建设编写的系列教材之一。该教材以教育部"教高〔2006〕16号"文件精神为指导，由长期从事会计专业教学并有丰富实践教学经验的高职院校教师倾力编写而成。

本套教材在内容安排、布局及表达方式上，具有以下特点。

1. 定位准确。针对高职高专财会类专业教育"立足岗位，突出能力，理论必需，够用为度"的原则，突破传统教材以完整性、系统性、理论性见长的框架，在知识体系的编排上注意与职业资格考试尤其是会计从业资格、会计专业技术资格考试等相结合，把相关职业资格考试的要求渗透到教材中，使本套教材具有较强的针对性。

2. 内容最新。鉴于执行新企业会计准则及其应用指南的企业不再执行原有准则、《企业会计制度》、《金融企业会计制度》、各项专业核算办法和问题解答，为推动新会计准则在广大企业的全面有效实施，本套教材完全以财政部颁布实施的新的企业会计准则及其应用指南为依据，同时吸收了大量最新的研究成果和信息精心编写而成。我国新《增值税暂行条例》修订的主要变化，也在教材内容中得到了体现和运用。

3. 形式灵活。每章的开篇设置了"学习要求"、"能力目标"和"学习指导"，有利于提高学生学习的针对性；在教材内容的阐述中安排了适量的"试试看，你能行"小问题，与教材内容和例题相辅相成，有利于培养和提高学生分析问题和解决问题的能力；每章内容结束后，安排了"知识链接”，意在给学生提供一种学习的方法，提高学生分析问题、比较问题、归纳总结问题的能力，培养和锻炼学生查阅、检索资料的能力。通过灵活多样的形式，尽可能地让学生加深理解、轻松掌握会计准则的内涵及其应用。

4. 结构合理。会计准则体系庞大、内容繁多，为此我们分别编写了《初级企业财务会计》、《中级企业财务会计》。《初级企业财务会计》可以满足学生“双证融通”和技能培养的需要；《中级企业财务会计》可以满足学生进一步学习提高的需要。这两套教材并没有全面介绍企业会计准则的全部内容，而是对涉及一般工商企业的会计准则作了比较详细的介绍，同时突出了会计实务的分析讲解，尽量避免了过多理论性的阐述。本教材高度重视“双证融通”和技能培养，为此，编写了与教材配套的《初级企业财务会计学习指导》和《中级企业财务会计学习指导》，学生通过自我练习并结合答案分析，不断加深对所学知识的理解，检测自己对专业知识和实践技能的掌握程度。

本教材由史新浩任主编，侯君邦、薄异伟、吴向阳、谭桂荣任副主编。各章节编写人员如下：第 1、11 章由薄异伟、侯君邦编写，第 2 章由王瑜编写，第 3、4 章由吴向阳编写，第 5 章由李梅编写，第 6 章由张建峰编写，第 7 章由彭新媛编写，第 8 章由邵丽、史新浩编写，第 9、12 章由史新浩、谭桂荣编写，第 10 章由胡静丽、张玉编写。各章节编写人员负责初稿的撰写和初审。主编负责拟定编写大纲、章节架构设计，对全书内容进行修改、校正，最后总纂定稿。

本教材的出版得到了天津大学出版社的大力支持和帮助，出版社赵宏志先生对本书“双证融通”、突出实训等教材改革问题提出了很多宝贵的建设性意见，在此表示诚挚的谢意。需要特别说明的是，我们在编写本书时参阅了大量的已有成果，在此也向原作者表示衷心的感谢。

在教材编写过程中，虽然我们付出了很大努力，但限于水平，书中难免存在不足之处，恳请学界同人不吝指正，以便今后进一步修改和完善。

编　者
2009 年 1 月

目　录

提供的会计信息应当相互可比。

求企业应当按照交易或者事项的经济实质进行会计确认、计量
易或者事项的法律形式为依据。

1 总论

本章基本结构框架

本章主要内容

- 1. 财务会计概述
  - 财务会计的内容
  - 财务会计的作用
  - 企业财务会计与企业会计准则
- 2. 财务报告及其目标
  - 财务报告的概念及构成
  - 财务报告的目标
- 3. 会计基本假设与会计基础
  - 会计基本假设
    - 会计主体
    - 持续经营
    - 会计分期
    - 货币计量
  - 会计基础
- 4. 会计信息质量要求
- 5. 会计要素及其确认
  - 资产定义及其确认条件
  - 负债的定义及其确认条件
  - 所有者权益的定义及其确认条件
  - 收入的定义及其确认条件
  - 费用的定义及其确认条件
  - 利润的定义及其确认条件
- 6. 会计计量
  - 会计计量属性及构成
  - 会计计量属性的应用原则
- 7. 会计科目
  - 会计科目的概念和意义
  - 会计科目的设置

本章重点与难点

1.1 财务会计概述

1.1.1 财务会计的内容

财务会计就是以货币为主要计量单位，连续、全面、系统和综合地反映企业的财务状况、经营成果和现金流量，并对企业经营活动和财务收支进行监督的一种经济管理活动。

财务会计反映和监督的内容是企业再生产过程中的资金运动。工业企业的资金运动从货币资金形态开始，依次经过储备资金、生产资金、成品资金、结算资金形态，最终回到货币资金形态，这一运动过程称为资金的循环。企业生产经营活动是连续不断的，经营资金的循环也是不断地重复，周而复始的资金循环称为资金周转。在商品流通企业，资金运动只有购入和销售（买入和卖出）两个过程。

1.1.2 财务会计的作用

此部分内容可参阅教材。

1.1.3 企业财务会计与企业会计准则

我国企业会计准则体系由基本准则、具体准则、会计准则应用指南和解释公告等组成。其中：基本准则在整个企业会计准则体系中扮演着概念框架的角色，起着统驭作用；具体准则是在基本准则的基础上，对具体交易或者事项会计处理的规范；会计准则应用指南是对具体准则的一些重点、难点问题作出的操作性规定；解释公告是随着企业会计准则的贯彻实施，就实务中遇到的实施问题而对准则作出的具体解释。

1.2 财务报告及其目标

1.2.1 财务报告的概念及构成

财务报告是企业对外提供的反映企业某一特定日期的财务状况和某一会计期间的经营成果、现金流量等会计信息的文件。

财务报告包括财务报表和其他应当在财务报告中披露的相关信息和资料。其中，财务报表由报表本身及其附注两部分构成，附注是财务报表的有机组成部分，而报表至少应当包括资产负债表、利润表和现金流量表等报表。

1.2.2 财务报告的目标

财务报告的目标是向财务报告使用者提供与企业财务状况、经营成果和现金流量等有关的会计信息，反映企业管理层受托责任履行情况，有助

出经济决策。

1.3 会计基本假设与会计基础

1.3.1 会计基本假设

1.3.1.1 会计主体

会计主体，是指企业会计确认、计量和报告的空间范围。为了向财务报告使用者反映企业财务状况、经营成果和现金流量，提供与其决策有用的信息，会计核算和财务报告的编制应当集中反映特定对象的活动，并将其与其他经济实体区别开来。

1.3.1.2 持续经营

持续经营，是指在可以预见的将来，企业将会按当前的规模和状态继续经营下去，不会停业，也不会大规模削减业务。

1.3.1.3 会计分期

会计分期，是指将一个企业持续经营的生产经营活动划分为一个个连续的、长短相同的期间。

1.3.1.4 货币计量

货币计量，是指会计主体在财务会计确认、计量和报告时以货币计量，反映会计主体的生产经营活动。

1.3.2 会计基础

企业会计的确认、计量和报告应当以权责发生制为基础。权责发生制基础要求，凡是当期已经实现的收入和已经发生或应当负担的费用，无论款项是否收付，都应当作为当期的收入和费用，计入利润表；凡是不属于当期的收入和费用，即使款项已在当期收付，也不应当作为当期的收入和费用。

1.4 会计信息质量要求

1. 可靠性

可靠性，要求企业应当以实际发生的交易或者事项为依据进行确认、计量和报告，如实反映符合确认和计量要求的各项会计要素及其他相关信息，保证会计信息真实可靠、内容完整。

2. 相关性

相关性，要求企业提供的会计信息应当与财务报告使用者的经济决策需要相关，有助于财务报告使用者对企业过去、现在或者未来的情况作出评价或者预测。

3. 可理解性

可理解性，要求企业提供的会计信息应当清晰明了，便于财务报告使用者理解和重要性，要求企业提供的会计信息应当反映与企业财务状况、经营成果和现金流量有关的所有重要交易或者事项。

7. 谨慎性

谨慎性，要求企业对交易或者事项进行会计确认、计量和报告应当保持应有的谨慎，不应高估资产或者收益、低估负债或者费用。

8. 及时性原则

及时性原则，要求企业对于已经发生的交易或者事项，应当及时进行确认、计量和报告，不得提前或者延后。

1.5 会计要素及其确认

会计要素是根据交易或者事项的经济特征所确定的财务会计对象的基本分类。我国企业会计要素按照其性质分为资产、负债、所有者权益、收入、费用和利润。

1.5.1 资产的定义及其确认条件

1.5.1.1 资产的定义

资产是指企业过去的交易或者事项形成的、由企业拥有或者控制的、预期会给企业带来经济利益的资源。资产具有以下特征：①资产预期会给企业带来经济利益；②资产应为企业拥有或者控制的资源；③资产是由企业过去的交易或者事项形成的。

1.5.1.2 资产的确认条件

将一项资源确认为资产，首先应当符合资产的定义，除此之外，还需要同时满足如下两个条件。

1. 与该资源有关的经济利益很可能流入企业

根据资产的定义，能否带来经济利益是资产的一个本质特征，但是由于经济环境瞬息万变，与资源有关的经济利益能否流入企业或者能够流入多少实际上带有不确定性。因此，资产的确认应当与经济利益流入的不确定性程度的判断结合起来，如果根据编制财务报表时所取得的证据，与资源有关的经济利益很可能流入企业，那么就应当将其作为资产予以确认；反之，不能确认为资产。

2. 该资源的成本或者价值能够可靠地计量

可计量性是所有会计要素确认的重要前提，资产的确认同样需要符合这一要求。

只有当有关资源的成本或者价值能够可靠地计量时,资产才能予以确认。

1.5.2 负债的定义及其确认条件

1.5.2.1 负债的定义

负债是指企业过去的交易或者事项形成的,预期会导致经济利益流出企业的现时义务。负债具有以下特征:①负债是企业承担的现时义务;②负债的清偿预期会导致经济利益流出企业;③负债是由企业过去的交易或者事项形成的。

1.5.2.2 负债的确认条件

将一项现时义务确认为负债,首先应当符合负债的定义。除此之外,还需要同时满足如下两个条件。

1. 与该义务有关的经济利益很可能流出企业

鉴于履行义务所需流出的经济利益带有不确定性,尤其是与推定义务相关的经济利益通常需要依赖于大量的估计,因此,负债的确认应当与经济利益流出的不确定性程度的判断结合起来,如果根据编制财务报表时所取得的证据,与现时义务有关的经济利益很可能流出企业,那么就应当将其作为负债予以确认。

2. 未来流出的经济利益的金额能够可靠地计量

负债的确认也需要符合可计量性的要求,即对于未来流出的经济利益的金额应当能够可靠计量。

1.5.3 所有者权益的定义及其确认条件

1.5.3.1 所有者权益的定义

所有者权益是指企业资产扣除负债后,由所有者享有的剩余权益。公司的所有者权益又称为股东权益。

1.5.3.2 所有者权益的来源构成

所有者权益的来源包括所有者投入的资本、直接计入所有者权益的利得和损失、留存收益等。

所有者投入的资本是指所有者投入企业的资本部分,它既包括构成企业注册资本或者股本部分的金额,也包括投入资本超过注册资本或者股本部分的金额,即资本溢价或者股本溢价。

直接计入所有者权益的利得和损失,是指不应计入当期损益、会导致所有者权益发生增减变动的、与所有者投入资本或者向所有者分配利润无关的利得或者损失。其中,利得是指由企业非日常活动所形成的、会导致所有者权益增加的、与所有者投入资本无关的经济利益的流入。损失是指由企业非日常活动所发生的、会导致所有者权益减少的、与向所有者分配利润无关的经济利益的流出。直接计入所有者权益的利得和损失主要包括可供出售金融资产的公允价值变动额等。

留存收益是企业历年实现的净利润留存于企业的部分,主要包括累计计提的盈余公积和未分配利润。

1.5.3.3 所有者权益的确认条件

所有者权益的确认主要依赖于其他会计要素，尤其是资产和负债的确认；所有者权益金额的确定也主要取决于资产和负债的计量。

1.5.4 收入的定义及其确认条件

1.5.4.1 收入的定义

收入是指企业在日常活动中形成的、会导致所有者权益增加的、与所有者投入资本无关的经济利益的总流入。收入具有如下特征。

1. 收入应当是企业在日常活动中形成的

收入应当是企业在其日常活动中所形成的，其中，日常活动是指企业为完成其经营目标所从事的经常性活动以及与之相关的活动。

2. 收入是与所有者投入资本无关的经济利益的总流入

收入应当会导致经济利益的流入，从而导致资产的增加。与收入相关的经济利益的流入应当将所有者投入的资本排除在外。

3. 收入会导致所有者权益的增加

与收入相关的经济利益的流入应当会导致所有者权益的增加，不会导致所有者权益增加的经济利益的流入不符合收入的定义，不应确认为收入。

1.5.4.2 收入的确认条件

收入的确认除了应当符合收入的定义外，还应当满足严格的确认条件。收入的确认至少应当满足以下条件：①与收入相关的经济利益很可能流入企业；②经济利益流入企业的结果会导致资产的增加或者负债的减少；③经济利益的流入额能够可靠计量。

1.5.5 费用的定义及其确认条件

1.5.5.1 费用的定义

费用是指企业在日常活动中发生的、会导致所有者权益减少的、与向所有者分配利润无关的经济利益的总流出。费用具有如下特征。

1. 费用是企业在日常活动中形成的

费用应当是企业在其日常活动中所形成的，这些日常活动的界定与收入定义中涉及的日常活动相一致。因企业非日常活动所形成的经济利益的流出不能确认为费用，应当计入损失。

2. 费用是与向所有者分配利润无关的经济利益的总流出

费用的发生应当会导致经济利益的流出，从而导致资产的减少或者负债的增加（最终也会导致资产的减少）。鉴于企业向所有者分配利润也会导致经济利益的流出，而该经济利益的流出显然属于所有者权益的抵减项目，不应确认为费用，应当将其排除在费用之外。

3. 费用会导致所有者权益的减少

与费用相关的经济利益的流出应当会导致所有者权益的减少，不会导致所有者权益减少的经济利益的流出不符合费用的定义,不应确认为费用。

1.5.5.2 费用的确认条件

费用的确认除了应当符合费用的定义外,还应当满足严格的条件。费用的确认至少应当符合以下条件:①与费用相关的经济利益很可能流出企业;②经济利益流出企业的结果会导致资产的减少或者负债的增加;③经济利益的流出额能够可靠计量。

1.5.6 利润的定义及其确认条件

1.5.6.1 利润的定义

利润是指企业在一定会计期间的经营成果。

1.5.6.2 利润的来源构成

利润包括收入减去费用后的净额、直接计入当期利润的利得和损失等。其中:收入减去费用后的净额,反映的是企业日常活动的业绩;直接计入当期利润的利得和损失,反映的是企业非日常活动的业绩。

1.5.6.3 利润的确认条件

利润反映的是收入减去费用、利得减去损失后的净额。

1.6 会计计量

1.6.1 会计计量属性及其构成

1. 历史成本

历史成本又称为实际成本,就是取得或制造某项财产物资时所实际支付的现金或者其他等价物。

2. 重置成本

重置成本又称现行成本,是指按照当前市场条件,重新取得同样一项资产所需支付的现金或现金等价物金额。

3. 可变现净值

可变现净值,是指在正常生产经营过程中以预计售价减去进一步加工成本和销售所必需的预计税金、费用后的净值。

4. 现值

现值,是指对未来现金流量以恰当的折现率进行折现后的价值,是考虑货币时间价值因素等的一种计量属性。

5. 公允价值

公允价值,是指在公平交易中,熟悉情况的交易双方自愿进行资产交换或者债务清偿的金额。

1.6.2 会计计量属性的应用原则

一般情况下,对于会计要素的计量,应当采用历史成本计量属性。比如,企业购入存货、建造厂房、生产产品等。

1.7 会计科目

1.7.1 会计科目的概念和意义

会计科目是为了满足会计确认、计量、报告的要求，符合企业内部会计管理和外部信息需要，对会计要素的具体内容进行分类的项目。会计科目按其所提供信息的详细程度及其统驭关系不同，又可分为总分类科目和明细分类科目。

1.7.2 会计科目的设置

在设置具体会计科目时，一般应从会计要素出发，将会计科目分为资产类、负债类、所有者权益类、成本类、损益类和共同类等。企业应结合自身特点，设置符合规定和企业需要的会计科目。

巩固练习题

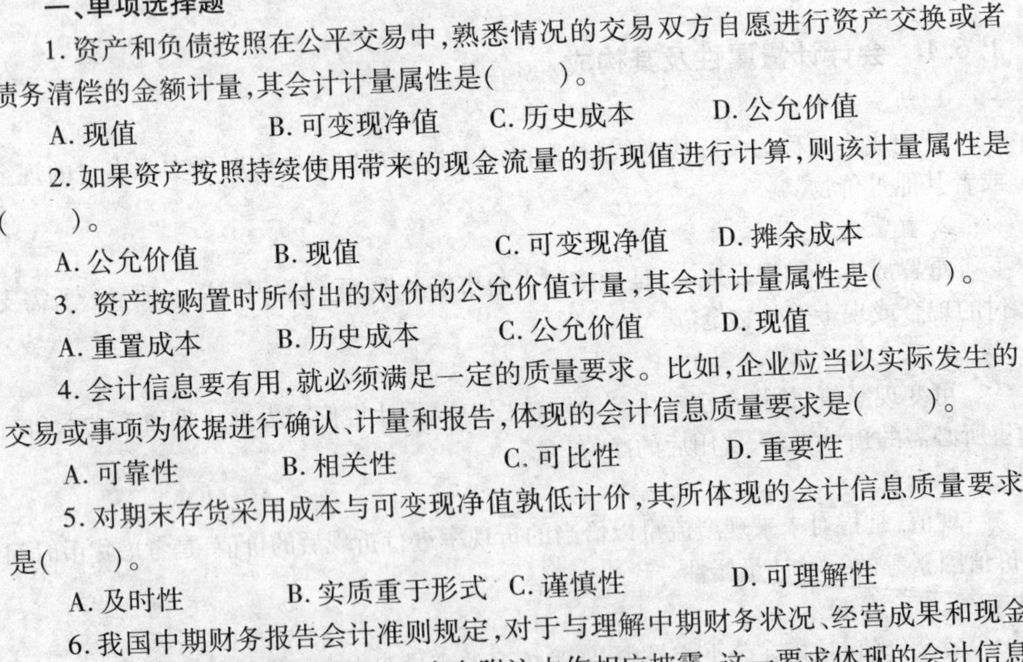

一、单项选择题

1. 资产和负债按照在公平交易中，熟悉情况的交易双方自愿进行资产交换或者债务清偿的金额计量，其会计计量属性是（　　）。

A. 现值　　B. 可变现净值　　C. 历史成本　　D. 公允价值

2. 如果资产按照持续使用带来的现金流量的折现值进行计算，则该计量属性是（　　）。

A. 公允价值　　B. 现值　　C. 可变现净值　　D. 摊余成本

3. 资产按购置时所付出的对价的公允价值计量，其会计计量属性是（　　）。

A. 重置成本　　B. 历史成本　　C. 公允价值　　D. 现值

4. 会计信息要有用，就必须满足一定的质量要求。比如，企业应当以实际发生的交易或事项为依据进行确认、计量和报告，体现的会计信息质量要求是（　　）。

A. 可靠性　　B. 相关性　　C. 可比性　　D. 重要性

5. 对期末存货采用成本与可变现净值孰低计价，其所体现的会计信息质量要求是（　　）。

A. 及时性　　B. 实质重于形式　　C. 谨慎性　　D. 可理解性

6. 我国中期财务报告会计准则规定，对于与理解中期财务状况、经营成果和现金流量有关的重要交易或事项，也应当在附注中作相应披露，这一要求体现的会计信息质量要求是（　　）。

A. 相关性　　B. 谨慎性　　C. 实质重于形式　　D. 重要性

7. 下列项目中，属于利得的是（　　）。

A. 销售商品流入的经济利益　　B. 技术服务流入的经济利益

C. 贷款流入的经济利益　　D. 出售无形资产流入的经济利益

8. 根据资产定义,下列各项中不属于资产特征的是(　　)。

A. 资产是企业拥有或控制的经济资源

B. 资产预期会给企业带来经济利益

C. 资产是由企业过去交易或事项形成的

D. 资产能够可靠地计量

9. 下列说法不正确的是(　　)。

A. 法律主体必然是会计主体

B. 基金管理公司管理的证券投资基金也可以成为会计主体

C. 对于拥有子公司的母公司来说,集团企业应作为一个会计主体来编制财务报表

D. 会计主体一定是法律主体

10. 下列说法不正确的是(　　)。

A. 出现权责发生制和收付实现制的区别,其原因是会计分期假设的存在

B. 由于有了会计分期假设,进而才出现了应收、应付、摊销等会计处理方法

C. 明确持续经营假设,这样会计人员可以相应选择会计政策和估计方法

D. 对于难以用货币来计量的事项,如企业经营战略、研发能力等,企业不必在财务报告中补充披露有关财务信息

11. 下列说法正确的是(　　)。

A. 只有企业拥有所有权的资源才称得上资产

B. 待处理财产损失也是企业的资产之一

C. 融资租赁固定资产是企业的资产

D. 甲公司和原材料供应商预定了一份购买A材料的合同,A材料也是甲公司的资产之一

12. 下列可以确认为企业资产的有(　　)。

A. 企业的人力资源

B. 企业发生研究支出,可以可靠计量,同时很难判断能否给企业带来相关经济利益

C. 企业赊销一批商品给某客户,与该商品有关的风险和报酬已转移给了该客户。但该客户财务状况持续恶化,企业仍然确认了一项应收账款

D. 企业经营支出一项固定资产,企业仍然照提折旧

13. 我国企业会计准则所规定的收入,是指(　　)。

A. 主营业务收入和其他业务收入　　B. 主营业务收入和投资收益

C. 营业收入和投资收益　　D. 营业收入和营业外收入

14. 长城公司对黄山公司投资,占黄山公司表决权资本的12%。黄山公司进行

生产依靠长城公司提供的配方,并规定黄山公司不得改变其配方。长城公司认为自已对黄山公司具有重大影响,采用权益法核算这项业务。此项业务的处理体现了(　　)这一会计信息质量要求。

A. 重要性　B. 实质重于形式　C. 谨慎性　D. 相关性

15. 下列可以确认为费用的是(　　)。

A. 向股东分配的现金股利

B. 固定资产清理净损失

C. 企业为在建工程购买工程物资发生的支出

D. 到银行办理转账支付的手续费

16. 下列不属于会计计量属性的是(　　)。

A. 历史成本　B. 现值　C. 未来现金流量　D. 公允价值

17. 下列各项引起所有者权益减少的是(　　)。

A. 以税后利润弥补亏损

B. 以盈余公积弥补亏损

C. 按净利润的10%计提盈余公积金

D. 以盈余公积金分配现金股利

18. 下列项目中,能同时影响资产和负债发生变化的是(　　)。

A. 支付现金股利　B. 收回应收账款

C. 支付股票股利　D. 接受投资者投入设备

二、多项选择题

1. 下列各项中,属于利得的有(　　)。

A. 出租无形资产取得的收益

B. 投资者的出资额大于其在被投资单位注册资本中所占份额的金额

C. 处置固定资产产生的净收益

D. 非货币性资产交换,换出资产的账面价值低于其公允价值的差额

E. 以现金清偿债务形成的债务重组收益

2. 下列属于直接计入所有者权益的利得和损失有(　　)。

A. 可供出售金融资产的公允价值减少额

B. 现金流量套期中套期工具损失属于有效套期部分

C. 直接计入当期损益的利得和损失

D. 持有至到期投资的公允价值变动额

3. 下列各项中,符合实质重于形式要求的有(　　)。

A. 将融资租赁的固定资产作为自有固定资产入账

B. 计提产品质量保证金

C. 售后回购的会计处理

D. 存货期末按照成本与可变现净值孰低计价

4. 下列符合“资产”定义的有（ ）。

A. 计提各项资产减值准备

B. 如果“待处理财产损溢”科目金额在期末结账前尚未经过批准，在对外提供报告时也要进行处理，并在会计报表附注中作出说明

C. 某无形资产被某新技术代替，从而没有任何使用价值，将该无形资产的账面价值全部转入当期损益

D. 某机器生产大量不合格产品，将其转入“固定资产清理”

5. 下列各项中，应作为资产负债表中资产列报的有（ ）。

A. 委托加工物资　　B. 受托代销商品

C. 融资租入固定资产　　D. 经营租入固定资产

6. 下列各项中，能够引起资产与负债同时变动的是（ ）。

A. 计提固定资产折旧

B. 固定资产尚未达到预定可使用状态之前，符合资本化条件时计提的借款利息

C. 发放现金股利

D. 用银行存款支付融资租入固定资产租金

7. 下列经济业务事项中，体现了重要性会计信息质量要求的是（ ）。

A. 对主营业务核算时，设置的会计科目有：“主营业务收入”、“主营业务成本”、“营业税金及附加”、“销售费用”

B. 对其他业务核算时，设置的会计科目有：“其他业务收入”、“其他业务支出”

C. 将购买的价值不大的办公用品支出直接计入“管理费用”

D. 销售商品发出货物后，发现购买方财务状况恶化，故没有确认收入

8. 在有不确定因素情况下作出合理判断时，下列事项符合谨慎性会计信息质量要求的是（ ）。

A. 设置秘密准备，以防备在利润计划完成不佳的年度转回

B. 不要高估资产和预计收益

C. 合理估计可能发生的损失和费用

D. 尽可能低估负债和费用

9. 关于收入，下列说法中正确的有（ ）。

A. 收入是指企业在日常活动中形成的、会导致所有者权益增加的、与所有者投入资本无关的经济利益的总流入

B. 收入只有在经济利益很可能流入从而导致企业资产增加或者负债减少且经济利益的流入额能够可靠计量时才能予以确认

C. 符合收入定义和收入确认条件的项目，应当列入利润表

D. 收入是指企业在日常活动中形成的、会导致所有者权益或负债增加的、与所有者投入资本无关的经济利益的总流入

10. 下列经济业务中，不会导致本期资产和所有者权益同时增减变动的有

( )。

A. 收购本公司发行的股票，实现减资

B. 盈余公积转增资本

C. 用现金支付股利

D. 改扩建工程转入固定资产

11. 下列属于会计信息质量要求的是( )。

A. 可靠性　　B. 一贯性　　C. 可理解性　　D. 及时性

12. 下列属于负债特征的有( )。

A. 负债是企业承担的现时义务

B. 负债的清偿预期会导致经济利益流出企业

C. 负债是由企业过去或现时的交易或事项形成的

D. 未来流出的经济利益的金额能够可靠地计量

13. 下列属于所有者权益的来源的有( )。

A. 所有者投入的资本　　B. 利得和损失

C. 留存收益　　D. 向银行融资借入款项

14. 下列说法正确的有( )。

A. 企业用银行存款偿还了一笔借款，由于该行为导致经济利益流出，所以应确认为一项费用

B. 费用会导致经济利益流出企业，其流出额要能够可靠计量确认为费用

C. 费用应当是在日常活动中发生的

D. 日常活动中产生的费用包括销售成本、生产成本、折旧费、投资损失等

三、判断题

1. 由于会计分期，产生了权责发生制和收付实现制的区别，所以企业进行会计确认、计量和报告以会计分期为前提就够了。( )

2. 可比性的会计信息质量要求体现了对同一企业不同时期和不同企业情况相互比较的要求。( )

3.《企业会计准则》规定，会计计量过程中只能采用历史成本原则。( )

4. 会计信息的价值，关键是看其与使用者的决策需要是否相关，是否有助于决策或者提高决策水平。( )

5. 财务报告的目标就是向财务报告使用者提供决策有用的信息。( )

6. 出售无形资产取得收益会导致经济利益的流入，所以它属于会计准则所定义的“收入”范围。( )

7. 处置固定资产净损失会造成经济利益流出，所以它属于会计准则所定义的“费用”范围。( )

8. 利润是企业在日常活动中取得的经营成果，不应包括企业在偶发事件中产生的利得和损失。( )

9. 在负债金额既定的情况下，企业本期净资产的增加额就是企业当期实现的利润数量，净资产的减少额就是企业本期亏损额。（ ）

10. 如果某项资产不能再为企业带来经济利益，即使是由企业拥有或控制的，也不能作为企业的资产在资产负债表中列示。（ ）

11. 资产在确认时不仅要符合资产的定义，还要同时满足两个资产确认条件。（ ）

12. 某企业从成立起就确定了一项销售政策，凡是售出商品皆提供一定期限内的售后保修服务。该企业预期为售出商品提供的服务属于推定义务，故将其确认为一项负债。（ ）

13. 某企业涉及的未决诉讼，应当确认为一项负债。（ ）

14. 企业资产发生减值，企业将其确认为费用，计入当期损益。（ ）

15. 企业的财务报告一定包括资产负债表、利润表、现金流量表和附注。（ ）

16. 财务报告应当综合反映某一时点的财务状况。（ ）

巩固练习题参考答案及解析

注：有些答案无须解析，可参阅教材相关内容。下同。

一、单项选择题

1.【答案】D

【解析】在公允价值计量下，资产和负债按照在公平交易中，熟悉情况的交易双方自愿进行资产交换或者债务清偿的金额计量。

2.【答案】B

【解析】在现值计量下，资产按照预计从其持续使用和最终处置中所产生的未来净现金流入量的折现金额计算。现值常用于长期资产的计量。

3.【答案】B

【解析】历史成本计量下，资产按购置时所付出的对价的公允价值计量。

4.【答案】A

【解析】会计信息要有用，最基本的就是信息要可靠。

5.【答案】C

【解析】按孰低原则计价，体现的就是谨慎性。

6.【答案】D

【解析】要求在附注中披露重要交易或事项，这样不至于使报告使用者作出错误判断，这体现了重要性的信息质量要求。

7.【答案】D

【解析】利得是指由企业非日常活动所形成的、会导致所有者权益增加的、与所有者投入资本无关的经济利益的流入；上述项目中，销售商品、技术服务、贷款属于企业的日常活动,其经济利益的流入属于收入;只有出售无形资产属于企业非日常活动,其经济利益的流入属于利得。

8.【答案】D

【解析】A、B、C 三项是资产的特征,而 D 项是资产的确认条件。此题很简单,选项说法都不能说是错误,只是要区分其特征和确认条件。

9.【答案】D

【解析】法律主体是会计主体,而会计主体不一定是法律主体。

10.【答案】D

【解析】如果这些信息对于决策者也很重要的话,企业可以在财务报告中补充披露有关非财务信息。

11.【答案】C

【解析】企业控制的资源也可以是企业的资产,而非一定要拥有所有权;待处理财产损失不能给企业带来经济利益,不能确认为企业的资产;资产应是过去的交易或事项形成的,所以预订的 A 材料不应当认定为企业的资产。

12.【答案】D

【解析】人力资源的成本或价值往往无法可靠计量,所以不应当确认为资产;研究支出,由于很难判定是否能给企业带来经济利益,所以也没有同时符合资产的确认条件,不应确认为资产;客户的财务状况持续恶化,这种情况下,相关的经济利益也很难认定为"很可能"流入企业,不应确认为资产。

13.【答案】A

【解析】收入应当是日常活动中所形成的,投资收益和营业外收入都不是日常经营活动形成的收入。

14.【答案】B

【解析】通常 20% 是我们认为重要性的一个标志,但这并不是绝对的。本题中黄山公司的生产完全依靠长城公司提供的配方,可见从经济实质看长城公司对黄山公司具有重大影响。

15.【答案】D

【解析】费用应当是日常活动发生的,故 B 不对;费用导致经济利益的流出,但该流出不包括向所有者分配的利润,故 A 不对;费用最终会导致所有者权益减少,不会导致企业所有者权益减少的经济利益的流出不是费用,故 C 不对。

16.【答案】C

【解析】会计计量属性有历史成本、重置成本、可变现净值、现值、公允价值。

17.【答案】D

【解析】A、B、C 三项都是所有者权益内部的变动,所有者权益总额不变。

18.【答案】A

【解析】B 项不会引起资产总额变化;C 项只引起所有者权益内部项目的变化;D

项是引起资产和所有者权益同时变化。

二、多项选择题

1.【答案】CE

【解析】选项A计入其他业务收入,属于收入;选项B属于额外支付的价款,属于损失;选项D,如果换出的资产为存货,那么换出存货的公允价值应确认为收入,按账面价值结转成本,公允价值与账面价值的差额不属于利得。

2.【答案】AB

【解析】只有A、B两项是直接计入所有者权益的利得和损失

3.【答案】AC

【解析】实质重于形式要求企业应当按照交易或事项的经济实质进行核算,而不仅仅按照他们的法律形式作为会计核算的依据。B和D都体现了谨慎性要求。

4.【答案】ABCD

【解析】以上处理都符合会计处理原则,对资产的认定也都是正确的。

5.【答案】ABC

【解析】经营租入固定资产不属于企业的资产。

6.【答案】BCD

【解析】计提固定资产折旧属于资产内部一增一减,与负债无关。

7.【答案】ABC

【解析】D项体现的是实质重于形式的会计信息质量要求。

8.【答案】BC

【解析】A、D两项违背了谨慎性的会计信息质量要求。

9.【答案】ABC

【解析】收入不会导致负债增加。

10.【答案】BCD

【解析】A项引起所有者权益与资产同时减少。

11.【答案】ACD

【解析】会计信息质量的八项要求应当记牢。

12.【答案】AB

【解析】负债虽是一项现时义务,但却是由过去的交易或事项形成的,而非现时的交易或事项,C错;D项是负债确认的条件,而非负债的特征。

13.【答案】AC

【解析】只有直接计入所有者权益的利得和损失才属于所有者权益的来源,故不选B;向银行借入的款项属于负债,不属于所有者权益,D错误。

14.【答案】BC

【解析】用银行存款偿还借款,这是负债的减少,不能确认为费用;日常活动中产生的费用与日常活动中的收入是相适应的。

三、判断题

1.【答案】×

【解析】会计进行会计确认、计量和报告是以四大假设为前提的。

2.【答案】√

【解析】可比性的要求是两方面,详见教材。

3.【答案】×

【解析】会计计量属性还有重置成本、可变现净值、现值、公允价值等。只能说一般情况下,应以历史成本计量。

4.【答案】√

【解析】相关性会计信息质量要求就是要求企业提供的会计信息应当与财务报告使用者的经济决策需要相关,有助于财务报告使用者对企业相关情况作出评价或预测。

5.【答案】×

【解析】财务报告还有一个目标是反映企业管理层受托责任的履行情况。

6.【答案】×

【解析】准则里的收入与费用是相对的,均是指日常活动中发生的。出售无形资产并不属于日常活动的范围。

7.【答案】×

【解析】费用应当是在日常活动中发生。处置固定资产,不属于日常活动。

8.【答案】×

【解析】利润包括收入减去费用后的净额、直接计入当期利润的利得和损失等。其中:收入减去费用后的净额反映的是企业日常活动的业绩;直接计入当期利润的利得和损失反映的是企业非日常活动的业绩。

9.【答案】×

【解析】本期净资产即所有者权益的变动,除了企业盈亏以外,还有实收资本变动或资本公积变动的影响等因素。

10.【答案】√

【解析】资产的特征之一是能给企业带来经济利益。如果不能给企业带来经济利益,那么就不能确认为资产。

11.【答案】√

【解析】资产确认的定义和确认条件缺一不可,而且必须是同时满足才行。

12.【答案】√

【解析】负债是企业承担的现时义务,现时义务可以是法定义务,也可以是推定义务。

13.【答案】×

【解析】是否确认为负债,要看是否可能导致企业的经济利益流出企业。如果导致企业经济利益流出的可能性很小,那么就不应当作为负债确认。

14.【答案】√

【解析】资产减值的部分不能为企业带来经济利益,所以不符合资产确认条件,应将其确认为费用,计入当期损益。

15.【答案】×

【解析】如果是小企业,则可以不包括现金流量表。

16.【答案】×

【解析】财务报告应当综合反映企业的生产经营状况,包括某一时点的财务状况和某一时期的经营成果与现金流量等信息。

2

货币资金

本章基本结构框架

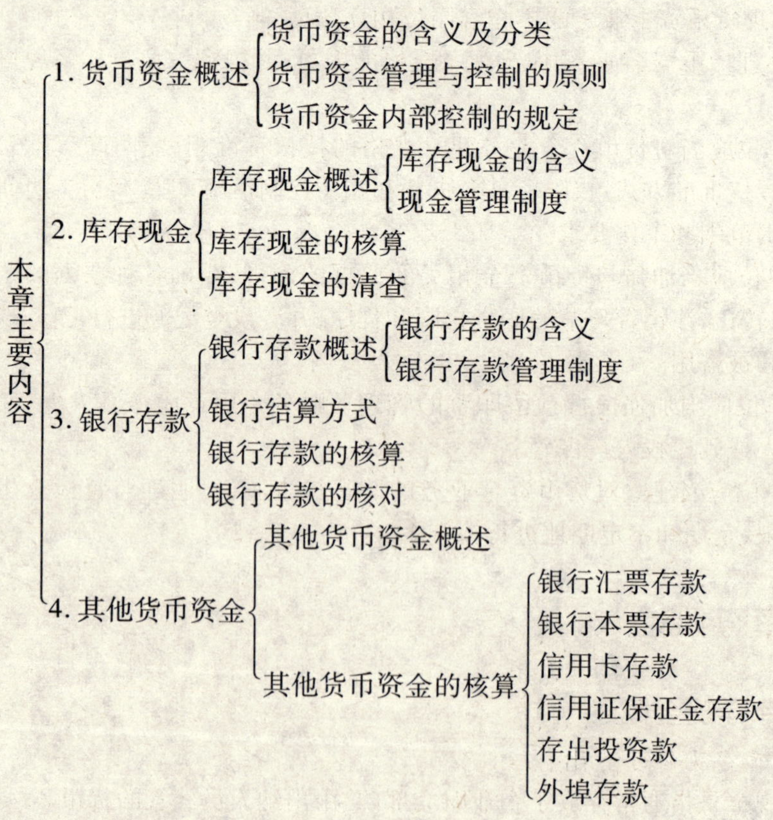

本章重点与难点

2.1 货币资金概述

2.1.1 货币资金的含义及分类

货币资金是企业资产的重要组成部分,是企业资产中流动性较强的一种资产。根据货币资金的存放地点及其用途的不同,货币资金分为库存现金、银行存款和其他货币资金。

2.1.2 货币资金管理与控制的原则

货币资金管理与控制的原则包括:①严格职责分工;②实行交易分开;③实施内部稽核;④实施定期轮岗制度。

2.1.3 货币资金内部控制的规定

(1)单位应当建立货币资金业务的岗位责任制,明确相关部门和岗位的职责权限,确保办理货币资金业务的不相容岗位相互分离、制约和监督。

(2)办理货币资金业务,应当配备合格的人员,并根据单位具体情况进行岗位轮换。

(3)单位应当对货币资金业务建立严格的授权批准制度,明确审批人对货币资金业务的授权批准方式、权限、程序、责任和相关控制措施,规定经办人办理货币资金业务的职责范围和工作要求。

(4)单位应当加强与货币资金相关的票据的管理,明确各种票据的购买、保管、领用、背书转让、注销等环节的职责权限和程序,并专设登记簿进行记录,防止空白票据的遗失和被盗用。

(5)单位应当加强银行预留印鉴的管理。财务专用章应由专人保管,个人名章必须由本人或其授权人员保管。

(6)单位应当建立对货币资金业务的监督检查制度,明确监督检查机构或人员的职责权限,定期和不定期地进行检查。

2.2 库存现金

2.2.1 库存现金概述

2.2.1.1 库存现金的含义

库存现金是指通常存放于企业财会部门、由出纳人员经管的货币。

2.2.1.2 现金管理制度

1. 现金的使用范围

根据《现金管理暂行条例》的规定，企业可以使用现金结算的范围是：①职工工资、津贴；②个人劳务报酬；③根据国家规定颁发给个人的科学技术、文化艺术、体育等各种奖金；④各种劳保、福利费用以及国家规定的对个人的其他支出；⑤向个人收购农副产品和其他物资的价款；⑥出差人员必须随身携带的差旅费；⑦零星支出；⑧中国人民银行确定需要支付现金的其他支出。

2. 库存现金的限额

库存现金的限额，由开户银行根据开户单位的实际需要和距离银行远近等情况核定。其限额一般按照单位3~5天日常零星开支所需现金确定。远离银行或交通不便的企业，银行最多可以根据企业15天的正常开支需要量来核定库存现金的限额。正常开支需要量不包括企业每月发放工资和不定期差旅费等大额现金支出。

3. 现金收支的规定

(1)企业现金收入应于当日送存开户银行。当日送存有困难的，由开户银行确定送存时间。

(2)企业支付现金，可以从本企业库存现金限额中支付或者从开户银行提取，不得从本企业的现金收入中直接支付(即坐支)。因特殊情况需要坐支现金的，应当事先报经开户银行审查批准，由开户银行核定坐支范围和限额。企业应定期向银行报送坐支金额和使用情况。

(3)企业从开户银行提取现金，应当写明用途，由本单位财会部门负责人签字盖章，经开户银行审核后，予以支付现金。

(4)企业因采购地点不固定、交通不便以及其他特殊情况必须使用现金的，应向开户银行提出申请，经开户银行审核后，予以支付现金。

(5)不准用不符合制度的凭证顶替库存现金，即不得“白条顶库”；不准谎报用途套取现金；不准用银行账户代其他单位和个人存入或支取现金；不准用单位收入的现金以个人名义存储；不准保留账外公款，不得设置“小金库”等。

2.2.2 库存现金的核算

企业增加库存现金时，借记“库存现金”科目，贷记“银行存款”等科目；减少库存现金时，作相反的会计分录。

企业应当设置库存现金总账和库存现金日记账，分别进行库存现金的总分类核算和明细分类核算。有外币现金收支业务的企业，应当按照人民币现金、外币现金的币种设置现金账户进行明细核算。

现金日记账由出纳人员根据收付款凭证，按照业务发生顺序逐笔登记。每日终了，应当在现金日记账上计算出当日的现金收入合计额、现金支出合计额和结余额，并将现金日记账的账面结余额与实际库存现金额相核对，保证账款相符；月度终了，现金日记账的余额应当与“库存现金”总账的余额核对，做到账账相符。

企业财务部门单独拨给企业内部各部门周转使用的备用金，借记“备用金”科目，贷记“库存现金”科目或“银行存款”科目。自备用金中支付零星支出，应根据有关的支付凭单，定期编制备用金报销清单，财务部门根据内部各部门提供的备用金报销清单，定期补足备用金，借记“管理费用”等科目，贷记“库存现金”或“银行存款”科目。除了增加或减少拨入的备用金外，使用或报销有关备用金支付时不再通过“备用金”科目核算。

2.2.3 库存现金的清查

企业应当按规定进行现金的清查，一般采用实地盘点法。属于现金短缺，应按实际短缺的金额，借记“待处理财产损溢——待处理流动资产损溢”科目，贷记“库存现金”科目；属于现金溢余，按实际溢余的金额，借记“库存现金”科目，贷记“待处理财产损溢——待处理流动资产损溢”科目。

对于发现的现金短缺或溢余，按管理权限报经批准后，分别按以下情况处理。

(1)如为现金短缺，属于应由责任人赔偿的部分，借记“其他应收款——应收现金短缺款(××个人)”或“库存现金”等科目，贷记“待处理财产损溢——待处理流动资产损溢”科目。属于应由保险公司赔偿的部分，借记“其他应收款——应收保险赔款”科目，贷记“待处理财产损溢——待处理流动资产损溢”科目；属于无法查明的其他原因，根据管理权限，经批准后处理，借记“管理费用——现金短缺”科目，贷记“待处理财产损溢——待处理流动资产损溢”科目。

(2)如为现金溢余，属于应支付给有关人员或单位的，应借记“待处理财产损溢——待处理流动资产损溢”科目，贷记“其他应付款——应付现金溢余(××个人或单位)”科目；属于无法查明原因的现金溢余，经批准后，借记“待处理财产损溢——待处理流动资产损溢”科目，贷记“营业外收入——现金溢余”科目。

2.3 银行存款

2.3.1 银行存款概述

2.3.1.1 银行存款的含义

银行存款是指企业存放在银行或其他金融机构的资金。

2.3.1.2 银行存款管理制度

1. 银行存款开户的有关规定

企业的工资、奖金等现金的支取，只能通过基本存款账户办理；一般存款账户是企业在基本存款账户以外的银行借款转存、与基本存款账户的企业不在同一地点的附属非独立核算单位的账户，企业可以通过本账户办理转账结算和现金缴存，但不能办理现金支取；临时存款账户是企业因临时经营活动需要开立的账户，企业可以通过本账户办理转账结算和根据国家现金管理的规定办理现金收付；专用存款账户是企业因特定用途需要开立的账户。一个企业只能选择一家银行的一个营业机构开立一个基本存款账户，不得在多家银行机构开立基本存款账户；不得在同一家银行的几个分支机构开立一般存款账户。

2. 银行结算纪律

单位和个人办理支付结算，不准签发没有资金保证的票据或远期支票，套取银行信用；不准签发、取得和转让没有真实交易和债权债务的票据，套取银行和他人资金；不准无理拒绝付款，任意占用他人资金；不准违反规定开立和使用账户。

2.3.2 银行结算方式

1. 银行汇票

银行汇票是汇款人将款项交存当地出票银行，由出票银行签发的、由其在见票时按照实际结算金额无条件支付给收款人或持票人的票据。

银行汇票具有使用灵活、票随人到、兑现性强等特点，适用于先收款后发货或钱货两清的商品交易。单位和个人各种款项结算，均可使用银行汇票。

2. 银行本票

银行本票是银行签发的，承诺自己在见票时无条件支付确定的金额给收款人或者持票人的票据。

银行本票由银行签发并保证兑付，而且见票即付，具有信誉高、支付功能强等特点。无论单位或个人，在同一票据交换区域支付各种款项，都可以使用银行本票。

3. 商业汇票

商业汇票是出票人签发的，委托付款人在指定日期无条件支付确定的金额给收款人或者持票人的票据。

在银行开立存款账户的法人以及其他组织之间须具有真实的交易关系或债权债务关系，才能使用商业汇票。

4. 支票

支票是单位或个人签发的，委托办理支票存款业务的银行在见票时无条件支付确定的金额给收款人或者持票人的票据。

支票结算方式是同城结算中应用比较广泛的一种结算方式。单位和个人在同一票据交换区域的各种款项结算，均可以使用支票。

5. 信用卡

信用卡是指商业银行向个人和单位发行的，凭以向特约单位购物、消费和向银行存取现金，且具有消费信用的特制载体卡片。

6. 汇兑

汇兑是汇款人委托银行将其款项支付给收款人的结算方式。

单位和个人的各种款项结算，均可使用汇兑结算方式，适用于异地之间的各种款项结算。

7. 委托收款

委托收款是收款人委托银行向付款人收取款项的结算方式。

无论单位还是个人都可凭已承兑商业汇票、债券、存单等付款人债务证明办理收取同城或异地款项。

8. 托收承付

托收承付是根据购销合同由收款人发货后委托银行向异地付款人收取款项,由付款人向银行承认付款的结算方式。

办理托收承付结算的款项,必须是商品交易以及因商品交易而产生的劳务供应的款项。代销、寄销、赊销商品的款项,不得办理托收承付结算。

9. 信用证

信用证结算方式是国际结算的一种主要方式。经中国人民银行批准经营结算业务的商业银行总行以及经商业银行总行批准开办信用证结算业务的分支机构,也可以办理国内企业之间商品交易的信用证结算业务。

2.3.3 银行存款的核算

企业应当设置银行存款总账和银行存款日记账,分别进行银行存款的总分类核算和明细分类核算。有外币业务的企业,应在“银行存款”科目下分别以人民币和各种外币设置“银行存款日记账”进行明细核算。企业可按开户银行和其他金融机构、存款种类等设置“银行存款日记账”,根据收付款凭证,按照业务的发生顺序逐笔登记。每日终了,应结出余额。

企业将款项存入银行等金融机构时,借记“银行存款”科目,贷记“库存现金”、“应收账款”等科目;提取或支付在银行等金融机构中的存款时,借记“库存现金”、“材料采购”等科目,贷记“银行存款”科目。

2.3.4 银行存款的核对

企业定期对银行存款进行清查的方法是将企业“银行存款日记账”与银行转来的“银行对账单”进行核对,至少每月核对一次。企业账面结余与银行对账单余额之间如有差额,必须逐笔查明原因,并按月编制“银行存款余额调节表”调节相符,如没有记账错误,调节后的双方余额应当相等。企业银行存款账面余额与银行对账单余额之间不一致的原因除记账错误外,还因为存在未达账项。银行存款余额调节表只是为了核对账目,不能作为企业调整银行存款账面余额的记账依据。调整后的银行存款余额才是企业可以动用的存款余额。月份终了,“银行存款日记账”的余额必须与“银行存款”总账科目的余额核对相符。

2.4 其他货币资金

2.4.1 其他货币资金概述

其他货币资金是指企业除库存现金、银行存款以外的各种货币资金，主要包括银行汇票存款、银行本票存款、信用卡存款、信用证保证金存款、存出投资款、外埠存款等。

2.4.2 其他货币资金的核算

1. 银行汇票存款

银行汇票存款是指企业为取得银行汇票，按照规定存入银行的款项。企业应设置“其他货币资金——银行汇票”科目进行核算。

2. 银行本票存款

银行本票存款是指企业为取得银行本票，按照规定存入银行的款项。企业应设置“其他货币资金——银行本票”科目进行核算。

3. 信用卡存款

信用卡存款是指企业为取得信用卡而存入银行信用卡专户的款项。企业应设置“其他货币资金——信用卡”科目进行核算。

4. 信用证保证金存款

信用证存款是指采用信用证结算方式的企业为开具信用证而存入银行信用证保证金专户的款项。企业应设置“其他货币资金——信用证保证金”科目进行核算。

5. 存出投资款

存出投资款是指企业已存入证券公司但尚未进行投资的货币资金。企业应设置“其他货币资金——存出投资款”科目进行核算。

6. 外埠存款

外埠存款是指企业到外地进行临时或零星采购时，汇往采购地银行开立采购专户的款项。企业应设置“其他货币资金——外埠存款”科目进行核算。

巩固练习题

一、单项选择题

1. 按照现行规定，下列结算方式中可以通过“应收票据”核算的包括(　　)。

A. 银行承兑汇票　　B. 外埠存款

C. 银行汇票存款　　D. 银行本票存款

2. 下列各种结算方式中，既可用于同城结算，又可用于异地结算的是(　　)。

A. 托收承付　　B. 汇兑　　C. 支票　　D. 商业汇票

3. 某企业 20×8 年 10 月 1 日收到一张面额 10 万元、年利率 8% 的商业承兑汇票，期限 6 个月，则 20×8 年末的资产负债表上"应收票据"项目金额为(　　)万元。

A. 10.6　　B. 10.2　　C. 10.3　　D. 10.5

4. 下列款项中，可以采用托收承付方式结算的有(　　)。

A. 商品交易的货款　　B. 代销商品的款项

C. 提供劳务的款项　　D. 赊销商品的款项

5. 企业发放工资支取现金，可通过下列(　　)账户办理。

A. 一般存款户　　B. 专项存款户　　C. 临时存款户　　D. 基本存款户

6. 根据规定，下列经济业务中，不能用现金支付的是(　　)。

A. 支付物资采购货款 1 000 元　　B. 支付职工差旅费 1 000 元

C. 支付离退休人员工资 2 000 元　　D. 支付零星办公用品购置费 800 元

7. 企业下列做法中，符合银行存款管理制度要求的有(　　)。

A. 一个企业可选择多家银行开立基本存款账户

B. 通过基本存款账户和一般存款账户支取现金

C. 可选择一家银行的几个分支机构开立多个一般存款账户

D. 一个企业只能选择一家银行的一个分支机构开立一个基本存款账户

8. 某单位小王发现单位账上一笔无法查明原因的现金短缺，经批准后应该作如下账务处理(　　)。

A. 借：管理费用——现金短缺

　　贷：待处理财产损溢——待处理流动资产损溢

B. 借：其他应收款

　　贷：待处理财产损溢——待处理流动资产损溢

C. 借：营业外收入

　　贷：待处理财产损溢——待处理流动资产损溢

D. 借：财务费用

　　贷：待处理财产损溢——待处理流动资产损溢

9. 银行存款日记账余额 1 000 元，经与银行对账单核对，有银行代收票据款 200 元及银行手续费 6 元未入账，另外，企业所开现金支票 50 元尚未兑现，则企业实有的银行存款余额为(　　)。

A. 1 000 元　　B. 1 194 元　　C. 1 303 元　　D. 1 347 元

10. 企业将款项汇往外地开立采购专用账户时，应借记的会计科目是(　　)。

A. 材料采购　　B. 其他货币资金　　C. 预付账款　　D. 在途物资

二、多项选择题

1. 下列结算方式中适用于异地结算的有(　　)。

A. 银行汇票　　B. 银行本票　　C. 商业汇票　　D. 支票　　E. 汇兑

2. 银行存款账户核算的内容包括(　　)。

A. 外埠存款　B. 外币存款　C. 银行本票存款　D. 人民币存款
E. 银行汇票存款

3. 其他货币资金核算的内容包括(　　)。

A. 银行汇票存款　B. 外埠存款　C. 外币存款　D. 外币现金
E. 存出投资款

4. 下列情况中违背严格职责分工的控制原则的是(　　)。

A. 由出纳人员兼任会计档案保管工作
B. 由出纳人员兼任固定资产明细账的登记工作
C. 由出纳人员兼任收入总账和明细账的登记工作
D. 由出纳人员保管签发支票所需全部印章

5. 下列业务中可以通过现金支付的是(　　)。

A. 大额商品交易价款　B. 向个人收购农副产品的价款
C. 福利费用　D. 出差人员随身携带的差旅费

6. 下列选项中属于货币资金管理控制原则的是(　　)。

A. 严格职责分工　B. 实行交易分开
C. 实施内部稽核　D. 实施定期轮岗制度

三、判断题

1. 当企业库存现金不足时,可用凭证顶替,满足企业日常核算的需要。(　　)

2. 为了减员增效,企业的出纳人员除登记现金和银行存款日记账外,还可以进行债权债务账目的登记工作。(　　)

3. 信用证结算方式作为国际结算的一种主要方式,通过一定的程序,可以予以撤销和转证。(　　)

4. 企业用银行汇票支付购货款时,应通过"应付票据"账户核算。(　　)

5. 根据现行银行结算办法的有关规定,异地托收承付结算方式可适用于各种企业办理商品交易以及因商品交易而产生的劳务供应的款项。(　　)

6. 企业采用代销、寄销、赊销方式销售商品的款项,不得采用异地托收承付结算方式结算货款。(　　)

7. 我国的会计核算以人民币为记账本位币,因此,企业的现金是指库存的人民币现金,不包括外币。(　　)

8. 企业与银行核对银行存款账目时,对已发现的未达账项,应当编制银行存款余额调节表进行调节,并进行相应的账务处理。(　　)

9. 无论是商业承兑汇票还是银行承兑汇票,付款人都负有到期无条件支付票款的责任。(　　)

10. 汇兑是汇款人委托银行将其款项支付给收款人的结算方式。这种结算方式适用于同城的各种款项结算。(　　)

四、计算分析题

甲公司 20×9 年 4 月 30 日银行存款日记账账面余额是 276 000 元,而银行送来的对账单上本企业银行存款余额是 304 000 元,经逐笔核对发现以下情况:

(1)企业于 4 月 29 日送存转账支票 13 000 元,银行尚未登入企业存款账户;

(2)企业委托银行向大华公司代收货款 49 000 元,银行已经收到入账,但收款通知尚未送到企业,所以企业尚未登账;

(3)企业 4 月 30 日开出转账支票 37 000 元,持票单位尚未到银行办理转账,所以银行尚未登账;

(4)银行代付电费 45 000 元,因转账通知尚未送到企业,所以企业尚未登账。

要求:根据以上资料,编制甲公司 20×9 年 4 月"银行存款余额调节表"。

五、综合分析题

1. 某企业 20×9 年 3 月发生下列业务:

(1)张某报销差旅费 1 800 元,原预借现金 2 000 元,余款退回;

(2)购买一批原材料,增值税专用发票上注明原材料 30 000 元,增值税 5 100 元,开出商业承兑汇票一张,材料已经验收入库;

(3)销售商品一批,售价 100 000 元,该商品适用增值税率为 13%,应收取增值税额 13 000 元,开具专用发票,已办好托收手续,货款尚未收到;

(4)从银行提取现金 6 000 元;

(5)企业支付到期的商业承兑汇票 3 000 000 元;

(6)企业将 2 500 000 元汇往采购地银行;

(7)企业将 1 000 000 元的商业承兑汇票到银行贴现,贴现息为 6 000 元,实际收到金额为 994 000 元;

(8)上述已贴现汇票到期,付款人无力支付,企业收到银行的扣款通知;

(9)支付银行承兑汇票手续费 600 元;

(10)李某报销医药费 540 元。

要求:根据以上业务,编制该企业的会计分录。

2. 某公司 20×9 年 3 月 31 日银行存款日记账余额是 384 830 元,银行送来的对账单上本企业银行存款余额是 392 109 元,经逐笔核对,发现以下几笔未达账项:

(1)企业委托银行代收货款 8 000 元,银行已经收到入账,企业尚未登账;

(2)银行代付水电费 261 元,企业尚未接到付款通知;

(3)企业 3 月 30 日送存转账支票 5 510 元,企业已入账,银行尚未登入企业存款账;

(4)企业 3 月 15 日开出现金支票一张,金额 5 050 元,用于支付购买办公用品费,但持票人尚未去银行支取。

要求:

(1)根据以上资料,编制 20×9 年 3 月"银行存款余额调节表"。

(2)该公司20×9年3月31日可动用的银行存款数额为多少?

巩固练习题参考答案及解析

一、单项选择题

1.【答案】A

【解析】"应收票据"和"应付票据"核算银行承兑汇票和商业承兑汇票。

2.【答案】D

【解析】汇兑和托收承付结算方式用于异地结算,支票方式用于同一票据交换区域,而商业汇票结算方式既可同城又可异地使用。

3.【答案】B

【解析】10+10×8%×3/12=10.2(万元)。

4.【答案】A

【解析】提供劳务的款项与代销、寄销和赊销商品的款项不得办理托收承付结算。

5.【答案】D

【解析】根据银行开户有关规定,工资、奖金支取只能在基本存款户办理。

6.【答案】A

【解析】支付物资采购货款不属于现金的适用范围。

7.【答案】D

【解析】一个企业只能选择一家银行的一个分支机构开立一个基本存款账户,不得在多家银行机构开立基本存款账户;一般存款账户可办理转账、交存现金,但不能支取现金;不得在同一家银行的几个分支机构开立一般存款账户。

8.【答案】A

【解析】无法查明原因的现金短缺,经批准后应该借记"管理费用——现金短缺",贷记"待处理财产损溢——待处理流动资产损溢"。

9.【答案】B

【解析】银行存款余额调节表调节后正确的余额数代表了企业实有的银行存款余额。从企业银行存款日记账出发调节计算,则应该加上银行已收企业未收款项,减去银行已付企业未付款项,故实有的银行存款余额=1 000+200-6=1 194(元)。

10.【答案】B

【解析】企业将款项汇往外地开立采购专用账户时,应设立外埠存款账户,此项业务属于"其他货币资金"科目核算内容。

二、多项选择题

1.【答案】ACE

【解析】银行汇票只适用于异地结算;银行本票适用于同城的结算;商业汇票适

用于同城和异地的结算;汇兑适用于异地的结算。

2.【答案】BD

【解析】选项 ACE 属于其他货币资金核算的内容。

3.【答案】ABE

【解析】其他货币资金核算的内容包括银行汇票存款、外埠存款、存出投资款。

4.【答案】ACD

【解析】涉及货币资金不相容的职责分由不同的人员担任。

5.【答案】BCD

【解析】除规定的项目外,现金只能用于 1 000 元以下的零星支出,大额商品交易价款不得用现金支付。

6.【答案】ABCD

【解析】货币资金管理控制原则主要包括严格职责分工、实行交易分开、实施内部稽核、实施定期轮岗制度。

三、判断题

1.【答案】×

【解析】企业不得用不符合财务制度的凭证顶替库存现金,不得“白条顶库”。

2.【答案】×

【解析】企业的出纳人员除登记现金和银行存款日记账外,不能从事与现金和银行存款有关业务账目的登记工作。

3.【答案】×

【解析】信用证结算方式是国际结算的一种主要方式。信用证是指开证行依照申请人的申请开出的、凭符合信用证条款的单据支付的付款承诺,并明确规定该信用证为不可撤销、不可转让的跟单信用证。

4.【答案】×

【解析】企业使用银行汇票支付款项后,应根据发票账单等有关凭证,经核对无误后编制会计分录,借记“材料采购”或“原材料”、“库存商品”、“应交税费——应交增值税(进项税额)”等科目,贷记“其他货币资金——银行汇票”科目。

5.【答案】×

【解析】托收承付适用范围为国有企业、供销合作社以及经营管理较好并经开户银行审查同意的城乡集体所有制工业企业。

6.【答案】√

【解析】企业采用代销、寄销、赊销方式销售商品的款项,不得采用异地托收承付结算方式结算货款。

7.【答案】×

【解析】现金是流动性最强的一种货币性资产。狭义的现金是指企业的库存现金。广义的现金除企业的库存现金外,还包括银行存款和其他符合现金定义的票证等。本章现金的概念是指狭义的现金，包括人民币现金和外币现金。

8.【答案】×

【解析】企业与银行核对银行存款账目时，对已发现的未达账项，应当编制银行存款余额调节表进行调节，待有关结算凭证到达后入账。

9.【答案】√

【解析】无论是商业承兑汇票还是银行承兑汇票，付款人都负有到期无条件支付票款的责任。

10.【答案】×

【解析】汇兑是汇款人委托银行将其款项支付给收款人的结算方式。汇兑结算方式适用于异地之间的各种款项结算。

四、计算分析题

【答案】

银行存款余额调节表

20×9年4月　　　　单位:元

项目	金额	项目	金额
银行对账单上的余额	304 000	银行存款日记账余额	276 000
加:4月29日送存转账支票	13 000	加:银行代收货款	49 000
减:4月30日开出转账支票	37 000	减:银行代付电费	45 000
调节后的存款余额	280 000	调节后的存款余额	280 000

五、综合分析题

1.【答案】

(1)借:库存现金　　200
　　管理费用　　1 800
　　贷:其他应收款　　2 000

(2)借:原材料　　30 000
　　应交税费——应交增值税(进项税额)　　5 100
　　贷:应付票据　　35 100

(3)借:应收账款　　113 000
　　贷:主营业务收入　　100 000
　　　　应交税费——应交增值税(销项税额)　　13 000

(4)借:库存现金　　6 000
　　贷:银行存款　　6 000

(5)借:应付票据　　3 000 000
　　贷:银行存款　　3 000 000

(6)借:其他货币资金——外埠存款 2 500 000
　　贷:银行存款 2 500 000
(7)借:银行存款 994 000
　　财务费用 6 000
　　贷:应收票据 1 000 000
(8)借:应收账款 1 000 000
　　贷:银行存款 1 000 000
(9)借:财务费用 600
　　贷:银行存款 600
(10)借:应付职工薪酬——福利费 540
　　贷:库存现金 540

2.【答案】

银行存款余额调节表

20×9 年 3 月　　单位:元

项 目	金 额	项 目	金 额
银行对账单上余额	392 109	银行存款日记账余额	384 830
加:3 月 30 日送存转账支票	5 510	加:银行代收款项	8 000
减:3 月 15 日开出现金支票	5 050	减:银行代付水电费	261
调整后的存款余额	392 569	调整后的存款余额	392 569

该公司 20×9 年 3 月 31 日可动用的银行存款数额为 392 569 元。

3 金融资产

本章基本结构框架

本章主要内容
- 1. 交易性金融资产
  - 交易性金融资产概述
  - 交易性金融资产的核算
- 2. 持有至到期投资
  - 持有至到期投资概述
  - 持有至到期投资的核算
- 3. 应收及预付款项
  - 应收票据
  - 应收账款
  - 预付账款
  - 其他应收款
  - 应收款项减值
- 4. 可供出售金融资产
  - 可供出售金融资产概述
  - 可供出售金融资产的核算

本章重点与难点

3.1 交易性金融资产

3.1.1 交易性金融资产概述

交易性金融资产主要是指企业为了近期内出售而持有的金融资产，如企业以赚取差价为目的从二级市场购入的股票、债券、基金等。为了核算交易性金融资产的取得、收取现金股利或利息、处置等业务，企业应当设置“交易性金融资产”、“公允价值变动损益”、“投资收益”等科目。

“交易性金融资产”科目核算企业为交易目的所持有的债券投资、股票投资、基金投资等交易性金融资产的公允价值。企业应当按照交易性金融资产的类别和品种，分别设置“成本”、“公允价值变动”等明细科目，进行明细分类核算。

“公允价值变动损益”科目核算企业交易性金融资产、采用公允价值模式计量的投资性房地产等公允价值变动形成的应计入当期损益的利得或损失。期末，应将本科目余额转入“本年利润”科目，结转后本科目无余额。

“投资收益”科目核算企业持有的交易性金融资产等期间取得的投资收益以及处置交易性金融资产等实现的投资收益或损失。期末，应将本科目余额转入“本年利润”科目，本科目结转后应无余额。

3.1.2 交易性金融资产的核算

3.1.2.1 交易性金融资产的取得

企业取得交易性金融资产时，应当按照该金融资产取得时的公允价值作为其初始确认金额，计入“交易性金融资产——成本”科目。取得交易性金融资产所支付的价款中包含的已宣告但尚未领取的现金股利或已到付息期但尚未领取的债券利息，应单独确认为应收项目，记入“应收股利”或“应收利息”科目。

企业取得交易性金融资产所发生的相关交易费用应当在发生时计入投资收益。

3.1.2.2 交易性金融资产的现金股利和利息

交易性金融资产持有期间被投资单位宣告发放的现金股利，或在资产负债表日按分期付息、一次还本债券投资的票面利率计算的利息，应当确认为应收项目，记入“应收股利”或“应收利息”科目，并计入投资收益。

3.1.2.3 交易性金融资产的期末计量

资产负债表日，交易性金融资产应当按照公允价值计量，公允价值与账面余额间的差额计入当期损益，通过“公允价值变动损益”科目核算。资产负债表日，企业应当按照交易性金融资产的公允价值高于其账面余额的差额，借记“交易性金融资产——公允价值变动”科目，贷记“公允价值变动损益”科目；交易性金融资产公允价值低于其账面余额的差额，企业应当作相反的会计分录。

3.1.2.4 交易性金融资产的处置

企业处置交易性金融资产时，应当将交易性金融资产出售时的公允价值与其初始入账金额之间的差额确认为投资收益，同时调整公允价值变动损益。

出售交易性金融资产时，应按实际收到的金额，借记“银行存款”等科目，按该金融资产的账面余额，贷记“交易性金融资产”科目，按其差额，贷记或借记“投资收益”科目。同时，将原计入该金融资产的公允价值变动转出，借记或贷记“公允价值变动损益”科目，贷记或借记“投资收益”科目。

3.2 持有至到期投资

3.2.1 持有至到期投资概述

持有至到期投资,是指到期日固定、回收金额固定或可确定,且企业有明确意图和能力持有至到期的非衍生金融资产。

企业应当设置"持有至到期投资"科目,用以核算企业持有至到期投资的摊余成本。本科目可按持有至到期投资的类别和品种,分别按"成本"、"利息调整"、"应计利息"等进行明细核算。本科目期末借方余额,反映企业持有至到期投资的摊余成本。

3.2.2 持有至到期投资的核算

3.2.2.1 持有至到期投资的取得

企业取得持有至到期投资时,应当按照公允价值和相关交易费用之和作为初始入账金额,记入"持有至到期投资——成本、利息调整" 科目。实际支付的价款中包括的已到付息期但尚未领取的债券利息,应单独确认为应收项目,记入"应收利息"科目。

企业取得的持有至到期投资,应按该投资的面值,借记"持有至到期投资——成本"科目,按支付的价款中包含的已到付息期但尚未领取的利息,借记"应收利息"科目,按实际支付的金额,贷记"银行存款"等科目,按其差额,借记或贷记"持有至到期投资——利息调整"科目。

3.2.2.2 持有至到期投资的期末计量

在资产负债表日,企业应当采用实际利率法按摊余成本和实际利率计算确认利息收入,计入投资收益。

资产负债表日,持有至到期投资为分期付息、一次还本债券投资的,企业应按票面利率计算确定的应收未收利息,借记"应收利息"科目,按持有至到期投资摊余成本和实际利率计算确定的利息收入,贷记"投资收益"科目,按其差额,借记或贷记"持有至到期投资——利息调整"科目。

持有至到期投资为一次还本付息债券投资的,企业应于资产负债表日按票面利率计算确定的应收未收利息,借记"持有至到期投资——应计利息"科目,按持有至到期投资摊余成本和实际利率计算确定的利息收入,贷记"投资收益"科目,按其差额,借记或贷记"持有至到期投资——利息调整"科目。

资产负债表日,持有至到期投资发生减值的,按应减记的金额,借记"资产减值损失"科目,贷记"持有至到期投资减值准备"科目。已计提减值准备的持有至到期投资价值以后又得以恢复,应在原已计提的减值准备金额内,按恢复增加的金额,借记"持有至到期投资减值准备"科目,贷记"资产减值损失"科目。

3.2.2.3 持有至到期投资的处置

企业出售持有至到期投资时,应按实际收到的金额,借记"银行存款"等科目,按其账面余额,贷记“持有至到期投资——成本、利息调整、应计利息”科目,按其差额,贷记或借记“投资收益”科目。若持有至到期投资已计提减值准备的,还应同时结转减值准备。

3.3 应收及预付款项

3.3.1 应收票据

3.3.1.1 应收票据概述

应收票据是指企业因销售商品、提供劳务等而收到的商业汇票。企业应当设置“应收票据”科目,用以核算应收票据的取得、到期、未到期转让等业务。

3.3.1.2 应收票据的核算

1. 应收票据的取得和到期收回票款

企业取得的应收票据,应按其票面金额入账。因债务人抵偿前欠货款而取得的应收票据,借记“应收票据”科目,贷记“应收账款”科目;因企业销售商品、提供劳务等而收到开出、承兑的商业汇票,借记“应收票据”科目,贷记“主营业务收入”、“应交税费——应交增值税(销项税额)”等科目。商业汇票到期收回款项时,应按实际收到的金额,借记“银行存款”科目,贷记“应收票据”科目。

2. 应收票据的贴现和转让

企业将未到期的商业汇票向银行贴现,应按实际收到的金额(即减去贴现息后的净额),借记“银行存款”等科目,按贴现息部分,借记“财务费用”等科目,按商业汇票的票面金额,贷记“应收票据”科目或“短期借款”科目。

企业将持有的商业汇票背书转让以取得所需物资,按应计入取得物资成本的金额,借记“材料采购”或“原材料”、“库存商品”等科目,按允许抵扣的增值税进项税额,借记“应交税费——应交增值税(进项税额)”科目,按商业汇票的票面金额,贷记“应收票据”科目,如有差额,借记或贷记“银行存款”等科目。如为带息票据,还应将尚未计提的利息冲减财务费用。

3.3.2 应收账款

3.3.2.1 应收账款概述

应收账款是指企业因销售商品、提供劳务等经营活动,应向购货单位或接受劳务单位收取的款项,主要包括销售货物或提供劳务应向有关债务人收取的价款、增值税销项税额以及代购货单位垫付的包装费、运杂费等。

为了反映和监督应收账款的增减变动及其结存情况,企业应设置“应收账款”科目。不单独设置“预收账款”科目的企业,预收的账款也通过“应收账款”科目进行核算。

3.3.2.2 应收账款的核算

应收账款通常应按实际发生额计价入账,同时,还应注意商业折扣和现金折扣等情况。

1. 商业折扣

商业折扣是指对商品价目单中所列的商品价格,根据批发、零售、特约经销等不同销售对象,给予一定的折扣优惠。一般情况下,商业折扣都直接从商品价目单价格中扣减,购买单位应付的货款和销售单位所应收的货款,都根据直接扣减商业折扣以后的价格来计算。因此,商业折扣对企业的会计记录没有影响。

2. 现金折扣

现金折扣是指企业为了鼓励客户在一定期限内早日偿还货款而给予客户的折扣优惠。现金折扣对于销售企业来说,称为销货折扣;对于购货企业来说,称为购货折扣。在有现金折扣的情况下,应收账款应按总价法,即未扣减现金折扣前的应收金额入账,实际发生的现金折扣作为当期财务费用,计入当期损益。

3.3.3 预付账款

3.3.3.1 预付账款概述

预付账款是指企业按照合同规定预付的款项。应收账款是企业应向购货方收取的销货款,而预付账款是企业预付给供货方的购货款。

为了反映和监督预付账款的增减变动及其结存情况,企业应设置"预付账款"科目。预付款项情况不多的企业,也可以不设置本科目,将预付的款项直接记入"应付账款"科目。

3.3.3.2 预付账款的核算

企业因购货而预付的款项,借记"预付账款"科目,贷记"银行存款" 等科目。企业收到所购物资,按应计入购入物资成本的金额,借记"材料采购"或"原材料"、"库存商品"、"应交税费——应交增值税(进项税额)"等科目,按应支付的金额,贷记"预付账款"科目。当预付的货款小于采购物资所应支付的款项时,企业应将不足的部分予以补付,按补付的款项,借记"预付账款"科目,贷记"银行存款"等科目;当预付的货款大于采购物资所应支付的款项时,按退回多付的款项,借记"银行存款"等科目,贷记"预付账款"科目。

3.3.4 其他应收款

其他应收款是指企业除应收票据、应收账款、预付账款等以外的其他各种应收、暂付款项。

企业应设置"其他应收款"科目,用于核算企业除应收票据、应收账款、预付账款等以外的其他各种应收、暂付款项。

企业发生其他应收款时,借记"其他应收款"科目,贷记"库存现金"、"银行存款"、"营业外收入"等科目;收回备用金以外的其他应收款时,借记"库存现金"、"银行存款"、"应付职工薪酬"等科目,贷记"其他应收款"科目。

3.3.5 应收款项减值

3.3.5.1 应收款项减值损失的确认

企业应当在资产负债表日对应收款项的账面价值进行检查,若证明应收款项发生减值的,应当将该应收款项的账面价值减记至预计未来现金流量现值,减记的金额确认为减值损失,计提坏账准备。

企业应设置"坏账准备"科目,核算企业应收款项的坏账准备计提、转销等情况。企业计提的坏账准备应当计入当期损益,通过"资产减值损失"科目核算。

3.3.5.2 坏账损失的核算

在会计实务中,企业应当采用备抵法核算发生的坏账损失。坏账准备的计提方法有四种,即"应收款项余额百分比法"、"账龄分析法"、"销货百分比法"和"个别认定法"。

1. 应收款项余额百分比法

在余额百分比法下,企业应在每个会计期末根据本期末应收款项的余额和相应的坏账率估计出期末坏账准备账户应有的余额,它与调整前坏账准备账户已有的余额的差额,就是当期应提的坏账准备金额。

采用余额百分比法计提坏账准备的计算公式如下。

(1)首次计提坏账准备的计算公式:

当期应计提的坏账准备 = 期末应收款项余额 × 坏账准备计提百分比

(2)以后计提坏账准备的计算公式:

当期应计提的坏账准备 = 当期按应收款项余额计算应计提的坏账准备金额 +(或 -)坏账准备账户借方余额(或贷方余额)

2. 账龄分析法

应收款项按账龄长短进行分组,分别确定不同的计提百分比估算坏账损失,使坏账损失的计算结果更符合客观情况。采用账龄分析法计提坏账准备的计算公式如下。

(1)首次计提坏账准备的计算公式:

当期应计提的坏账准备 = Σ(期末各账龄组应收款项余额 × 各账龄组坏账准备计提百分比)

(2)以后计提坏账准备的计算公式:

当期应计提的坏账准备 = 当期按应收款项计算应计提的坏账准备金额 +(或 -)坏账准备账户借方余额(或贷方余额)

3. 销货百分比法

该方法根据企业销售总额(赊销总额)的一定百分比估计坏账损失。

采用销货百分比法计提坏账准备的计算公式如下:

当期应计提的坏账准备 = 本期销售总额(或赊销额) × 坏账准备计提比例

4. 个别认定法

该方法是针对每项应收款项的实际情况分别估计坏账损失。

3.4 可供出售金融资产

3.4.1 可供出售金融资产概述

可供出售金融资产，是指初始确认时即被指定为可供出售的非衍生金融资产，以及没有划分为持有至到期投资、贷款和应收款项、以公允价值计量且其变动计入当期损益的金融资产。例如，企业购入的在活跃市场上有报价的股票、债券和基金等，没有划分为以公允价值计量且其变动计入当期损益的金融资产或持有至到期投资等金融资产的，可归为此类。

企业应当设置“可供出售金融资产”科目，核算企业持有的可供出售金融资产的公允价值，包括划分为可供出售的股票投资、债券投资等金融资产。

3.4.2 可供出售金融资产的核算

可供出售金融资产的会计处理与交易性金融资产的会计处理有些类似，但也有不同。具体而言：①初始确认时，都应按公允价值计量，但对于可供出售金融资产发生的相关交易费用应计入初始入账金额，而不是计入当期损益；②资产负债表日，都应按公允价值计量，但对于可供出售金融资产，公允价值变动不是计入当期损益，而通常应计入所有者权益。

可供出售金融资产的具体会计处理如下。

(1)企业取得可供出售的金融资产(股票投资)，应按其公允价值与交易费用之和，借记“可供出售金融资产——成本”科目，按支付的价款中包含的已宣告但尚未发放的现金股利，借记“应收股利”科目，按实际支付的金额，贷记“银行存款”等科目。

企业取得的可供出售金融资产为债券投资的，应按债券的面值，借记“可供出售金融资产——成本”科目，按支付的价款中包含的已到付息期但尚未领取的利息，借记“应收利息”科目，按实际支付的金额，贷记“银行存款”等科目，按差额，借记或贷记“可供出售金融资产——利息调整”科目。

(2)资产负债表日，可供出售债券为分期付息、一次还本债券投资的，企业应按票面利率计算确定的应收未收利息，借记“应收利息”科目，按可供出售债券的摊余成本和实际利率计算确定的利息收入，贷记“投资收益”科目，按其差额，借记或贷记“可供出售金融资产——利息调整”科目。

可供出售债券为一次还本付息债券投资的，企业应于资产负债表日按票面利率计算确定的应收未收利息，借记“可供出售金融资产——应计利息”科目，按可供出售债券的摊余成本和实际利率计算确定的利息收入，贷记“投资收益”科目，按其差额,借记或贷记“可供出售金融资产——利息调整”科目。

(3)资产负债表日,可供出售金融资产的公允价值高于其账面余额的差额,借记“可供出售金融资产——公允价值变动”科目,贷记“资本公积——其他资本公积”科目;公允价值低于其账面余额的差额,作相反的会计分录。

确定可供出售金融资产发生减值的,按应减记的金额,借记“资产减值损失”科目,按应从所有者权益中转出原计入资本公积的累计损失金额,贷记“资本公积——其他资本公积”科目,按其差额,贷记“可供出售金融资产——公允价值变动”科目。

对于已确认减值损失的可供出售金融资产,在随后会计期间内公允价值已上升且客观上与确认原减值损失事项有关的,应按原确认的减值损失,借记“可供出售金融资产——公允价值变动”科目,贷记“资产减值损失”科目;但可供出售金融资产为股票等权益工具投资的(不含在活跃市场上没有报价、公允价值不能可靠计量的权益工具投资),借记“可供出售金融资产——公允价值变动”科目,贷记“资本公积——其他资本公积”科目。

(4)企业出售可供出售的金融资产,应按实际收到的金额,借记“银行存款”等科目,按其账面余额,贷记“可供出售金融资产——成本、公允价值变动、利息调整、应计利息”科目,按应从所有者权益中转出的公允价值累计变动额,借记或贷记“资本公积——其他资本公积”科目,按其差额,贷记或借记“投资收益”科目。

巩固练习题

一、单项选择题

1. 乙企业20×9年4月10日售出商品,当日收到面值100 000元、年利率5%、期限6个月的商业承兑汇票一张。企业取得该票据时的入账价值为(　　)元。

A. 100 000　　B. 101 250　　C. 105 000　　D. 115 000

2. 甲企业为一般纳税人企业,从A企业购入材料10 000元,增值税额为1 700元,取得增值税专用发票,甲企业以6个月的带息商业承兑汇票支付货款和增值税,票面金额为11 700元,票面年利率为6%,则该票据到期后A企业应收票据的账面余额为(　　)元。

A. 11 700　　B. 12 051　　C. 12 000　　D. 12 402

3. 丙企业赊销商品一批,商品标价10 000元,商业折扣20%,增值税率为17%,现金折扣条件为2/10、n/20。企业销售商品时代垫运费200元(不考虑运费增值税),则应收账款的入账金额为(　　)元。

A. 9 560　　B. 9 360　　C. 11 700　　D. 11 900

4. 某企业在20×9年3月8日销售商品100件,增值税专用发票上注明的价款为15 000元,增值税额为2 550元。企业为了及早收回货款而在合同中规定的现金折扣条件为2/10、1/20、n/30。假定计算现金折扣时考虑增值税。如买方在20×9

年3月16日付清货款,该企业实际收款金额应为(　　)元。

A. 17 550　　B. 17 400　　C. 17 199　　D. 17 250

5. 某企业在20×9年10月8日销售商品100件,增值税专用发票上注明的价款为15 000元,增值税额为2 550元。企业为了及早收回货款而在合同中规定的现金折扣条件为2/10、1/20、n/30。假定计算现金折扣时不考虑增值税。如买方在20×9年10月24日付清货款,该企业实际收款金额应为(　　)元。

A. 17 550　　B. 17 400　　C. 17 374.5　　D. 17 250

6. 某企业在20×9年4月8日销售商品100件,该商品单价为1 500元,增值税税率为17%,该企业给购货方10%的商业折扣,购货方尚未支付货款,则该企业应收账款的入账价值为(　　)元。

A. 175 500　　B. 174 000　　C. 157 950　　D. 172 500

7. 设置"预付账款"科目的企业,在收到货物后需补付货款时,应编制的会计分录为(　　)。

A. 借:预付账款
　　原材料
　　贷:银行存款

B. 借:原材料
　　贷:预付账款

C. 借:原材料
　　贷:预付账款
　　　银行存款

D. 借:预付账款
　　贷:银行存款

8. 某企业对基本生产车间所需备用金采用定额备用金制度,当生产车间报销日常管理支出而补足其备用金定额时,应借记的会计科目是(　　)。

A. 其他应收款　　B. 其他应付款　　C. 制造费用　　D. 生产成本

9. 某企业对管理部门所需备用金采用定额备用金制度,当管理部门报销日常管理支出而补足其备用金定额时,应贷记的会计科目是(　　)。

A. 其他应收款　　B. 其他应付款　　C. 库存现金　　D. 管理费用

10. 企业在连续提取坏账准备的情况下,"坏账准备"科目在期末结账前如为贷方余额,其反映的内容是(　　)。

A. 已经发生的坏账损失

B. 上年末坏账准备的余额小于本年确认的坏账损失部分

C. 企业已提取但尚未转销的坏账准备数额

D. 本年提取的坏账准备

11. 甲企业通过对应收款项的风险进行分析,决定按应收账款余额的一定比例计提坏账。"坏账准备"科目的年初余额为4 000元,"应收账款"和"其他应收款"科目的年初余额分别为30 000元和10 000元。当年,不能收回的应收账款2 000元确认为坏账损失。"应收账款"和"其他应收款"科目的年末余额分别为60 000元和10 000元,假定该企业年末确定的坏账提取比例为10%。该企业年末应提取的坏账准备为(　　)元。

A. 1 000　B. 3 000　C. 5 000　D. 7 000

12. 乙企业通过对应收款项的风险进行分析，按账龄确定了一组风险组合，并分析出各组合坏账发生的比例，具体情况如下：该企业 20×8 年 12 月 31 日应收账款余额为 200 万元，“坏账准备”科目贷方余额为 5 万元；20×9 年发生坏账 8 万元，发生坏账回收 2 万元。20×9 年 12 月 31 日应收账款余额为 120 万元（其中未到期应收账款为 40 万元，估计损失 1%；过期 1 个月应收账款为 30 万元，估计损失 2%；过期 2 个月应收账款为 20 万元，估计损失 4%；过期 3 个月应收账款为 20 万元，估计损失 6%；过期 3 个月以上应收账款为 10 万元，估计损失 10%）。企业 20×9 年应提取的坏账准备为(　　)万元。

A. 5　B. 4　C. 3　D. −5

13. 甲企业会计期末应收账款余额 200 万元，计提的坏账准备余额 7 万元。甲企业通过对近几年应收款项发生坏账的情况进行分析，决定按赊销收入的一定比例计提坏账准备，比例为 5%，则该企业本会计期末应补提的坏账准备金额为(　　)万元。

A. 10　B. 5　C. 3　D. 7

14. 企业取得交易性金融资产时支付的税金、手续费等相关费用，应(　　)。

A. 全部计入投资成本　B. 一次计入财务费用

C. 分次计入财务费用　D. 直接计入当期投资收益

15. 交易性金融资产持有期间获得的现金股利或利息应(　　)。

A. 冲减交易性金融资产　B. 冲减财务费用

C. 计入投资收益　D. 冲减应收股利

16. 短期股票投资在(　　)确认投资收益。

A. 期末结账时　B. 在期末计量时

C. 受资企业实际发放股利时　D. 转让股票时

17. 某企业 6 月以 20 100 元将 3 月购入的短期股票投资予以出售，该投资购入时的入账价值为 20 000 元，5 月份收到被投资方分配的现金股利 500 元，此时的交易性金融资产的公允价值为 19 000 元，则出售该项交易性金融资产时该企业记入“投资收益”科目的金额应为(　　)元。

A. 100　B. 400　C. 500　D. 600

18. 某企业购入 A 公司股票 10 000 股，每股价格为 10 元，作为交易性金融资产，另外支付交易费及佣金 5 000 元，购入时每股价格包含已宣告但尚未发放的股利 1 元。该企业应计入交易性金融资产账户的金额为(　　)元。

A. 105 000　B. 95 000　C. 10 000　D. 90 000

19. 甲公司 20×9 年 2 月 10 日销售商品应收乙公司的一笔应收账款 1 200 万元，20×9 年 6 月 30 日计提坏账准备 150 万元，20×9 年 12 月 31 日，该笔应收账款的未来现金流量现值为950万元,20×9年12月31日,该笔应收账款应计提的坏账准备为(　　)万元。

A. 300　　B. 100　　C. 250　　D. 0

20. 对于已确认减值损失的可供出售债务工具,在随后的会计期间公允价值已上升且客观上与原减值损失确认后发生的事项有关的,原确认的减值损失应当予以转回,计入(　　)科目。

A. 资产减值损失　　B. 投资收益

C. 资本公积　　D. 营业外收入

21. 出售可供出售金融资产时,应按实际收到的金额,借记"银行存款"等科目,按其账面余额,贷记"可供出售金融资产"科目,按应从所有者权益中转出的公允价值累计变动额,借记或贷记"资本公积——其他资本公积"科目,按其差额,贷记或借记(　　)科目。

A. 投资收益　　B. 资本公积　　C. 营业外支出　　D. 营业外收入

22. 资产负债表日,可供出售金融资产(债券)的公允价值高于其摊余成本的差额时,会计处理为:借记"可供出售金融资产"科目,贷记(　　)科目。

A. 资本公积——其他资本公积　　B. 投资收益

C. 资产减值损失　　D. 公允价值变动损益

二、多项选择题

1. 下列项目中,可作为持有至到期债券投资的有(　　)。

A. 企业从二级市场上购入的固定利率国债

B. 企业从二级市场上购入的浮动利率公司债券

C. 购入的股权投资

D. 投资者有权要求发行方赎回的债券

2. 下列各项中,应在"坏账准备"账户贷方反映的有(　　)。

A. 提取的坏账准备

B. 收回前期已确认为坏账并转销的应收账款

C. 发生的坏账损失

D. 冲销的坏账准备

3. 如果购入的准备持有至到期的债券的实际利率等于票面利率,且不存在交易费用时,下列各项中,会引起持有至到期投资账面价值发生增减变动的有(　　)。

A. 计提持有至到期投资减值准备

B. 确认分期付息债券的投资利息

C. 确认到期一次付息债券的投资利息

D. 出售持有至到期投资

4. 下列各项中,应作为持有至到期投资取得时初始成本入账的有(　　)。

A. 投资时支付的不含应收利息的价款

B. 投资时支付的手续费

C. 投资时支付的税金

D. 投资时支付款项中所含的已到期尚未发放的利息

5. 下列各项中，会引起交易性金融资产账面余额发生变化的有（ ）。

A. 收到原未计入应收项目的交易性金融资产的利息

B. 期末交易性金融资产公允价值高于其账面余额的差额

C. 期末交易性金融资产公允价值低于其账面余额的差额

D. 出售交易性金融资产

6. 下列项目中，不应计入交易性金融资产取得成本的是（ ）。

A. 支付的购买价格　　B. 支付的相关税金

C. 支付的手续费　　D. 支付价款中包含的应收利息

7. 下列各项关于交易性金融资产的会计处理中，属于期末根据公允价值与账面余额之间的差额所作的处理是（ ）。

A. 借：交易性金融资产——公允价值变动
　　贷：公允价值变动损益

B. 借：公允价值变动损益
　　贷：交易性金融资产——公允价值变动

C. 借：投资收益
　　贷：交易性金融资产——公允价值变动

D. 借：交易性金融资产——公允价值变动
　　贷：投资收益

三、判断题

1. "可供出售金融资产"借方的期末余额，反映企业可供出售金融资产的公允价值。（ ）

2. 企业取得可供出售金融资产时支付的交易费用应计入投资收益。（ ）

3. 资产负债表日，对于持有至到期投资为分期付息、一次还本债券投资的，应按票面利率计算确定的应收未收利息，应该借记"持有至到期投资（应计利息）"科目。（ ）

4. "交易性金融资产"科目的期末借方余额，反映企业持有的交易性金融资产的成本与市价孰低值。（ ）

5. 购入交易性金融资产支付的交易费用，应该计入交易性金融资产的成本中。（ ）

6. 金融资产在初始确认时分为交易性金融资产、持有至到期投资、贷款和应收款项及可供出售金融资产。上述分类一经确定，不得变更。（ ）

四、计算分析题

1. 企业 20×7 年末应收账款余额为 5 000 万元；20×8 年确认坏账损失 50 万元，

年末应收账款余额为4 000万元;20×9年收回已转销的坏账30万元,年末应收账款余额为4 500万元。坏账准备提取比率为5‰。

要求:计算各年坏账准备提取数,并编制有关会计分录。

2.甲公司20×9年3月1日向C公司销售一批商品,货款80 000元,增值税额为13 600元。甲公司为了尽快收回货款而在合同中规定符合现金折扣的条件为2/10、1/20、n/30,假设C公司分别于3月9日、3月17日和3月30日付清货款。(在计算折扣时不考虑增值税因素)

要求:根据上述资料,编制甲公司在不同时间收回货款时的会计分录。("应交税费"科目要求写出明细科目)

五、综合题

1.甲公司20×9年2月5日购入乙公司股份10 000股,每股价格10元,另支付交易费用1 000元,甲企业购入乙公司股份占乙公司有表决权资本的3%,甲公司将其作为交易性金融资产核算。乙公司于20×9年5月5日宣告分派现金股利,每股0.5元。20×9年6月该股票的公允价值为106 000元,到20×9年12月,甲公司出售了该股票,取得价款110 000元,已存入银行。

要求:根据上述资料,编制甲公司有关会计分录。

2.20×7年1月1日,甲公司从股票二级市场以每股15元的价格购入乙公司发行的股票200 000股,占乙公司有表决权股份的5%,对乙公司无重大影响,划分为可供出售金融资产。

20×7年5月10日,甲公司收到乙公司发放的上年现金股利40 000元。

20×7年12月31日,该股票的市场价格为每股13元。甲公司预计该股票的价格下跌是暂时的。

20×8年,乙公司因违犯相关证券法规,受到证券监管部门查处。受此影响,乙公司股票的价格发生下跌。至20×8年12月31日,该股票的市场价格下跌到每股8元。

20×9年,乙公司整改完成,加之市场宏观面好转,股票价格有所回升,至12月31日,该股票的市场价格上升到每股11元。

假定20×8年和20×9年均未分派现金股利,不考虑其他因素,要求作出甲公司的相关账务处理。

3.20×8年5月6日,甲公司支付价款10 160 000元(含交易费用20 000元和已宣告发放现金股利140 000元),购入乙公司发行的股票200 000股,占乙公司有表决权股份的0.5%。甲公司将其划分为可供出售金融资产。

20×8年5月10日,甲公司收到乙公司发放的现金股利140 000元。

20×8年6月30日,该股票市价为每股52元。

20×8年12月31日,甲公司仍持有该股票,当日,该股票市价为每股50元。

20×9年5月9日,乙公司宣告发放股利40 000 000元。

20×9 年 5 月 13 日,甲公司收到乙公司发放的现金股利。

20×9 年 5 月 20 日,甲公司以每股 49 元的价格将股票全部转让。

假定不考虑其他因素,要求编制甲公司的会计分录。

4. 甲股份有限公司 20×5 年 1 月 1 日购入乙公司当日发行的五年期债券,准备持有至到期。债券的票面利率为 12%,债券面值 1 000 元,企业按每张 1 050 元的价格购入 80 张。该债券每年年末付息一次,最后一年还本并付最后一次利息。假设甲公司按年计算利息。假定不考虑相关税费。该债券的实际利率为 10.66%。

要求:作出甲公司有关上述债券投资的会计处理(计算结果保留整数)。

5. 某股份有限公司 20×9 年有关交易性金融资产的资料如下。

(1)3 月 1 日以银行存款购入 A 公司股票 50 000 股并准备随时变现,每股买价 16 元,同时支付相关税费 4 000 元。

(2)4 月 20 日 A 公司宣告发放的现金股利每股 0.4 元。

(3)4 月 21 日又购入 A 公司股票 50 000 股,并准备随时变现,每股买价 18.4 元(其中包含已宣告发放尚未支取的股利每股 0.4 元),同时支付相关税费 6 000 元。

(4)4 月 25 日收到 A 公司发放的现金股利 20 000 元。

(5)6 月 30 日 A 公司股票市价为每股 16.4 元。

(6)7 月 18 日该公司以每股 17.5 元的价格转让 A 公司股票 60 000 股,扣除相关税费 10 000 元,实得金额为 1 040 000 元。

(7)12 月 31 日 A 公司股票市价为每股 18 元。

要求:根据上述经济业务编制有关会计分录。

巩固练习题参考答案及解析

一、单项选择题

1.【答案】A

【解析】应收票据在取得时一律按面值入账。带息票据到年末以及半年末时才计息。

2.【答案】B

【解析】票据 6 个月到期后,则应收票据账面余额为:11 700 + 11 700 × 6% × 6/12 = 12 051(元)。

3.【答案】A

【解析】应收账款的入账金额 = 10 000 ×(1 − 20%)×(1 + 17%)+ 200 = 9 560(元)。

4.【答案】C

【解析】本题考核应收账款入账价值的确定,买方在 10 天内付款,则应该享受 2% 的现金折扣,从题目中已知计算现金折扣时考虑增值税,则这里按照需要考虑增值税计算现金折扣,即按照应收账款的金额计算,因此该企业实际收款金额为15 000 +2 550 -(15 000 +2 550)×2% =17 199(元)。

5.【答案】B

【解析】本题考核应收账款入账价值的确定,买方在20天内付款,则应该享受1%的现金折扣,并且题目中已知计算现金折扣不考虑增值税,因此该企业实际收款金额为15 000 +2 550 -15 000 ×1% =17 400(元)。

6.【答案】C

【解析】企业应按扣除商业折扣后的实际售价确认应收账款,因此该企业应确认的应收账款为1 500 ×100 ×(1 +17%)×(1 -10%)=157 950(元)。

7.【答案】D

【解析】本题中要求作补付货款的会计处理,则企业收到货物补付货款时,应计入“预付账款”的借方和“银行存款”的贷方。

8.【答案】C

【解析】在定额备用金制度下,备用金的报销和拨补数不再通过“其他应收款”或“备用金”科目核算。以现金拨付定额备用金时,借记“其他应收款”,贷记“库存现金”;生产车间报销时,借记“制造费用”,贷记“库存现金”。

9.【答案】C

【解析】在定额备用金制度下,备用金的报销和拨补数不再通过“其他应收款”科目核算。以现金拨付定额备用金时,借记“其他应收款”,贷记“库存现金”;管理部门报销时,借记“管理费用”,贷记“库存现金”。

10.【答案】C

【解析】坏账准备科目的贷方余额反映已经提取但尚未转销的坏账准备数额。

11.【答案】C

【解析】在本题中没有给出“应收账款”和“其他应收款”所属各个明细科目的余额,可以直接用题目中说明的年末余额进行核算,当年“坏账准备”科目期末余额 =(60 000 +10 000)×10% =7 000(元)。在年初时有坏账准备余额4 000元,本年发生坏账损失2 000元,因此坏账准备科目余额为贷方4 000 -2 000 =2 000(元),要使“坏账准备”科目年末余额为7 000元,那么在本年应计提坏账准备金额 =7 000 -2 000 =5 000(元)。

12.【答案】A

【解析】20×9年12月31日“坏账准备”科目贷方余额为:40 ×1% +30 ×2% +20 ×4% +20 ×6% +10 ×10% =4(万元),因此20×9年应提取的坏账准备 =4 -(5 +2 -8)=5(万元)。

13.【答案】C

【解析】甲企业应补提的坏账准备为:200 ×5% -7 =3(万元)。

14.【答案】D

【解析】企业取得交易性金融资产时支付的税金、手续费等相关费用,应全部计入当期投资收益。

15.【答案】C

【解析】按照新准则的规定,交易性金融资产持有期间所获得的现金股利,应确认为投资收益。

16.【答案】D

【解析】短期股票投资是作为交易性金融资产核算的,交易性金融资产的投资收益或损失在被投资单位宣告发放现金股利或利息、转让股票时会确认,短期债券投资也是如此。

17.【答案】A

【解析】被投资方宣告及实际发放股利的时候,投资方的会计处理为:

借:应收股利	500	
贷:投资收益		500
借:银行存款	500	
贷:应收股利		500

确认公允价值变动:

借:公允价值变动损益	1 000	
贷:交易性金融资产——公允价值变动		1 000

出售交易性金融资产时,投资方的会计处理为:

借:银行存款	20 100	
交易性金融资产——公允价值变动	1 000	
贷:交易性金融资产——成本		20 000
投资收益		1 100
借:投资收益	1 000	
贷:公允价值变动损益		1 000

由于本题问的是出售该项交易性金融资产的时候应记入"投资收益"的金额,所以收到股利确认的投资收益是不应该确认的,所以本题答案为A。

18.【答案】D

【解析】交易性金融资产入账金额 $=10\ 000\times10-10\ 000\times1=90\ 000$(元),交易性金融资产取得时实际支付的价款中包含的已宣告但尚未发放的股利,因为属于在购买时暂时垫付的资金,是在投资时所取得的一项债权,因此不计入交易性金融资产的入账金额中。本题的会计处理为:

借:交易性金融资产	90 000	
投资收益	5 000	
应收股利	10 000	
贷:银行存款		105 000

19.【答案】B

【解析】应计提的坏账准备 =(1 200 -950) -150 =100(万元)。

20.【答案】A

21.【答案】A

22.【答案】A

【解析】资产负债表日,可供出售金融资产的公允价值高于其账面余额(如可供出售金融资产为债券,即为其摊余成本)的差额,借记“可供出售金融资产”科目,贷记“资本公积——其他资本公积”科目。

二、多项选择题

1.【答案】AB

【解析】持有至到期投资,是指到期日固定、回收金额固定或可确定,且企业有明确意图和能力持有至到期的非衍生金融资产。企业从二级市场上购入的固定利率国债、浮动利率公司债券等,符合持有至到期投资条件,可以划分为持有至到期投资。如果符合其他条件,不能由于某债务工具投资是浮动利率投资而不将其划分为持有至到期投资。购入的股权投资因其没有固定的到期日,不符合持有至到期投资的条件,不能划分为持有至到期投资。对于投资者有权要求发行赎回的债务工具投资,投资者不能将其划分为持有至到期投资。

2.【答案】AB

【解析】提取的坏账准备和收回已确认为坏账并转销的应收账款,应在“坏账准备”账户贷方反映;发生的坏账损失和冲销的坏账准备,应在“坏账准备”账户借方反映。

3.【答案】ACD

【解析】持有至到期投资的账面价值 = 持有至到期投资账面余额 - 持有至到期投资减值准备。计提减值准备时,借:资产减值损失,贷:持有至到期投资减值准备;确认分期付息债券的投资利息时,借:应收利息,贷:投资收益;确认到期一次付息债券的投资利息时,借:持有至到期投资(应计利息),贷:投资收益;出售持有至到期投资时,借:银行存款,贷:持有至到期投资,借或贷:投资收益。

4.【答案】ABC

【解析】根据会计准则的规定,企业取得的持有至到期投资,应按其公允价值(不含支付的价款中所包括的、已到付息期但尚未领取的利息)与交易费用之和,借记“持有至到期投资”科目,按已到付息期但尚未领取的利息,借记“应收利息”科目,贷记“银行存款”、“应交税费”等科目。

5.【答案】BCD

【解析】选项 A 的会计处理为借:银行存款,贷:投资收益。

选项 B 的会计处理为借:交易性金融资产,贷:公允价值变动损益。

选项 C 的会计处理为借:公允价值变动损益,贷:交易性金融资产。

选项 D 的会计处理为借:银行存款,借或贷:投资收益,贷:交易性金融资产。同时按该金融资产的公允价值变动,借记或贷记“公允价值变动损益”科目,贷记或借记“投资收益”科目。

6.【答案】BCD

【解析】取得交易性金融资产支付的交易费用计入当期的“投资收益”,支付的价款中包含的应收利息计入“应收利息”中。

7.【答案】AB

【解析】选项 A 是交易性金融资产公允价值上升的分录;选项 B 是交易性金融资产公允价值下降的分录;交易性金融资产的公允价值变动损益不会涉及“投资收益”科目,所以 C、D 都是不正确的。

三、判断题

1.【答案】√

2.【答案】×

【解析】企业取得可供出售金融资产时支付的交易费用应计入可供出售金融资产的成本。购买交易性金融资产时支付的交易费用才计入投资收益。

3.【答案】×

【解析】资产负债表日,对于持有至到期投资为分期付息、一次还本债券投资的,应按票面利率计算确定的应收未收利息,应该借记“应收利息”科目。

4.【答案】×

【解析】“交易性金融资产”科目的期末借方余额,反映企业持有的交易性金融资产的公允价值。

5.【答案】×

【解析】购入交易性金融资产支付的交易费用应该记入“投资收益”中。

6.【答案】×

【解析】企业应当结合自身业务特点和风险管理要求,将取得的金融资产在初始确认时分为以下几类:①以公允价值计量且其变动计入当期损益的金融资产;②持有至到期投资;③贷款和应收款项;④可供出售的金融资产。上述分类一经确定,不得随意变更。

四、计算分析题

1.【答案】20×7 年末提取坏账准备:

坏账准备提取数 = 5 000 × 5‰ = 25(万元)

借:资产减值损失　　25

　　贷:坏账准备　　25

20×8 年:

确认坏账损失:

借:坏账准备　　50

贷:应收账款 50

年末提取坏账准备:

年末坏账准备账户应有余额 = 4 000 × 5‰ = 20(万元)

坏账准备提取数 = 20 - (25 - 50) = 45(万元)

借:资产减值损失 45

贷:坏账准备 45

20×9 年:

收回坏账:

借:应收账款 30

贷:坏账准备 30

借:银行存款 30

贷:应收账款 30

或直接做:

借:银行存款 30

贷:坏账准备 30

年末提取坏账准备时坏账准备账户应有余额 = 4 500 × 5‰ = 22.5(万元)

坏账准备提取数 = 22.5 - (20 + 30) = -27.5(万元)

借:坏账准备 27.5

贷:资产减值损失 27.5

2.【答案】

(1)3 月 1 日销售实现时,应按总售价确认收入

借:应收账款——C 公司 93 600

贷:主营业务收入 80 000

应交税费——应交增值税(销项税额) 13 600

(2)如果 C 公司 3 月 9 日付清货款,则按售价 80 000 元的 2% 享受 1 600(80 000 × 2%)元的现金折扣,实际付款 92 000(93 600 - 1 600)元。

借:银行存款 92 000

财务费用 1 600

贷:应收账款——C 公司 93 600

(3)如果 C 公司 3 月 17 日付清货款,则按售价 80 000 元的 1% 享受 800(80 000 × 1%)元的现金折扣,实际付款 92 800(93 600 - 800)元。

借:银行存款 92 800

财务费用 800

贷:应收账款——C 公司 93 600

(4)如果 C 公司在 3 月 30 日付款,则应按全额付款。

借:银行存款 93 600

　　贷:应收账款——C 公司　　93 600

五、综合题

1.【答案】

(1)购入时

借:交易性金融资产——成本　　100 000

　　投资收益　　1 000

　　贷:银行存款　　101 000

注意:支付的交易费用应计入投资收益中核算。

(2)乙公司宣告分派现金股利

借:应收股利　　5 000

　　贷:投资收益　　5 000

(3)公允价值变动的分录

借:交易性金融资产——公允价值变动　　6 000

　　贷:公允价值变动损益　　6 000

(4)出售股票的处理

借:银行存款　　110 000

　　贷:交易性金融资产——成本　　100 000

　　　　——公允价值变动　　6 000

　　　投资收益　　4 000

同时

借:公允价值变动损益　　6 000

　　贷:投资收益　　6 000

2.【答案】甲公司有关的账务处理如下:

(1)20×7 年 1 月 1 日购入股票

借:可供出售金融资产——成本　　3 000 000

　　贷:银行存款　　3 000 000

(2)20×7 年 5 月确认现金股利

借:应收股利　　40 000

　　贷:可供出售金融资产——成本　　40 000

借:银行存款　　40 000

　　贷:应收股利　　40 000

(3)20×7 年 12 月 31 日确认股票公允价值变动

借:资本公积——其他资本公积　　360 000

　　贷:可供出售金融资产——公允价值变动　　360 000

(4)20×8 年 12 月 31 日,确认股票投资的减值损失

借:资产减值损失　　1 360 000

贷:资本公积——其他资本公积 360 000

可供出售金融资产——公允价值变动 1 000 000

(5)20×9 年 12 月 31 日确认股票价格上涨

借:可供出售金融资产——公允价值变动 600 000

贷:资本公积——其他资本公积 600 000

3.【答案】

(1)20×8 年 5 月 6 日,购入股票

借:可供出售金融资产——成本 10 020 000

应收股利 140 000

贷:银行存款 10 160 000

(2)20×8 年 5 月 10 日,收到现金股利

借:银行存款 140 000

贷:应收股利 140 000

(3)20×8 年 6 月 30 日,确认股票的价格变动

借:可供出售金融资产——公允价值变动 380 000

贷:资本公积——其他资本公积 380 000

(4)20×8 年 12 月 31 日,确认股票价格变动

借:资本公积——其他资本公积 400 000

贷:可供出售金融资产——公允价值变动 400 000

(5)20×9 年 5 月 9 日,确认应收现金股利

借:应收股利 200 000

贷:投资收益 200 000

(6)20×9 年 5 月 13 日,收到现金股利

借:银行存款 200 000

贷:应收股利 200 000

(7)20×9 年 5 月 20 日,出售股票

借:银行存款 9 800 000

投资收益 220 000

可供出售金融资产——公允价值变动 20 000

贷:可供出售金融资产——成本 10 020 000

资本公积——其他资本公积 20 000

4.【答案】

(1)20×5 年 1 月 1 日

借:持有至到期投资——成本 80 000

——利息调整 4 000

贷:银行存款 84 000

(2)20×5 年 12 月 31 日

	借	贷
借:应收利息	9 600	
贷:投资收益		8 954
持有至到期投资——利息调整		646

收到利息时

	借	贷
借:银行存款	9 600	
贷:应收利息		9 600

(3)20×6 年 12 月 31 日

	借	贷
借:应收利息	9 600	
贷:投资收益		8 886
持有至到期投资——利息调整		714

收到利息时

	借	贷
借:银行存款	9 600	
贷:应收利息		9 600

(4)20×7 年 12 月 31

	借	贷
借:应收利息	9 600	
贷:投资收益		8 809
持有至到期投资——利息调整		791

收到利息时

	借	贷
借:银行存款	9 600	
贷:应收利息		9 600

(5)20×8 年 12 月 31 日

	借	贷
借:应收利息	9 600	
贷:投资收益		8 725
持有至到期投资——利息调整		875

收到利息时

	借	贷
借:银行存款	9 600	
贷:应收利息		9 600

(6)20×9 年 12 月 31 日

	借	贷
借:应收利息	9 600	
贷:投资收益		8 626
持有至到期投资——利息调整		974

收到利息和本金时

	借	贷
借:银行存款	89 600	
贷:应收利息		9 600
持有至到期投资——成本		80 000

5.【答案】

(1)

借:交易性金融资产——成本 800 000

投资收益 4 000

贷:银行存款 804 000

(2)

借:应收股利 20 000

贷:投资收益 20 000

(3)

借:交易性金融资产——成本 900 000

应收股利 20 000

投资收益 6 000

贷:银行存款 926 000

(4)

借:银行存款 20 000

贷:应收股利 20 000

(5)公允价值变动损益 =(800 000 +900 000) -16.4 ×100 000 =60 000(元)

借:公允价值变动损益 60 000

贷:交易性金融资产——公允价值变动 60 000

(6)

借:银行存款 1 040 000

交易性金融资产——公允价值变动 36 000

贷:交易性金融资产——成本 1 020 000

投资收益 56 000

借:投资收益 36 000

贷:公允价值变动损益 36 000

(7)公允价值变动损益 = 18 × 40 000 - [(800 000 + 900 000 - 1 020 000) - (60 000 -36 000)] =64 000(元)

借:交易性金融资产——公允价值变动 64 000

贷:公允价值变动损益 64 000

4 存货

本章基本结构框架

本章主要内容

- 1. 存货概述
  - 存货的概念与确认条件
  - 存货的初始计量
- 2. 原材料
  - 原材料采用实际成本核算
  - 原材料采用计划成本法核算
- 3. 周转材料
  - 周转材料概述
  - 包装物的核算
  - 低值易耗品的核算
- 4. 委托加工物资
  - 委托加工物资概述
  - 委托加工物资的核算
- 5. 库存商品
  - 库存商品概述
  - 库存商品的核算
  - 库存商品的简化核算方法
- 6. 存货清查和存货减值
  - 存货清查
  - 存货减值

本章重点与难点

4.1 存货概述

4.1.1 存货的概念和确认条件

4.1.1.1 存货的概念

存货,是指企业在日常活动中持有以备出售的产成品或商品、处在生产过程中的在产品以及在生产过程或提供劳务过程中耗用的材料、物料等。

4.1.1.2 存货的确认条件

存货必须在符合定义的前提下,同时满足下列两个条件,才能予以确认:

①与该存货有关的经济利益很可能流入企业;

②该存货的成本能够可靠地计量。

4.1.2 存货的初始计量

存货应当按照成本进行初始计量。存货成本包括采购成本、加工成本和其他成本。

4.1.2.1 外购存货的成本

原材料、商品、包装物、低值易耗品等通过购买而取得的存货的成本由采购成本构成。存货的采购成本包括购买价款、相关税费、运输费、装卸费、保险费以及其他可归属于存货采购成本的费用。

对于采购过程中发生的物资毁损、短缺等,除合理的损耗应作为存货的“其他可归属于存货采购成本的费用”计入采购成本外,应区别不同情况进行会计处理:①应从供应单位、外部运输机构等收回的物资短缺或其他赔款,冲减物资的采购成本;②因遭受意外灾害发生的损失和尚待查明原因的途中损耗,暂作为待处理财产损溢进行核算,在查明原因后再作处理。

商品流通企业在采购过程中发生的运输费、装卸费、保险费以及其他可归于存货采购成本的费用等,应当计入存货的采购成本。

4.1.2.2 加工取得存货的成本

企业通过进一步加工取得的存货,主要包括产成品、在产品、半成品、委托加工物资等,其成本由采购成本和加工成本构成。

4.1.2.3 其他方式取得存货的成本

(1)投资者投入的存货的成本,应当按照投资合同或协议约定的价值确定,但投资合同或协议约定价值不公允的除外。

(2)通过非货币性资产交换、债务重组和企业合并等方式取得的存货的成本,应当按相关准则的规定确定。

(3)盘盈存货的成本,应按其重置成本作为入账价值,通过“待处理财产损溢”科目进行核算,按管理权限报经批准后,冲减当期管理费用。

4.2 原材料

4.2.1 原材料采用实际成本法核算

原材料按实际成本计价核算时,材料的收发及结存,无论总分类核算还是明细分类核算,均按照实际成本计价。原材料按实际成本计价核算应设置的主要会计科目有“原材料”、“在途物资”等。

4.2.1.1 取得原材料的核算

1.用货币资金购买材料

用货币资金购买材料是指在收到材料并验收入库的同时付清了货款,即一手钱一手货的商品交易方式。这种情况下,会计部门要根据付款凭证及收货单,一方面反映材料的增加,一方面反映货币资金的减少。

2.用商业汇票购入材料

用商业汇票购入材料是指在收到材料时并未直接支付货款,而是签发商业汇票给卖方单位,待商业汇票到期后再承付商业汇票款。这种情况下,要反映材料的增加和负债的增加。

3.货款先付,材料后到

货款先付材料后到的情况,多数是在企业向外地采购材料,采用托收承付结算方式,销货方的托收凭单已经收到,经审核无误承付货款、税金及费用,但材料尚在运输途中。这种货款已付尚未收到的材料在会计上列为“在途物资”核算。

4.材料先到,货款后付

企业在采购材料过程中,发生材料已到、结算凭证未到,货款暂时未能支付的业务,如所收到的材料确属企业订购的品种,可先行办理验收入库手续,并分两种情况作出账务处理。

第一种情况是,材料已到,发票账单也已到达,但由于企业银行存款不足而未付款,或合同中约定可以延期付款即赊购。

第二种情况是,材料已到,发票账单未到,因而货款暂未支付。等到有关的发票账单到达时再支付货款。

在实际工作中,发生材料已经验收入库、而发票账单未到达情况时,发票账单一般在几日内即可到达。因此,这类业务发生时,月份内可以暂不进行总分类核算,待发票账单到达后,按实际支付的款项记账。但如果月终时仍未收到发票账单,应按合同价格暂估入账,下月初作相反的会计分录予以冲回,待发票账单到达后再按实际成本记账。

5. 预付货款购进材料

预付货款购进材料是指企业先按照合同预付给对方单位一定数额的定金，待以后收到所购买的材料时，再进行结算。这种情况下，企业应根据合同及付款单据等单证，反映预付的货款，待以后补付货款或收回多付货款时，作为预付货款的调整内容进行核算。

4.2.1.2 原材料发出的计价方法

在实际成本核算方式下，企业可以采用的发出存货成本的计价方法包括个别计价法、先进先出法、全月一次加权平均法和移动加权平均法等。

1. 个别计价法

采用这一方法是假设存货的成本流转与实物流转相一致，按照各种存货，逐一辨认各批发出存货和期末存货所属的购进批别或生产批别，分别按其购入或生产时所确定的单位成本作为计算各批发出存货和期末存货成本的方法。

2. 先进先出法

先进先出法是以先购入的存货先发出这样一种存货实物流程假设为前提，对发出存货进行计价的一种方法。采用这种方法，先购入的存货在后购入的存货之前发出，据此确定发出存货和期末存货的成本。

3. 全月一次加权平均法

全月一次加权平均法，指以本月收入全部存货数量加月初存货数量作为权数，去除本月收入全部存货成本加月初存货成本之和，计算出存货的加权平均单位成本，从而确定存货的发出成本和期末库存成本的方法。其计算步骤和公式如下：

(1)加权平均单位成本 =(月初库存存货成本 + 本月收入全部存货成本)÷(本月收入全部存货数量 + 月初库存存货数量)

(2)月末结存存货成本 = 月末库存存货数量 × 加权平均单位成本

(3)本月发出存货成本 = 本月发出存货数量 × 加权平均单位成本

如果加权平均单位成本没有除尽，是一个四舍五入的数字，则

本月发出存货成本 = 月初库存存货成本 + 本月收入全部存货成本 - 月末结存存货成本

4. 移动加权平均法

移动加权平均法是在每次进货后，将进货前结存存货的成本加上本次购进存货的成本，除以进货前结存存货的数量加上本次购进存货的数量之和，据以计算加权平均单价，并对发出存货进行计价的一种方法。

移动加权平均法的计算公式如下：

(1)移动平均单位成本 =(原有结存存货的成本 + 本次购进存货的成本)÷(原有结存存货的数量 + 本次购进存货的数量)

(2)本批发出存货成本 = 本批发出存货数量 × 本批发货前移动平均单位成本

4.2.1.3 领用原材料的核算

企业生产经营领用材料时,根据领用材料的用途计入相关资产的成本或者当期损益,借记"生产成本"、"制造费用"、"销售费用"、"管理费用"等科目,贷记"原材料"科目。出售材料,结转其实际成本时,借记"其他业务成本"科目,贷记"原材料"科目。发出委托外单位加工的材料,按其实际成本,借记"委托加工物资"科目,贷记"原材料"科目。

4.2.2 原材料采用计划成本法核算

材料采用计划成本核算,材料的收发及结存,无论总分类核算还是明细分类核算,均按照计划成本计价。

材料采用计划成本核算应设置的主要会计科目有"原材料"、"材料采购"、"材料成本差异"等。材料实际成本与计划成本之间的差异,通过"材料成本差异"科目核算。月末,计算本月发出材料应负担的成本差异并进行分摊,根据领用材料的用途计入相关资产的成本或者当期损益,从而将发出材料的计划成本调整为实际成本。

4.2.2.1 收入原材料的核算

原材料收入业务按计划成本核算与按实际成本核算的区别在于需要核算材料的计划成本和成本差异。

4.2.2.2 发出原材料的核算

采用计划成本核算时,发出材料按其计划成本结转,会计期末应将发出材料的计划成本调整为实际成本。其账务处理分两步。

第一步,按计划成本发出材料。

月末,企业根据领料单等编制发料凭证汇总表结转发出材料的计划成本,根据所发出材料的用途,按计划成本借记"生产成本"、"制造费用"、"管理费用"、"销售费用"等科目,贷记"原材料"科目。

第二步,调整发出材料的成本差异。

根据"原材料"科目、"材料成本差异"科目登记的月初余额和本期借贷方发生额,计算材料成本差异率。其计算公式如下:

本月材料成本差异率 = (月初结存材料的成本差异 + 本月验收入库材料的成本差异) ÷ (月初结存材料的计划成本 + 本月验收入库材料的计划成本) × 100%

根据发出材料计划成本和材料成本差异率,可以计算发出材料分摊的成本差异和实际成本。其计算公式如下:

发出材料的计划成本 = 发出材料数量 × 计划单位成本

发出材料负担的成本差异 = 发出材料的计划成本 × 材料成本差异率

发出材料的实际成本 = 发出材料计划成本 ± 发出材料负担的成本差异

上列各计算公式中的材料成本差异,如为超支差异,按正数计算;如为节约差异,按负数计算。

月末,结转发出材料负担的超支差异时,按超支差异额,借记"生产成本"、"管理费用"、"销售费用"、"委托加工物资"和"其他业务成本"等科目,贷记"材料成本差异"科目;结转发出材料负担的节约差异时,按节约差异额,借记"材料成本差异"科目,贷记"生产成本"、"管理费用"、"销售费用"、"委托加工物资"和"其他业务成本"等科目。

4.3 周转材料

4.3.1 周转材料概述

周转材料是指企业能够多次使用、逐渐转移价值但仍保持原有形态、不确认为固定资产的材料,如包装物和低值易耗品等。周转材料应当采用一次转销法或者五五摊销法进行摊销。

4.3.1.1 包装物

包装物是指为了包装本企业商品而储备的各种包装容器,如桶、箱、瓶、坛、袋等。

企业应设置"周转材料——包装物"科目,用以核算包装物的增减变动及其价值损耗、结存等情况。本科目可按周转材料的种类,分别"在库"、"在用"和"摊销"进行明细核算。

企业的包装物,也可以单独设置"包装物"科目进行核算。

4.3.1.2 低值易耗品

低值易耗品是指不能作为固定资产的各种用具物品,可以划分为一般工具、专用工具、替换设备、管理用具、劳动保护用品和其他用具等。低值易耗品与固定资产一样,都属于企业的劳动资料。

为了核算低值易耗品的增减变动及其结存等情况,企业应设置"周转材料——低值易耗品"科目。本科目可按周转材料的种类,分别"在库"、"在用"和"摊销"进行明细核算。

企业的低值易耗品,也可以单独设置"低值易耗品"科目进行核算。

周转材料采用计划成本进行日常核算的,领用等发出周转材料时,还应同时结转应分摊的成本差异。

4.3.2 包装物的核算

包装物可以采用实际成本计价核算,也可以采用计划成本计价核算,企业购入、自制、委托外单位加工完成并已验收入库的包装物,比照"原材料"科目的相关规定进行处理。

4.3.2.1 生产领用的包装物

用于生产产品作为产品组成部分的包装物,其成本应计入产品生产成本。生产领用包装物时,按其实际成本,借记"生产成本"科目,按照领用包装物的计划成本,贷记"周转材料——包装物"科目,按其差额,借记或贷记"材料成本差异"科目。

4.3.2.2 随同商品出售的包装物

随同商品出售但不单独计价的包装物,应按其实际成本应计入销售费用,借记“销售费用”科目,按其计划成本,贷记“周转材料——包装物”科目,按其差额,借记或贷记“材料成本差异”科目。

随同商品对外出售且单独计价的包装物,视同材料销售处理,一方面反映其销售收入,记入其他业务收入;另一方面应反映其实际销售成本,记入其他业务成本,同时结转出售包装物负担的成本差异。

4.3.2.3 出租或出借的包装物

1. 包装物的押金

企业收到包装物的押金时,借记“银行存款”等科目,贷记“其他应付款”科目,退还押金时作相反的会计分录。在包装物逾期收不回来而将押金没收时,借记“其他应付款”科目,贷记“其他业务收入”、“应交税费——应交增值税(销项税额)”科目。

2. 包装物的租金

企业出租包装物收取的租金,应确认为企业的其他业务收入,借记“银行存款”、“其他应收款”等科目,贷记“其他业务收入”、“应交税费——应交增值税(销项税额)”科目。

3. 包装物的摊销

按照企业会计准则的相关规定,企业应当采用一次转销法或者五五摊销法对包装物的成本进行摊销。出租包装物的摊销额,应计入其他业务成本;出借包装物的摊销额,应计入销售费用。

1)一次转销法

采用一次转销法的,包装物领用时应按其账面价值,借记“管理费用”、“生产成本”、“销售费用”、“其他业务成本”等科目,贷记“周转材料——包装物”科目。报废时,应按报废包装物的残料价值,借记“原材料”等科目,贷记“管理费用”、“生产成本”、“销售费用”等科目。

2)五五摊销法

在五五摊销法下,包装物领用时,按其账面价值,借记“周转材料——包装物——在用”科目,贷记“周转材料——包装物——在库”科目;摊销时,应按其账面价值的一半,借记“管理费用”、“生产成本”、“销售费用”、“其他业务成本”等科目,贷记“周转材料——包装物——摊销”科目。报废时,应按其账面价值的另一半,借记“管理费用”、“生产成本”、“销售费用”、“其他业务成本”等科目,贷记“周转材料——包装物——摊销”科目;同时,按报废包装物的残料价值,借记“原材料”等科目,贷记“管理费用”、“生产成本”、“销售费用”、“其他业务成本”等科目;并转销全部已提摊销额,借记“周转材料——包装物——摊销”科目,贷记“周转材料——包装物——在用”科目。

4.3.3 低值易耗品的核算

低值易耗品的核算与原材料核算相似。发出低值易耗品,其成本可采用一次摊销法或五五摊销法。

1. 一次摊销法

采用一次摊销法的,在领用时将其价值一次计入有关资产成本或当期损益。低值易耗品领用时,应按其账面价值,借记"管理费用"、"生产成本"、"销售费用"、"制造费用"等科目,贷记"周转材料——低值易耗品"科目。低值易耗品报废时,应按报废的残料价值,借记"原材料" 等科目,贷记"管理费用"、"生产成本"、"销售费用"、"制造费用"等科目。

2. 五五摊销法

在五五摊销法下,低值易耗品在领用时摊销其价值的一半,报废时摊销其价值的一半。

采用五五摊销法的,领用时应按其账面价值,借记"周转材料——低值易耗品——在用"科目,贷记"周转材料——低值易耗品——在库"科目;摊销时应按其账面价值的一半,借记"管理费用"、"生产成本"、"销售费用"、"制造费用"等科目,贷记"周转材料——低值易耗品——摊销"科目。报废时应按其账面价值的另一半,借记"管理费用"、"生产成本"、"销售费用"、"制造费用"等科目,贷记"周转材料——低值易耗品——摊销"科目;同时,按报废低值易耗品的残料价值,借记"原材料"等科目,贷记"管理费用"、"生产成本"、"销售费用"、"制造费用"等科目;并转销全部已提摊销额,借记"周转材料——低值易耗品——摊销"科目,贷记"周转材料——低值易耗品——在用"科目。

4.4 委托加工物资

4.4.1 委托加工物资概述

委托加工物资是指企业委托外单位加工的各种材料、商品等物资。委托加工物资的成本包括:①加工中实际耗用物资的成本;②支付的加工费用及应负担的运杂费等;③支付的税金,包括委托加工物资所应负担的消费税(指属于消费税应税范围的加工物资)等。

企业需要交纳消费税的委托加工物资,加工物资收回后直接用于销售的,由受托方代收代交的消费税应计入加工物资成本;如果收回的加工物资用于继续加工的,由受托方代收代交的消费税应先记入"应交税费——应交消费税"科目的借方,按规定用以抵扣加工的消费品销售后所负担的消费税。

4.4.2 委托加工物资的核算

(1)企业发给外单位加工的物资,按实际成本,借记"委托加工物资"科目,贷记

"原材料"、"库存商品"等科目,借记或贷记"材料成本差异"科目或贷记"商品进销差价"科目。

(2)支付加工费、运杂费等,借记"委托加工物资"科目,贷记"银行存款"等科目;需要交纳消费税的委托加工物资,由受托方代收代交的消费税,借记"委托加工物资"科目(收回后用于直接销售的)或"应交税费——应交消费税"科目(收回后用于继续加工的),贷记"应付账款"、"银行存款"等科目。

(3)加工完成验收入库的物资和剩余的物资,按加工收回物资的实际成本和剩余物资的实际成本,借记"原材料"、"库存商品"等科目,贷记"委托加工物资"科目。

对于加工完成验收入库的物资采用计划成本或售价核算的,按计划成本或售价,借记"原材料"或"库存商品"科目,按实际成本,贷记"委托加工物资"科目,按实际成本与计划成本或售价之间的差额,借记或贷记"材料成本差异"或贷记"商品进销差价"科目。

采用计划成本或售价核算的,也可以采用上期材料成本差异率或商品进销差价率计算分摊本期应分摊的材料成本差异或商品进销差价。

4.5 库存商品

4.5.1 库存商品概述

库存商品是指企业已完成全部生产过程并已验收入库、合乎标准规格和技术条件,可以按照合同规定的条件送交订货单位,或可以作为商品对外销售的产品以及外购或委托加工完成验收入库用于销售的各种商品。库存商品具体包括库存产成品、外购商品、存放在门市部准备出售的商品、发出展览的商品、寄存在外的商品、接受来料加工制造的代制品和为外单位加工修理的代修品等。

企业应当设置"库存商品"科目,用于核算库存商品的增减变动及其结存情况,本科目可按库存商品的种类、品种和规格等进行明细核算。

4.5.2 库存商品的核算

4.5.2.1 商品验收入库

企业生产的产成品一般应按实际成本核算,产成品的入库和出库,平时只记数量不记金额,期(月)末计算入库产成品的实际成本。生产完成验收入库的产成品,按其实际成本,借记"库存商品"等科目,贷记"生产成本——基本生产成本"等科目。

产成品种类较多的,也可按计划成本进行日常核算,其实际成本与计划成本的差异,可以单独设置"产品成本差异"科目,比照"材料成本差异"科目核算。

商品流通企业购入商品采用进价核算的,在商品到达验收入库后,按商品进价,借记"库存商品"科目,贷记"银行存款"、"在途物资"等科目。委托外单位加工收回的商品,按商品进价,借记"库存商品"科目,贷记"委托加工物资"科目。

4.5.2.2 销售产成品

对外销售产成品,在确认销售收入的同时,应结转其销售成本,借记"主营业务成本"科目,贷记"库存商品"科目。采用计划成本核算的,发出产成品还应结转产品成本差异,将发出产成品的计划成本调整为实际成本。

商品流通企业采用进价进行商品日常核算的,发出商品的实际成本可以采用先进先出法、加权平均法或个别认定法计算确定。

4.5.3 库存商品的简化核算方法

4.5.3.1 毛利率法

毛利率法是指根据本期销售净额乘以上期实际(或本期计划)毛利率匡算本期销售毛利,并据以计算发出存货和期末存货成本的一种方法。该方法的计算公式如下:

毛利率 = 销售毛利 ÷ 销售净额 × 100%

销售净额 = 商品销售收入 - 销售退回与折让

销售毛利 = 销售净额 × 毛利率

销售成本 = 销售净额 - 销售毛利　或 = 销售净额 × (1 - 毛利率)

期末存货成本 = 期初存货成本 + 本期购货成本 - 本期销售成本

4.5.3.2 售价金额核算法

售价金额核算法是指平时商品的购入、加工收回、销售均按售价记账,售价与进价的差额通过"商品进销差价"科目核算,期末计算进销差价率和本期已销商品应分摊的进销差价,并据以调整本期销售成本的一种方法。该方法的计算公式如下:

商品进销差价率 = (期初库存商品的进销差价 + 本期购入商品的进销差价) ÷ (期初库存商品的售价 + 本期购入商品的售价) × 100%

本期销售商品应分摊的商品进销差价 = 本期商品销售收入 × 商品进销差价率

本期销售商品的成本 = 本期商品销售收入 - 本期已销商品应分摊的商品进销差价

期末结存商品的成本 = 期初库存商品的进价成本 + 本期购进商品的进价成本 - 本期销售商品的成本

购入商品采用售价核算的,在商品到达验收入库后,按商品售价,借记"库存商品"科目,按商品进价,贷记"银行存款"、"在途物资"等科目,按商品售价与进价的差额,贷记"商品进销差价"科目。委托外单位加工收回的商品,按商品售价,借记"库存商品"科目,按委托加工商品的账面余额,贷记"委托加工物资"科目,按商品售价与进价的差额,贷记"商品进销差价"科目。

对外销售商品,结转销售成本时,按商品售价,借记"主营业务成本"科目,贷记"库存商品"科目。同时,按已售商品应分摊的商品进销差价,借记"商品进销差价"科目,贷记"主营业务成本"科目。

4.6 存货清查和存货减值

4.6.1 存货清查

4.6.1.1 存货清查概述

由于存货种类繁多、收发频繁，在日常收发过程中可能发生计量错误、计算错误、自然损耗，还可能发生损坏变质以及贪污、盗窃等情况，造成账实不符，形成存货的盘盈或盘亏。对于存货的盘盈盘亏，企业应当填写存货盘点报告单（账实对比表），及时查明原因，按规定程序报批处理。

4.6.1.2 存货清查的核算

1. 存货盘盈的核算

企业发生存货盘盈时，借记“原材料”、“库存商品”等科目，贷记“待处理财产损溢”科目；在按管理权限报经批准后，借记“待处理财产损溢”科目，贷记“管理费用”科目。

2. 存货盘亏及毁损的核算

企业发生存货盘亏及毁损时，借记“待处理财产损溢”科目，贷记“原材料”、“库存商品”、“应交税费——应交增值税（进项税额转出）”等科目。材料、产成品、商品采用计划成本（或售价）核算的，还应同时结转成本差异（或商品进销差价）。

在按管理权限报经批准后应作如下会计处理：①属于自然损耗产生的定额内损耗，计入管理费用；②属于计量收发差错和管理不善等原因造成的存货短缺或毁损，先扣除残料价值、可收回的保险赔款和过失人的赔款，然后将净损失计入管理费用；③属于自然灾害或意外事故等非常原因造成的存货毁损，先扣除残料价值、可收回的保险赔款和过失人的赔款，然后将净损失计入营业外支出。在上述的会计处理中，对于入库的残料价值，记入“原材料”等科目；对于应由保险公司和过失人的赔款，记入“其他应收款”科目。

4.6.2 存货减值

4.6.2.1 存货减值概述

会计期末，为了客观地反映企业期末存货的实际价值，企业在编制资产负债表时，应当准确地计量“存货”项目的金额，即要确定期末存货的价值。资产负债表日，存货应当按照成本与可变现净值孰低计量。

“成本”是指存货的实际成本，即按前面所介绍的以实际成本为基础的发出存货计价方法（如先进先出法等）计算的期末存货的实际成本，如果企业在存货成本的日常核算中采用简化核算方法，如计划成本法、售价金额核算法等，则“成本”为经调整后的实际成本。

“可变现净值”是指在日常活动中，存货的估计售价减去至完工时估计将要发生的成本、估计的销售费用以及相关税费后的金额。企业预计的销售存货现金流量，并不完全等于存货的可变现净值。存货在销售过程中可能发生的销售费用和相关税费以及为达到预定可销售状态还可能发生的加工成本等相关支出，构成现金流入的抵减项目。企业预计的销售存货现金流量，扣除这些抵减项目后，才能确定存货的可变现净值。

"成本与可变现净值孰低"是指对期末存货按照成本与可变现净值两者之中较低者进行计价的方法。存货成本高于其可变现净值的，应当计提存货跌价准备，计入当期损益。如果以前减记存货价值的影响因素已经消失，则减记的金额应当予以恢复，并在原已计提的存货跌价准备的金额内转回，转回的金额计入当期损益。

4.6.2.2 存货跌价准备的核算

资产负债表日，存货发生减值的，企业应按存货可变现净值低于成本的差额，借记"资产减值损失——计提的存货跌价准备"科目，贷记"存货跌价准备"科目。

已计提跌价准备的存货价值以后又得以恢复，应在原已计提的存货跌价准备金额内，按恢复增加的金额，借"存货跌价准备"科目，贷记"资产减值损失——计提的存货跌价准备"科目。

企业计提了存货跌价准备，如果其中有部分存货已经销售，或因债务重组、非货币性资产交换转出，则企业在结转销售成本的同时，应结转对其已计提的存货跌价准备。发出存货结转存货跌价准备时，借记"存货跌价准备"科目，贷记"主营业务成本"、"其他业务成本"、"生产成本"等科目。

巩固练习题

一、单项选择题

1. 某工业企业为增值税一般纳税人，20×9 年 6 月 9 日购入材料一批，取得的增值税专用发票上注明的价款为 21 200 元，该企业适用的增值税税率为 17%，材料入库前的挑选整理费为 200 元，材料已验收入库。则该企业取得的该材料的入账价值应为(　　)元。

A. 20 200　　B. 21 400　　C. 23 804　　D. 25 004

2. 某工业企业为增值税小规模纳税人，20×9 年 5 月 9 日购入材料一批，取得的增值税专用发票上注明的价款为 21 200 元、增值税额为 3 604 元，该企业适用的增值税征收率为 3%，材料入库前的挑选整理费用为 200 元，材料已验收入库。则该企业取得的该材料的入账价值应为(　　)元。

A. 20 200　　B. 21 400　　C. 23 804　　D. 25 004

3. 材料采购过程中，运输途中发生的合理损耗在工业企业应直接计入(　　)。

A. 存货成本　　B. 主营业务成本　　C. 营业外支出　　D. 当期损益

4. 下列相关的经济业务中，不应计入营业外支出的是(　　)。

A. 计量差错引起的原材料盘亏　　B. 固定资产的盘亏
C. 自然灾害造成的原材料损失　　D. 固定资产处置的净损失

5. 某增值税小规模纳税企业本期购入一批商品 100 千克,进货单价为 1 万元,增值税进项税额为 17 万元。所购商品到达后验收发现商品短缺 20%,其中合理损失 10%,另 10% 的短缺尚待查明原因。该批商品的单位成本为(　　)万元/千克。

A. 1　　B. 1. 462 5　　C. 1. 337 5　　D. 1. 25

6. 某增值税一般纳税企业本期购入一批商品,进货价格为 100 万元,增值税进项税额为 17 万元。所购商品到达后验收发现商品短缺 10%,其中合理损失 5%,另 5% 的短缺尚待查明原因。该商品应计入存货的实际成本为(　　)万元。

A. 117　　B. 100　　C. 95　　D. 90

7. 甲公司为增值税一般纳税人,适用的增值税税率为 17%。甲公司委托乙公司(增值税一般纳税人)代为加工一批属于应税消费品的原材料(非金银首饰),该批委托加工原材料收回后用于继续加工应税消费品。发出原材料实际成本为 620 万元,支付的不含增值税的加工费为 100 万元,增值税额为 17 万元,代交的消费税额为 80 万元。该批委托加工原材料已验收入库,其实际成本为(　　)万元。

A. 720　　B. 737　　C. 800　　D. 817

8. 某企业为增值税一般纳税企业,适用的增值税税率为 17%,适用的消费税税率为 10%。该企业委托其他单位(增值税一般纳税企业)加工一批属于应税消费品的原材料,该批委托加工原材料收回后直接用于销售。发出材料的成本为 18 万元,支付的不含增值税的加工费为 9 万元,支付的增值税为 1. 53 万元。该批原材料已加工完成并验收入库,则原材料成本为(　　)万元。

A. 27　　B. 28　　C. 30　　D. 31. 53

9. 企业对随同商品出售而单独计价的包装物进行会计处理时,该包装物的实际成本应结转到(　　)。

A. "制造费用"科目　　B. "销售费用"科目
C. "营业外支出"科目　　D. "其他业务成本"科目

10. 企业对随同商品出售而不单独计价的包装物进行会计处理时,该包装物的实际成本应结转到(　　)。

A. "制造费用"科目　　B. "销售费用"科目
C. "营业外支出"科目　　D. "其他业务成本"科目

11. A 企业为水果加工企业(属一般纳税企业),现向当地农民购入水果 20 000 千克,价款 20 000 元,增值税扣除率为 13%,挑选整理费 1 602 元,合理损耗 200 千克。则该批水果的单位成本为(　　)元。

A. 约 0. 98　　B. 约 0. 96　　C. 1　　D. 约 0. 99

12. 企业在材料收入的核算中,需在月末暂估入账并于下月初红字冲回的是(　　)。

A. 月末购货发票账单未到,但已入库的材料

B. 月末购货发票账单已到,货款未付但已入库的材料

C. 月末购货发票账单已到,货款已付且已入库的材料

D. 月末购货发票账单已到,货款已付但未入库的材料

13. 某商业批发企业月初甲类商品结存 150 000 元,本月购入 200 000 元,销售收入 250 000 元,销售折扣与折让共 10 000 元,上月该类商品毛利率为 20%,月末该类商品存货成本为(　　)元。

A. 100 000　　B. 158 000　　C. 150 000　　D. 192 000

14. 甲公司按月末一次加权平均法计算材料的发出成本。20×9 年 3 月 1 日结存 A 材料 100 千克,每千克实际成本 100 元。本月发生如下有关业务:

(1)3 日,购入 A 材料 50 千克,每千克实际成本 105 元,材料已验收入库;

(2)5 日,发出 A 材料 80 千克;

(3)20 日,购入 A 材料 80 千克,每千克实际成本 110 元,材料已验收入库;

(4)25 日,发出 A 材料 30 千克。

则 A 材料期末结存的成本为(　　)元。(保留小数点后两位小数)

A. 12 500　　B. 13 000　　C. 13 500　　D. 12 547.3

15. 甲公司按先进先出法计算材料的发出成本。20×9 年 3 月 1 日结存 A 材料 100 千克,每千克实际成本 100 元。本月发生如下有关业务:

(1)3 日,购入 A 材料 50 千克,每千克实际成本 105 元,材料已验收入库;

(2)5 日,发出 A 材料 80 千克;

(3)20 日,购入 A 材料 80 千克,每千克实际成本 110 元,材料已验收入库;

(4)25 日,发出 A 材料 30 千克。

则 A 材料期末结存的成本为(　　)元。

A. 12 500　　B. 13 000　　C. 13 500　　D. 12 547.3

16. 某零售商店年初库存商品成本为 50 万元,售价总额为 72 万元,当年购入商品的实际成本为 120 万元,售价总额为 200 万元,当年销售收入为当年购入商品售价的 80%,在采用售价金额法的情况下,该商店年末库存商品成本为(　　)万元。

A. 67.2　　B. 70　　C. 60　　D. 80

17. 商场对库存商品采用零售价法核算,期末按单个存货项目的成本与可变现净值孰低计价。20×9 年 12 月份,A 商品的月初成本为 70 万元,售价总额为 110 万元(不含增值税额,本题下同),未计提存货跌价准备。本月购进 A 商品成本为 210 万元,售价总额为 240 万元;本月销售收入为 240 万元(不含增值税额)。20×9 年 12 月 31 日,A 商品的可变现净值为 78 万元,该商场对 A 商品应计提的存货跌价准备为(　　)万元。

A. 0　　B. 8　　C. 10　　D. 32

18. 对于每期领用数量和报废数量大致相等的低值易耗品,应采用(　　)进行

摊销。

A. 一次转销法　B. 五五摊销法　C. 分次摊销法　D. 计划成本法

19. 某工业企业月初库存原材料计划成本为 18 500 元，材料成本差异贷方余额为 1 000 元，本月 10 日购入原材料的实际成本为 42 000 元，计划成本为 41 500 元。本月发出材料计划成本为 20 000 元。本月发出材料的实际成本为(　　)元。

A. 20 000　B. 39 687　C. 19 834　D. 40 322

20. 某企业月初结存材料的计划成本为 250 万元，材料成本差异为超支 45 万元；当月入库材料的计划成本为 550 万元，材料成本差异为节约 85 万元；当月生产车间领用材料的计划成本为 600 万元。当月生产车间领用材料的实际成本为(　　)万元。

A. 502.5　B. 570　C. 630　D. 697.5

21. 某企业月初结存材料的计划成本为 3 000 元，成本差异为超支 20 元；本月入库材料的计划成本为 7 000 元，成本差异为节约 70 元。当月生产车间领用材料的计划成本为 6 000 元。当月生产车间领用材料应负担的材料成本差异为(　　)元。

A. -30　B. 30　C. -54　D. 54

22. 某企业因火灾原因盘亏一批材料 16 000 元，该批材料的进项税额为 2 720 元。收到保险赔款 1 000 元，责任人赔偿 500，残料入库 100 元。报经批准后，应记入“营业外支出”科目的金额为(　　)元。

A. 17 120　B. 18 720　C. 14 400　D. 14 500

23. 企业对于已记入“待处理财产损溢”科目的存货盘亏及毁损事项进行会计处理时，应计入管理费用的是(　　)。

A. 管理不善造成的存货净损失　B. 自然灾害造成的存货净损失

C. 应由保险公司赔偿的存货损失　D. 应由过失人赔偿的存货损失

24. 企业进行材料清查时，对于盘亏的材料，应先记入“待处理财产损溢”账户，待期末或报批准后，对于应由过失人赔偿的损失计入(　　)科目。

A. 管理费用　B. 其他应收款　C. 营业外支出　D. 销售费用

25. 某企业 5 月 1 日甲材料结存 100 件，单价 5 元；5 月 6 日发出甲材料 20 件；5 月 12 日购进甲材料 320 件，单价 3 元；5 月 23 日发出甲材料 100 件。该企业对甲材料采用移动加权平均法计价，5 月末甲材料的实际成本为(　　)元。

A. 1 010　B. 1 020　C. 1 360　D. 1 060

二、多项选择题

1. 下列各项中，属于存货采购成本的有(　　)。

A. 采购价格　B. 入库前的挑选整理费

C. 运输途中的合理损耗　D. 运输途中因遭受灾害发生的损耗

2. “材料成本差异”账户借方可以用来登记(　　)。

A. 购进材料实际成本小于计划成本的差额

B. 发出材料应负担的超支差异

C. 发出材料应负担的节约差异

D. 购进材料实际成本大于计划成本的差额

3. 小规模纳税企业委托其他单位加工材料收回后用于直接对外出售的，其发生的下列支出中，应计入委托加工物资成本的有(　　)。

A. 加工费　　　　B. 增值税

C. 发出材料的实际成本　　　　D. 受托方代收代交的消费税

4. 下列各项中，增值税一般纳税企业不需要计入委托加工物资成本的有(　　)。

A. 随同加工费支付的增值税

B. 支付的收回后用于在建工程的委托加工物资的消费税

C. 支付的收回后继续加工的委托加工物资的消费税

D. 支付的收回后直接销售的委托加工物资的消费税

5. 企业销售商品，发生的应收账款的入账价值应该包括(　　)。

A. 销售商品的价款　　　　B. 给予购货方的商业折扣

C. 代购货方垫付的包装费　　　　D. 给予购货方的现金折扣

6. 下列各项中，应计入存货实际成本中的是(　　)。

A. 用于继续加工的委托加工应税消费品收回时支付的消费税

B. 一般纳税企业委托加工物资收回时所支付的增值税

C. 发出用于委托加工的物资在运输途中发生的合理损耗

D. 商品流通企业外购商品时所发生的合理损耗

7. 下列会计处理，正确的是(　　)。

A. 为特定客户设计产品发生的可直接确定的设计费用计入相关产品成本

B. 由于管理不善造成的存货净损失计入管理费用

C. 以存货抵偿债务结转的相关存货跌价准备冲减资产减值损失

D. 非正常原因造成的存货净损失计入营业外支出

8. 在我国的会计实务中，下列项目中构成企业存货实际成本的有(　　)。

A. 自然灾害造成的原材料净损失

B. 入库后的挑选整理费

C. 运输途中的合理损耗

D. 小规模纳税人购货时的增值税进项税额

9. 企业期末编制资产负债表时，下列各项应包括在“存货”项目中的是(　　)。

A. 委托代销商品　　　　B. 周转材料

C. 为在建工程购入的工程物资　　　　D. 约定将于未来购入的商品

10. 下列项目中，应确认为购货企业存货的有(　　)。

A. 销售方已确认销售，但尚未发运给购货方的商品

B. 购销双方已签协议约定，但尚未办理商品购买手续

C. 未收到销售方结算发票，但已运抵购货方验收入库的商品

D. 购货方已付款购进，但尚在运输途中的商品

11. 下列税金中，应作为存货价值入账的有（　　）。

A. 一般纳税人购入存货时支付的增值税（已取得增值税专用发票）

B. 进口商品应支付的关税

C. 签订购买存货合同时交纳的印花税

D. 收回后用于直接对外销售的委托加工消费品支付的消费税

12. "材料成本差异"科目贷方核算的内容有（　　）。

A. 入库材料成本超支差异　　B. 入库材料成本节约差异

C. 结转发出材料应负担的超支差异　D. 结转发出材料应负担的节约差异

三、判断题

1. 因遭受意外灾害发生的损失和尚待查明原因的途中损耗，应计入物资的采购成本。（　　）

2. 生产领用的包装物，应将其成本计入制造费用；随同商品出售但不单独计价的包装物，应将其成本计入当期其他业务成本；随同商品出售并单独计价的包装物，应将其成本计入当期销售费用。（　　）

3. 发出包装物和低值易耗品的方法有一次转销法、分次摊销法和五五摊销法。（　）

4. 企业应当采用后进先出法、加权平均法或者个别计价法确定发出存货的实际成本。（　　）

5. 月末一次加权平均法有利于存货成本日常管理与控制。（　　）

6. 盘盈的存货冲减管理费用，盘亏及毁损的存货，按扣除残料价值和应由保险公司、过失人赔款后的净损失，作为管理费用。（　　）

7. 委托加工物资收回后，直接用于对外销售的，委托方应将交纳的消费税计入委托加工物资的成本。（　　）

8. 采用计划成本进行材料日常核算的，月末分摊材料成本差异时，无论是节约还是超支，均记入"材料成本差异"账户的贷方。（　　）

四、计算分析题

1. 某企业 20×9 年 5 月初结存原材料的计划成本为 100 000 元；本月购入材料的计划成本为 200 000 元，实际成本为 204 000 元，本月发出材料的计划成本为 200 000 元，其中生产车间直接耗用 120 000 元，管理部门耗用 80 000 元。材料成本差异的月初数为 2 000 元（超支）。要求：

（1）计算材料成本差异率；

（2）计算发出材料应负担的成本差异；

（3）计算发出材料的实际成本；

(4)计算结存材料的实际成本;

(5)作出材料领用以及期末分摊材料成本差异的会计分录。

2.甲公司属于商品流通企业,为增值税一般纳税人,售价中不含增值税。该公司只经营甲类商品并采用毛利率法对发出商品计价,季度内各月份的毛利率根据上季度实际毛利率确定。该公司20×9年第一季度、第二季度A类商品有关的资料如下:

(1)20×9年第一季度累计销售收入为1 000万元、销售成本为800万元,3月末库存商品实际成本为500万元;

(2)20×9年第二季度购进甲类商品成本900万元;

(3)20×9年4月份实现商品销售收入300万元;

(4)20×9年5月份实现商品销售收入350万元;

(5)假定20×9年6月末按一定方法计算的库存商品实际成本600万元。

要求:根据上述资料计算下列指标:

(1)计算甲公司A类商品20×9年第一季度的实际毛利率;

(2)分别计算甲公司A类商品20×9年4月份、5月份、6月份的商品销售成本。(答案中的金额单位用万元表示)

五、综合题

1.某企业A材料采用计划成本进行计算,材料的计划成本为10元/千克,A材料的成本差异分配率按本月全部材料到月末计算。企业适用的增值税率为17%。20×9年5月发生如下相关业务:

(1)月初,A材料期初结存1 000千克,材料成本差异为节约1 500元;

(2)2日购买A材料1 000千克,发票账单上注明价款为10 000元,增值税税额为1 700元,材料尚未入库,款项已支付;

(3)3日向乙公司销售商品一批,价款200 000元,货款尚未收到;

(4)5日拨付给外单位委托加工A材料1 000千克;

(5)10日购入A材料一批5 000千克,计划成本50 000元,材料已经运到,并验收入库,但发票等结算凭证至月末尚未到达,货款尚未支付;

(6)15日购入A材料一批3 000千克,发票账单上注明价款为25 000元,增值税额为4 250元,该批材料的计划成本为30 000元,材料已验收入库,货款已通过银行存款支付;

(7)20日投资者投资转入一批A材料,双方按评估确认其公允价值为20 000元,投资方增值税税率为17%;

(8)31日企业对应收乙公司的货款进行了减值测试,企业决定按照10%计提坏账准备。

要求:编制上述业务相关的会计分录。

2.甲股份有限公司将生产应税消费品A产品所用原材料委托乙企业加工。

20×9 年 6 月 21 日甲公司发出材料实际成本为 35 950 元，应付加工费为 5 000 元（不含增值税），消费税率为 10%，甲公司收回后将进行加工应税消费品 A 产品；8 月 25 日收回加工物资并验收入库，另支付往返运杂费 100 元，加工费及代扣代交的消费税均未结算；9 月 6 日将所加工收回的物资投入生产甲产品，此外生产 A 产品过程中发生工资费用 10 000 元、福利费用 1 400 元、分配制造费用 22 200 元；11 月 30 日 A 产品全部完工验收入库。12 月 5 日销售 A 产品一批，售价 300 000 元（不含增值税），A 产品消费税率也为 10%。收到一张 3 个月期的商业承兑汇票，面值为 351 000 元。甲股份有限公司、乙企业均为一般纳税人，增值税率为 17%。

要求：编制甲股份有限公司、乙企业有关会计分录，同时编制甲公司缴纳消费税的会计分录。

巩固练习题参考答案及解析

一、单项选择题

1.【答案】B

【解析】材料入库前的挑选整理费应计入材料的入账价值，而一般纳税人购入材料的增值税可以抵扣，应单独核算，因此，该企业取得的该材料的入账价值 = 21 200 + 200 = 21 400（元）

2.【答案】D

【解析】材料入库前的挑选整理费应计入材料的入账价值，并且小规模纳税人购入材料的增值税不可以抵扣，应计入材料的入账价值，因此，该企业取得的该材料的入账价值 = 21 200 + 3 604 + 200 = 25 004（元）。

3.【答案】A

【解析】 采购物资途中的合理损耗应计入存货成本。

4.【答案】A

【解析】企业发生的存货盘亏，在减去过失人或保险公司等赔款和残料价值后，计入当期管理费用；而固定资产的盘亏、自然灾害等形成的非常损失、固定资产处置净损失等应该计入营业外支出。

5.【答案】C

【解析】采购途中的合理损耗应计入材料成本，而尚未查明原因的损耗不能计入材料成本，因此本题中应计入存货的实际成本 =（100 − 100 × 10%）+ 100 × 17% = 90 + 17 = 107（万元），实际入库的商品数量为 100 ×（1 − 20%）= 80（千克），因此该批商品的单位成本为 107 ÷ 80 = 1. 337 5（万元/千克）。

6.【答案】C

【解析】采购途中的合理损耗应计入材料成本，而尚未查明原因的损耗不能计入材料成本，因此，本题中应计入存货的实际成本 = 100 − 100 × 5% = 95（万元）。

7.【答案】A

【解析】收回后用于继续加工的应税消费品，消费税是可以进行抵扣的，不能计入委托加工物资的成本，所以本题中的实际成本 =620 +100 =720(万元)。会计分录为

借:委托加工物资 720
　应交税费——应交消费税 80
　应交税费——应交增值税(进项税额) 17
　贷:原材料 620
　　银行存款 197

8.【答案】C

【解析】题目中并没有给出这批委托加工物资同类商品的售价，因此应根据组成计税价格计算委托加工物资应缴纳的消费税。

组成计税价格 =(原材料 + 加工费)/(1 - 消费税税率) =(18 +9) ÷(1 -10%) =30(万元)，因此应缴纳的消费税为 30 ×10% =3(万元)，这部分消费税应该由受托方代扣代交。本题中该批委托加工原材料收回后直接用于销售，因此应将消费税计入“委托加工物资”科目的借方，计入加工物资成本。

9.【答案】D

【解析】随同商品出售而单独计价的包装物的实际成本应计入“其他业务成本”科目，取得的收入计入“其他业务收入”科目核算。

10.【答案】B

【解析】随同商品出售而不单独计价的包装物的实际成本应计入“销售费用”科目。

11.【答案】B

【解析】一般纳税人从农业生产者购入的农产品可以按照 13% 的扣除率计算增值税进项税额进行抵扣，因此该批水果的入账价值为 20 000 ×(1 -13%) +1 602 = 19 002(元)，单位成本 =19 002 ÷(20 000 -200) ≈0.96(元)。

12.【答案】A

【解析】由于购货发票账单尚未到达，则材料的价款不能确定，而材料已经验收入库，因此在月末应暂估入账，并于下月月初用红字冲回。所以正确答案应该选 A。

13.【答案】B

【解析】由于已销商品成本 =(250 000 -10 000) ×80% =192 000(元)，所以月末成本 =200 000 +150 000 -192 000 =158 000(元)。

14.【答案】D

【解析】采用加权平均法计算，则 A 材料的单位成本为(100 ×100 +50 ×105 +80 ×110) ÷(100 +50 +80) =104.57(元/千克)，本月发出 A 材料的成本为(80 +30) ×104.57 =11 502.7(元)，因此月末结存的 A 材料为 100 ×100 +50 ×105 +80 ×110

-11 502.7 = 12 547.3(元)。

15.【答案】B

【解析】采用先进先出法，则5日发出材料应该属于3月初结存的材料部分，5日发出材料后库存材料为50×105+(100-80)×100=7 250(元)。25日发出材料30千克为3月初剩余的20千克以及3日购入材料中的10千克，因此月末结存材料为(50-10)×105+80×110=13 000(元)。

16.【答案】B

【解析】进销差价率=(72-50+200-120)÷(72+200)=37.5%，已销商品应分摊的差价=200×80%×37.5%=60(万元)，已销商品成本=200×80%-60=100(万元)，所以年末商品成本=50+120-100=70(万元)。也可直接按“年末商品售价×销售成本率”计算，即：(72+200-200×80%)×(50+120)÷(72+200)×100%=70(万元)。

17.【答案】C

【解析】销售成本率=(70+210)÷(110+240)×100%=80%，期末存货成本=(110+240-240)×80%=88(万元)，存货跌价准备=88-78=10(万元)。

18.【答案】B

【解析】对于价值较低或者极易损坏的低值易耗品，应采用一次转销法进行摊销；而五五摊销法既适用于价值较低、使用期限较短的低值易耗品，也适用于每期领用数量和报废数量大致相等的低值易耗品。因此本题的答案应该选B。

19.【答案】C

【解析】发出材料应负担的材料成本差异=(-1 000+500)÷(18 500+41 500)×20 000=-166(元)；本月发出材料的实际成本=20 000-166=19 834(元)。

20.【答案】B

【解析】本月的材料成本差异率=(45-85)÷(250+550)×100%=-5%，则当月生产车间领用材料应负担的材料成本节约差异为600×(-5%)=-30(万元)，则当月生产车间领用的材料的实际成本为600-30=570(万元)。

21.【答案】A

【解析】材料成本差异率=[20+(-70)]÷(3 000+7 000)=-0.5%，领用材料应负担的材料成本差异为6 000×(-0.5%)=-30(元)。

22.【答案】A

【解析】应记入“营业外支出”账户的金额=16 000+2 720-1 000-500-100=17 120(元)。

23.【答案】A

【解析】自然灾害造成的存货净损失应计入“营业外支出”。对于应由保险公司和过失人支付的赔偿，记入“其他应收款”科目。

24.【答案】B

【解析】对于盘亏的材料应根据造成盘亏的原因,分情况进行处理,属于定额内损耗以及存货日常收发计量上的差错,经批准后转作管理费用。对于应由过失人赔偿的损失,应作其他应收款处理。对于自然灾害等不可抗拒的原因引起的存货损失,应作营业外支出处理。对于无法收回的其他损失,经批准后记入“管理费用”账户。

25.【答案】B

【解析】5月6日发出甲材料 =20×5=100(元)。5月12日购进存货320件,此时甲材料总成本 =500－100+320×3=1 360(元),存货总数量 =100－20+320=400(元),存货的单位成本 =1 360÷400=3.4(元)。5月23日发出存货 =100×3.4=340,所以月末的实际成本 =1 360－340=1 020(元)。

二、多项选择题

1.【答案】ABC

【解析】运输途中因遭受灾害发生的损耗应作为非常损失计入“营业外支出”科目。

2.【答案】CD

【解析】“材料成本差异”借方登记购入和结存材料的超支差异及发出材料应负担的节约差异;而贷方登记购入和结存材料的节约差异及发出材料应负担的超支差异。

3.【答案】ABCD

【解析】由于小规模纳税人的增值税是不允许抵扣的,所以这部分增值税也应该计入到委托加工物资的成本中。

4.【答案】AC

【解析】增值税是可以抵扣的,应该计入“应交税费——应交增值税”科目的借方;收回后用于连续生产应税消费品时,所支付代扣代交的消费税可予抵扣,计入“应交税费——应交消费税”科目的借方,不计入存货的成本。

5.【答案】ACD

【解析】销售商品的价款以及增值税销项税额应计入应收账款的入账价值中,同时代购货方垫付的运杂费以及包装费也应该包括在应收账款的入账价值中,这里需要注意的是给予购货方的现金折扣,因为我国采用总价法核算,所以应收账款中应该包括现金折扣,以后现金折扣实现时再作为“财务费用”核算;而商业折扣直接从价款中扣除,不应该计入应收账款的入账价值。

6.【答案】CD

【解析】委托加工应税消费品收回时支付的消费税,在收回后用于连续生产应税消费品情况下应计入“应交税费——应交消费税”科目借方,不计入存货成本。选项B,一般纳税人委托加工物资收回时所支付的增值税进项税额可以抵扣,不应计入存货成本。选项C,发出材料用于委托加工,其在运输途中发生的合理损耗部分,应作为委托加工物资成本的一部分加以计入。选项D,商品流通企业外购商品所发生的合理损耗，根据《企业会计准则》应计入存货的成本。

7.【答案】ABD

【解析】对于因债务重组、非货币性交易转出的存货，应同时结转已计提的存货跌价准备，但不冲减当期的资产减值损失，应按债务重组和非货币性交易的原则进行会计处理。所以 C 选项是不正确的。

8.【答案】CD

【解析】A 项应计入“营业外支出”。B 项对于企业来讲，入库后的挑选整理费应计入管理费用，入库前的挑选整理费应计入存货成本。C 项运输途中的合理损耗属于“其他可归属于存货采购成本的费用”应计入采购成本中。D 项一般纳税人购货时的增值税进项税额可以抵扣，不应计入存货成本。小规模纳税人购货时的增值税进项税额应计入存货成本。

9.【答案】AB

【解析】代销商品在售出之前应作为委托方的存货处理；周转材料属于存货的内容；对于约定未来购入的商品，不作为购入方的存货处理；工程物资是为建造工程所储备的，不属于存货的范围。

10.【答案】ACD

【解析】选项 A、D 均为在途存货，选项 C 在期末购货方应作为库存存货暂估入账。

11.【答案】BD

【解析】一般纳税人购入存货时支付的增值税符合抵扣规定的，应作为增值税进项税列示；印花税则应计入管理费用。

12.【答案】BC

【解析】“材料成本差异”科目贷方核算验收入库材料发生的节约差异以及结转发生材料应负担的超支差异；本科目借方核算验收入库材料发生的超支差异以及结转发生材料应负担的节约差异。

三、判断题

1.【答案】×

【解析】只有合理损耗应作为存货的“其他归属于存货成本采购成本的费用”计入采购成本。因遭受意外灾害发生的损失和尚待查明原因的途中损耗，不得增加物资的采购成本，其中尚待查明原因的途中损耗应暂作为待处理财产损益进行核算，在查明原因后再作处理。

2.【答案】×

【解析】随同商品出售但不单独计价的包装物，应将其成本计入当期销售费用；随同商品出售并单独计价的包装物，应将其成本计入当期其他业务成本。

3.【答案】×

【解析】按照新准则规定，发出包装物和低值易耗品不再采用分次摊销法。

4.【答案】×

【解析】新准则已经取消了后进先出法的核算方法,保留先进先出法。企业应当采用先进先出法、加权平均法或者个别计价法确定发出存货的实际成本。

5.【答案】×

【解析】月末一次加权平均法不利于存货成本日常管理与控制。

6.【答案】×

【解析】盘亏及毁损存货的净损失,属于一般经营损失的部分,记入“管理费用”科目;属于非常损失的部分,记入“营业外支出”科目。

7.【答案】√

【解析】委托其他单位加工材料收回后直接对外销售的,受托方代扣代交的消费税应计入委托加工物资的成本。委托加工物资收回后用于连续生产应税消费品的,应按代扣代交的消费税记入“应交税费——应交消费税”科目的借方。

8.【答案】×

【解析】按照新准则的规定,“材料成本差异”科目的贷方登记的是购入和结存存货的节约差异及发出存货负担的超支差异,而借方登记的是购入和结存存货的超支差异及发出存货的节约差异,所以说对于材料成本差异应该区分考虑,而不是全部计入“材料成本差异”科目的贷方。

四、计算分析题

1.【答案】

(1)材料成本差异率 = (2 000 + 204 000 − 200 000) ÷ (100 000 + 200 000) = 2%

(2)发出材料应负担的成本差异 = 200 000 × 2% = 4 000(元)

(3)发出材料的实际成本 = 200 000 + 4 000 = 204 000(元)

(4)结存材料的实际成本 = 100 000 + 200 000 − 200 000 + 2 000 + 4 000 − 4 000 = 102 000(元)

(5)领用材料时的会计分录为

借:生产成本　　120 000
　　管理费用　　80 000
　　贷:原材料　　200 000

月末分摊材料成本差异的会计分录为

借:生产成本　　2 400
　　管理费用　　1 600
　　贷:材料成本差异　　4 000

2.【答案】

(1)A 类商品第一季度的实际毛利率 = (1 000 − 800) ÷ 1 000 = 20%

(2)

①甲类商品 20×9 年 4 月份的商品销售成本 = 300 × (1 − 20%) = 240(万元)

②甲类商品20×9年5月份的商品销售成本=350×(1-20%)=280(万元)

③甲类商品20×9年6月份的商品销售成本=500+900-600-(240+280)=280(万元)

五、综合题

1.【答案】

(1)2日收到材料时

借:材料采购　10 000
　应交税费——应交增值税(进项税额)　1 700
　贷:银行存款　11 700

(2)3日出售商品时

借:应收账款　234 000
　贷:主营业务收入　200 000
　　应交税费——应交增值税(销项税额)　34 000

(3)5日拨付给外单位委托加工时

借:委托加工物资　10 000
　贷:原材料　10 000

(4)10日购入A材料,月末按计划成本暂估入账

借:原材料　50 000
　贷:应付账款——暂估应付账款　50 000

(5)15日购入材料时

借:材料采购　25 000
　应交税费——应交增值税(进项税额)　4 250
　贷:银行存款　29 250

借:原材料　30 000
　贷:材料采购　25 000
　　材料成本差异　5 000

(6)20日投资者投资转入材料时

借:原材料　20 000
　应交税费——应交增值税(进项税额)　3 400
　贷:实收资本　23 400

(7)计提减值准备时

借:资产减值损失　23 400
　贷:坏账准备　23 400

2.【答案】

乙企业(受托方)会计处理为

应缴纳增值税额=5 000×17%=850(元)

应税消费品计税价格 =(35 950 +5 000)÷(1 -10%)=45 500(元)

代扣代交的消费税 =45 500 ×10% =4 550(元)

借:应收账款　10 400
　贷:主营业务收入　5 000
　　应交税费——应交增值税(销项税额)　850
　　应交税费——应交消费税　4 550

甲股份有限公司(委托方)会计处理为

(1)发出原材料时

借:委托加工物资　35 950
　贷:原材料　35 950

(2)应付加工费、代扣代交的消费税

借:委托加工物资　5 000
　应交税费——应交增值税(进项税额)　850
　应交税费——应交消费税　4 550
　贷:应付账款　10 400

(3)支付往返运杂费

借:委托加工物资　100
　贷:银行存款　100

(4)收回加工物资验收入库

借:原材料　41 050
　贷:委托加工物资　41 050

(5)A 产品领用收回的加工物资

借:生产成本　41 050
　贷:原材料　41 050

(6)A 产品发生其他费用

借:生产成本　33 600
　贷:应付职工薪酬　11 400
　　制造费用　22 200

(7)A 产品完工验收入库

借:库存商品　74 650
　贷:生产成本　74 650

(8)销售 A 产品

借:应收票据　351 000
　贷:主营业务收入　300 000
　　应交税费——应交增值税(销项税额)　51 000

借:营业税金及附加　(300 000 ×10%)30 000

贷:应交税费——应交消费税 30 000

注:题目中说"12 月 5 日销售 A 产品一批",而没有交待所销售产品的成本,所以不用作结转成本的分录。

(9)甲公司计算应交消费税

借:应交税费——应交消费税 (30 000 - 4 550)25 450

贷:银行存款 25 450

5

固定资产

本章基本结构框架

本章主要内容

- 1. 固定资产概述
  - 固定资产的概念及确认条件
  - 固定资产的分类
  - 固定资产的初始计量
- 2. 固定资产的取得
  - 固定资产取得概述
  - 外购固定资产的核算
    - 购入不需要安装的固定资产
    - 购入需要安装的固定资产
    - 外购固定资产的特殊考虑
  - 自行建造固定资产的核算
    - 自营方式建造固定资产
    - 出包方式建造固定资产
- 3. 固定资产的后续计量
  - 固定资产的折旧
    - 固定资产折旧概述
    - 计提折旧的固定资产范围
    - 固定资产的折旧方法
    - 固定资产折旧的核算
  - 固定资产的后续支出
    - 资本化的后续支出
    - 费用化的后续支出
- 4. 固定资产减值和清查
  - 固定资产的减值
  - 固定资产的清查
- 5. 固定资产的处置

本章重点与难点

5.1 固定资产概述

5.1.1 固定资产的概念及确认条件

5.1.1.1 固定资产的概念和特征

固定资产是指同时具有下列特征的有形资产：

①为生产商品、提供劳务、出租或经营管理而持有的；

②使用寿命超过一个会计年度。

固定资产具有以下三个特征：

①为生产商品、提供劳务、出租或经营管理而持有；

②使用寿命超过一个会计年度；

③固定资产是有形资产。

5.1.1.2 固定资产的确认条件

固定资产在符合定义的前提下，同时满足下列两个条件才能予以确认：

①与该固定资产有关的经济利益很可能流入企业；

②该固定资产的成本能够可靠地计量。

5.1.2 固定资产的分类

5.1.2.1 按经济用途分类

固定资产按其经济用途划分，可分为生产经营用固定资产和非生产经营用固定资产。

5.1.2.2 综合分类

按固定资产的经济用途和使用情况等综合分类，可以把固定资产分为以下七大类：

①生产经营用固定资产；

②非生产经营用固定资产；

③租出固定资产；

④不需用固定资产；

⑤未使用固定资产；

⑥土地；

⑦融资租入固定资产。

5.1.3 固定资产的初始计量

固定资产应当按照成本进行初始计量。固定资产的成本，是指企业购建某项固定资产达到预定可使用状态前所发生的一切合理、必要的支出。

(1)外购固定资产的成本,包括购买价款、进口关税和其他税费,使固定资产达到预定可使用状态前所发生的可归属于该项资产的场地整理费、运输费、装卸费、安装费和专业人员服务费等。

以一笔款项购入多项没有单独标价的固定资产,应当按照各项固定资产公允价值比例对总成本进行分配,分别确定各项固定资产的成本。

(2)自行建造固定资产的成本,由建造该项资产达到预定可使用状态前所发生的必要支出构成。应计入固定资产成本的借款费用,按照《企业会计准则第 17 号——借款费用》的规定处理。

(3)投资者投入固定资产的成本,应当按照投资合同或协议约定的价值确定,但合同或协议约定价值不公允的除外。

(4)企业合并、非货币性资产交换、债务重组、融资租赁取得的固定资产的成本,应当分别按照《企业会计准则第 20 号——企业合并》、《企业会计准则第 7 号——非货币性资产交换》、《企业会计准则第 12 号——债务重组》和《企业会计准则第 21 号——租赁》确定。

(5)确定固定资产成本时,应当考虑弃置费用因素,如核电站核废料的处置。

5.2 固定资产的取得

5.2.1 固定资产取得概述

企业取得固定资产的方式主要包括购买、自行建造等。企业外购的固定资产,应按实际支付的购买价款、相关税费以及使固定资产达到预定可使用状态前所发生的可归属于该项资产的运输费、装卸费、安装费和专业人员服务费等,作为固定资产的取得成本。企业自行建造的固定资产,应按建造该项资产达到预定可使用状态前所发生的必要支出,作为固定资产的成本。

为了核算固定资产的取得,企业需要设置"固定资产"、"在建工程"、"工程物资"等科目。

5.2.2 外购固定资产的核算

5.2.2.1 购入不需要安装的固定资产

企业购入不需要安装的固定资产,按应计入固定资产成本的金额,借记"固定资产"等科目,贷记"银行存款"等科目。

5.2.2.2 购入需要安装的固定资产

企业购入需要安装的固定资产,应在购入的固定资产取得成本的基础上加上安装调试成本等,作为购入固定资产的成本,先通过"在建工程"科目核算,待安装完毕达到预定可使用状态时,再由"在建工程"科目转入"固定资产"科目。

5.2.2.3 外购固定资产的特殊考虑

企业基于产品价格等因素的考虑,可能以一笔款项购入多项没有单独标价的固定资产。如果这些资产均符合固定资产的定义并满足固定资产的确认条件，则应将各项资产单独确认为固定资产，并按各项固定资产公允价值的比例对总成本进行分配，分别确定各项固定资产的成本。

5.2.3 自行建造固定资产的核算

自行建造固定资产的成本，由建造该项资产达到预定可使用状态前所发生的必要支出构成，包括工程物资成本、人工成本、交纳的相关税费、应予资本化的借款费用以及应分摊的间接费用等。

5.2.3.1 自营方式建造固定资产

购入工程物资时，借记"工程物资"科目，贷记"银行存款"等科目。领用工程物资时，借记"在建工程"科目，贷记"工程物资"科目。在建工程领用本企业原材料时，借记"在建工程"科目，贷记"原材料"、"应交税费——应交增值税（进项税额转出）"等科目，采用计划成本核算的，应同时结转应分摊的成本差异。在建工程领用本企业库存商品时，借记"在建工程"科目，贷记"库存商品"、"应交税费——应交增值税（销项税额）"等科目。

自营工程发生的其他费用（如在建工程应负担的职工薪酬），借记"在建工程"科目，贷记"银行存款"、"应付职工薪酬"等科目。辅助生产部门为工程提供的水、电、设备安装、修理、运输等劳务，借记"在建工程"科目，贷记"生产成本——辅助生产成本"等科目。

自营工程达到预定可使用状态时，按其成本，借记"固定资产"科目，贷记"在建工程"科目。工程完工后剩余的工程物资，如转作本企业库存材料的，按其实际成本或计划成本转作企业的库存材料。存在可抵扣增值税进项税额的，应按减去增值税进项税额后的实际成本或计划成本，转作企业的库存材料。

5.2.3.2 出包方式建造固定资产

采用出包工程方式的企业，按照应支付的工程价款等计量。设备安装工程，按照所安装设备的价款、工程安装费用、工程试运转等所发生的支出等确定工程成本。在这种方式下，"在建工程"科目主要是企业与建造承包商办理工程价款的结算科目。企业按合理估计的发包工程进度和合同规定向建造承包商结算的进度款，借记"在建工程"科目，贷记"银行存款"等科目；工程达到预定可使用状态时，按其成本，借记"固定资产"科目，贷记"在建工程"科目。

5.3 固定资产的后续计量

5.3.1 固定资产的折旧

5.3.1.1 固定资产折旧概述

固定资产折旧，是指在固定资产的使用寿命内，按照确定的方法对应计折旧额进行系统分摊。应计折旧额，是指应当计提折旧的固定资产的原价扣除其预计净残值后的余额，如果已对固定资产计提减值准备，还应当扣除已计提的固定资产减值准备累计金额。

影响固定资产折旧的因素主要包括以下几个方面：

①固定资产原价；

②固定资产的预计净残值；

③固定资产减值准备；

④固定资产的使用寿命。

5.3.1.2 计提折旧的固定资产范围

除以下情况外，企业应当对所有的固定资产计提折旧：

①已提足折旧仍继续使用的固定资产；

②按照规定单独估价作为固定资产入账的土地。

在确定计提折旧的范围时，应当注意以下几点。

(1)固定资产应当按月计提折旧，当月增加的固定资产，当月不计提折旧，从下月起计提折旧；当月减少的固定资产，当月仍计提折旧，从下月起不计提折旧。因进行大修理而停用的固定资产，应当照提折旧，计提的折旧额应计入相关资产成本或当期损益。

(2)固定资产提足折旧后，不论是否继续使用，均不再计提折旧；提前报废的固定资产，也不再补提折旧。

(3)已达到预定可使用状态的固定资产，无论是否交付使用，均应计提折旧。尚未办理竣工决算的，应当按照估计价值确认为固定资产并计提折旧；待办理了竣工决算手续后，再按实际成本调整原来的暂估价值，但不需要调整原已计提的折旧额。

(4)融资租入的固定资产，应当采用与自有应计折旧资产相一致的折旧政策。能够合理确定租赁期届满时取得租赁资产所有权的，应当在租赁资产使用寿命内计提折旧。无法合理确定租赁期届满时能够取得租赁资产所有权的，应当在租赁期与租赁资产使用寿命两者中较短的期间内计提折旧。

(5)处于更新改造过程而停止使用的固定资产，应将其账面价值转入在建工程，不再计提折旧。更新改造项目达到预定可使用状态转为固定资产后，再按重新确定的折旧方法和该项固定资产尚可使用寿命计提折旧。

企业至少应当于每年年度终了，对固定资产使用寿命和预计净残值进行复核。如果固定资产给企业带来经济利益的方式发生重大变化，企业也应相应改变固定资产折旧方法。固定资产使用寿命、预计净残值和折旧方法的改变应作为会计估计变更。

5.3.1.3 固定资产的折旧方法

1. 年限平均法

年限平均法又称直线法，是指将固定资产的应计折旧额均衡地分摊到固定资产预计使用寿命内的一种方法。采用这种方法计算的每期折旧额均相等。年限平均法的计算公式如下：

年折旧率 =（1 - 预计净残值率）÷ 预计使用年限 ×100%

月折旧率 = 年折旧率 ÷12

月折旧额 = 固定资产原值 × 月折旧率

或者

年折旧额 =（固定资产原值 - 预计净残值）÷ 预计使用年限

月折旧额 = 年折旧额 ÷12

2. 工作量法

工作量法，是根据实际工作量计算每期应提折旧额的一种方法。计算时先计算出每单位工作量的折旧额，再根据每单位工作量的折旧额计算出某项固定资产月折旧额。工作量法的计算公式如下：

单位工作量折旧额 = 固定资产原价 ×（1 - 预计净残值率）÷ 预计总工作量

某项固定资产月折旧额 = 该项固定资产当月工作量 × 单位工作量折旧额

3. 双倍余额递减法

双倍余额递减法是在不考虑固定资产净残值的情况下，根据每期期初固定资产账面净值和双倍的直线法折旧率计算固定资产折旧的一种方法。双倍余额递减法的计算公式如下：

年折旧率 =2 ÷ 预计使用年限 ×100%

月折旧率 = 年折旧率 ÷12

月折旧额 = 固定资产净值 × 月折旧率

每期固定资产净值 = 固定资产原值 - 已计提的累计折旧

4. 年数总和法

年数总和法，是将固定资产的原价减去预计净残值的余额乘以一个以固定资产尚可使用寿命为分子、以预计使用寿命逐年数字之和为分母的逐年递减的分数计算每年的折旧额。年数总和法的计算公式如下：

年折旧率 = 尚可使用年限 ÷ 预计使用寿命的年数总和 ×100%

月折旧率 = 年折旧率 ÷12

月折旧额 =（固定资产原价 - 预计净残值）× 月折旧率

5.3.1.4 固定资产折旧的核算

企业计提的固定资产折旧，应当根据固定资产的用途，分别计入相关资产的成本或者当期损益，具体来说：①企业基本生产车间所使用的固定资产，其计提的折旧应计入制造费用；②管理部门所使用的固定资产，其计提的折旧应计入管理费用；③销售部门所使用的固定资产，其计提的折旧应计入销售费用；④自行建造固定资产过程中使用的固定资产，其计提的折旧应计入在建工程成本；⑤经营租出的固定资产，其计提的折旧额应计入其他业务成本。

企业按期(月)计提固定资产的折旧,借记“制造费用”、“销售费用”、“管理费用”、“在建工程”、“其他业务成本”等科目,贷记“累计折旧”科目。

5.3.2 固定资产的后续支出

固定资产的后续支出,是指固定资产在使用过程中发生的更新改造支出、修理费用等。

5.3.2.1 资本化的后续支出

与固定资产有关的更新改造等后续支出,符合固定资产确认条件的,应当计入固定资产成本,如有被替换部分,应同时将被替换部分的账面价值从该固定资产原账面价值中扣除。

在对固定资产发生资本化的后续支出后,企业应将该固定资产的原价、已提的累计折旧和减值准备转销,将固定资产的账面价值转入在建工程并停止计提折旧。固定资产发生的资本化的后续支出,通过“在建工程”科目核算。在固定资产发生的后续支出完工并达到预定可使用状态时,再从“在建工程”科目转入“固定资产”科目,并按照重新确定的使用寿命、预计净残值和折旧方法计提折旧。

5.3.2.2 费用化的后续支出

与固定资产有关的修理费用等后续支出,不符合固定资产确认条件的,应当在发生时计入当期损益。对于处于修理、更新改造过程而停止使用的固定资产,如果其修理、更新改造支出不满足固定资产的确认条件,在发生时也应直接计入当期损益。

5.4 固定资产减值和清查

5.4.1 固定资产的减值

5.4.1.1 固定资产减值概述

企业在资产负债表日应当判断固定资产是否存在可能发生减值的迹象,如果有确凿证据表明固定资产存在减值迹象的,应当进行减值测试,估计资产的可收回金额。企业在对固定资产进行减值测试后,如果固定资产的可收回金额低于其账面价值的,应当将固定资产的账面价值减记至可收回金额,减记的金额确认为资产减值损失,计入当期损益,同时,计提相应的资产减值准备。固定资产减值损失一经确定,在以后会计期间内不允许转回。

固定资产减值损失确认后,减值资产的折旧应当在未来期间作相应调整,以使该固定资产在剩余使用寿命内,系统地分摊调整后的账面价值(扣除预计净残值)。

5.4.1.2 固定资产减值的核算

企业计提固定资产减值准备时,借记“资产减值损失”科目,贷记“固定资产减值准备”科目。

5.4.2 固定资产的清查

5.4.2.1 固定资产的盘盈

企业在财产清查中盘盈的固定资产,作为前期差错处理。在按照管理权限报经批准处理前,应先通过"以前年度损益调整"科目核算。盘盈的固定资产,应按重置成本确定其入账价值,借记"固定资产"科目,贷记"以前年度损益调整" 科目。

5.4.2.2 固定资产的盘亏

固定资产盘亏造成的损失,应当计入当期损益。企业在财产清查中盘亏的固定资产,按盘亏固定资产的账面价值,借记"待处理财产损溢"科目,按已提的累计折旧,借记"累计折旧"科目,按已提的减值准备,借记"固定资产减值准备"科目,按固定资产的原价,贷记"固定资产"科目。按管理权限报经批准后,按可收回的保险赔偿或过失人赔偿,借记"其他应收款"科目,按应计入营业外支出的金额,借记"营业外支出——盘亏损失"科目,贷记"待处理财产损溢"科目。

5.5 固定资产的处置

5.5.1 固定资产处置概述

固定资产处置,包括固定资产的出售、转让、报废和毁损、对外投资、非货币性资产交换、债务重组等。

5.5.2 固定资产处置的核算

企业出售、转让、报废固定资产或发生固定资产毁损,应当将处置收入扣除账面价值和相关税费后的金额计入当期损益。固定资产处置一般通过"固定资产清理"科目进行核算。

巩固练习题

一、单项选择题

1. 采用自营方式建造固定资产的情况下,下列项目中不应计入固定资产取得成本的有(　　)。

A. 工程领用原材料购进时发生的增值税

B. 生产车间为工程提供的水、电等费用

C. 工程领用自产产品的账面价值

D. 工程在达到预定可使用状态后进行试运转时发生的支出

2. 下列各项中,计入固定资产成本的有(　　)。

A. 达到预定可使用状态后发生的专门借款利息

B. 达到预定可使用状态前由于自然灾害造成的工程毁损净损失

C. 进行日常修理发生的人工费用

D. 安装过程中领用原材料所负担的增值税

3. 固定资产盘亏造成的损失，按管理权限报经批准后，可能计入的会计科目是( )。

A. 其他应收款　B. 其他应付款　C. 固定资产　D. 在建工程

4. 某企业购入一台旧设备，该设备账面价值100万元，累计折旧30万元，原安装费用10万元。该企业支付购买价款60万元，支付运杂费10万元，另外发生安装调试费20万元。购进设备的入账价值为( )万元。

A. 60　B. 100　C. 90　D. 110

5. 甲企业对一项原值为100万元、已提折旧60万元的固定资产进行改建，发生改建支出50万元，取得变价收入5万元。则改建后该项固定资产的入账价值为( )万元。

A. 85　B. 50　C. 145　D. 150

6. 下列有关固定资产成本的确定，说法不正确的有( )。

A. 企业外购的固定资产，应按实际支付的购买价款、相关税费等作为固定资产的取得成本

B. 企业以经营租赁方式租入的固定资产发生的改良支出，应计入固定资产成本

C. 企业自行建造的固定资产，应按建造该项资产达到预定可使用状态前所发生的必要支出，作为固定资产的成本

D. 投资者投入固定资产的成本，应当按照投资合同或协议约定的价值确定，但合同或协议约定价值不公允的除外

7. 20×9年5月21日黄华股份有限公司接受天翔公司以一台设备进行投资。该设备的原价为130万元，已提折旧40万元，计提减值准备20万元，投资合同约定的价值为66万元(该金额是公允的)，占黄华股份有限公司注册资本的20%，黄华股份有限公司的注册资本为200万元，假定不考虑其他税费。黄华股份有限公司接受投资的该设备的入账价值为( )万元。

A. 90　B. 70　C. 110　D. 66

8. 企业的下列固定资产，按规定应计提折旧的是( )。

A. 经营性租入的设备　B. 融资租入的设备

C. 正在改扩建停止使用的固定资产　D. 土地

9. 企业确定固定资产使用寿命时，不应当考虑的因素是( )。

A. 该项资产预计生产能力或实物产量

B. 该项资产预计有形损耗

C. 该项资产预计无形损耗

D. 固定资产的初始取得成本

10. 下列固定资产中，当月应计提折旧的是( )。

A. 当月经营租入的固定资产　　　B. 因改、扩建而停止使用的生产线

C. 当月以融资租赁方式租入设备　　D. 大修理停用的设备

11. 华伟公司 20×8 年 9 月 28 日购入设备一台，入账价值为 600 万元，预计使用年限为 5 年，预计残值为 20 万元。在采用双倍余额递减法计提折旧的情况下，该项设备 20×9 年应计提折旧为(　　)万元。

A. 144　　B. 134.4　　C. 240　　D. 216

12. 某企业 20×7 年 3 月购入并投入使用一台不需要安装设备，原值 840 万元，预计使用年限 5 年，预计净残值 2 万元，采用年数总和法计提折旧，则企业在 20×8 年应计提的折旧额为(　　)万元。

A. 238　　B. 237.43　　C. 224　　D. 167.6

13. 某公司有运输车 2 辆，采用工作量法计提折旧。原值为 200 000 元，预计使用 10 年，每年行驶里程 60 000 千米，净残值率为 5%，当月两辆车的行使里程都是 4 000 千米，该运输车的当月折旧额为(　　)元。

A. 2 533.33　　B. 25 333.33　　C. 2 666.66　　D. 6 000

14. 某企业购进设备一台，该设备的入账价值为 150 万元，预计净残值 5 万元，预计使用年限为 4 年。在采用双倍余额递减法计提折旧的情况下，该项设备第三年应提折旧额为(　　)万元。

A. 36.25　　B. 16.25　　C. 18.75　　D. 37.5

15. 与平均年限法相比，年数总和法对固定资产计提折旧将使(　　)。

A. 计提折旧的初期，企业利润减少，固定资产净值减少

B. 计提折旧的初期，企业利润减少，固定资产原值减少

C. 计提折旧的后期，企业利润减少，固定资产净值减少

D. 计提折旧的后期，企业利润减少，固定资产原值减少

16. 下列关于固定资产减值，说法错误的是(　　)。

A. 计提固定资产减值准备时，应借记“资产减值损失”科目

B. 计提固定资产减值准备时，应贷记“固定资产减值准备”科目

C. 固定资产减值损失一经确定，在以后会计期间不得转回

D. 固定资产减值损失一经确定，在以后会计期间可以转回

17. ABC 公司对一项原价为 1 000 000 元、已提折旧为 150 000 元的厂房进行清理，清理时支付清理费用 10 000 元，取得的转让收入为 500 000 元，营业税税率为 4%。则对该项固定资产进行清理，结果是(　　)。

A. 净收益 380 000 元　　　B. 净损失 380 000 元

C. 净收益 360 000 元　　　D. 净损失 360 000 元

18. 下列固定资产减少业务不应通过“固定资产清理”科目核算的是(　　)。

A. 固定资产的出售　　　B. 固定资产的盘亏

C. 固定资产的毁损　　　D. 固定资产的报废

19. 企业在财产清查中盘亏的固定资产，按管理权限报经批准后，盘亏损失计入(　　)。

A. 固定资产清理　　B. 营业外支出
C. 待处理财产损溢　　D. 管理费用

20. 对于固定资产折旧，下列说法正确的是(　　)。

A. 因进行大修理而停用的固定资产，应当照提折旧
B. 固定资产应当按年计提折旧
C. 以经营租赁方式租入的固定资产，应按照自有固定资产采用的折旧方法计提折旧
D. 当月减少的固定资产，当月不计提折旧

二、多项选择题

1. 企业外购固定资产的成本，包括(　　)。

A. 购买价款　　B. 增值税进项税额
C. 使固定资产达到预定可使用状态前所发生的可归属于该项资产的运输费、装卸费、安装费
D. 固定资产达到预定可使用状态后发生的借款费用

2. 某企业自行建造一厂房，下列各项中，计入其成本的是(　　)。

A. 领用工程物资所承担的进项税额
B. 领用外购原材料所承担的进项税额转出
C. 达到预定可使用状态前所发生的专项借款利息费用
D. 办理竣工决算后所发生的专项借款利息费用

3. 采用自营方式建造固定资产，下列项目中应计入固定资产取得成本的是(　　)。

A. 工程耗用材料　　B. 工程人员工资
C. 工程领用本企业的产品实际成本
D. 行政管理部门为组织和管理生产经营活动而发生的管理费用

4. 下列与固定资产构建相关的支出项目中，构成一般纳税企业固定资产价值的有(　　)。

A. 支付的增值税　　B. 支付的车辆购置税
C. 进口设备的关税　　D. 固定资产达到预定可使用状态前发生的借款利息

5. 固定资产的折旧方法有(　　)。

A. 年限平均法　　B. 工作量法
C. 双倍余额递减法　　D. 年数总和法

6. 下列各项中，应计入固定资产成本的有(　　)。

A. 固定资产进行日常修理发生的人工费用
B. 固定资产安装过程中领用原材料所负担的增值税

C. 固定资产达到预定可使用状态后发生的专门借款利息

D. 固定资产达到预定可使用状态前发生的工程物资盘亏净损失

7. 固定资产使用前几年，提取固定资产折旧时，需要考虑固定资产净残值的折旧方法是（　　）。

A. 直线法　　B. 双倍余额递减法

C. 工作量法　　D. 年数总和法

8. 下列关于计提固定资产折旧的说法中正确的有（　　）。

A. 公司当月减少的固定资产当月照提折旧

B. 公司当月增加的固定资产当月开始计提折旧

C. 提前报废但未提足折旧的固定资产不再补提折旧

D. 固定资产提足折旧后仍继续使用的需补提折旧

9. 下列固定资产中应计提折旧的有（　　）。

A. 处于更新改造过程而停止使用的固定资产

B. 融资租入的固定资产

C. 未使用的机器设备

D. 按规定单独估价作为固定资产入账的土地

10. 企业结转固定资产清理净损益时，可能涉及的会计科日有（　　）。

A. 管理费用　　B. 营业外收入

C. 营业外支出　　D. 长期待摊费用

11. “固定资产清理”账户的借方登记的项目有（　　）。

A. 结转的清理净收益　　B. 变价收入

C. 清理的固定资产的净值　　D. 结转的清理净损失

12. 下列各项中，会引起固定资产账面价值发生变化的有（　　）。

A. 计提固定资产减值准备　　B. 计提固定资产折旧

C. 固定资产改扩建　　D. 固定资产大修理

三、判断题

1. 企业接受其他单位的固定资产投资时，“固定资产”账户入账金额应根据投资方原账面价值确定。（　）

2. 年数总和法计提折旧的特点是每年提取的折旧额相等。（　）

3. 对固定资产的不同组成部分，只要给企业带来经济利益的预期实现方式不同，就应作为单项固定资产处理。（　　）

4. 对于某项预期使用年限为 5 年的固定资产，如果分别采用直线法和年数总和法计提折旧，则不论其原价和净残值是多少，第 3 年计提折旧额相等。（　）

5. 企业购入需要安装的固定资产，发生的成本直接计入“固定资产”科目。（　）

6. 变更固定资产折旧年限时，既影响变更当期和该项资产未来使用期间的折旧

费用,又影响变更前已计提的折旧费用。( )

7. 以经营租赁方式租入的固定资产,应当采用与自有应计折旧资产相一致的折旧政策。( )

8. 固定资产按经济用途和使用情况等综合分类,可以把固定资产分为生产经营用固定资产和非生产经营用固定资产。( )

9. 按平均年限法计提的折旧额在任何时期都小于按双倍余额递减法计提的折旧额。( )

10. 对于固定资产借款发生的利息支出,在竣工决算前发生的,应予资本化,将其计入固定资产的建造成本,在竣工决算后发生的,则应作为当期费用处理。( )

11. 处于更新改造过程而停止使用的固定资产,继续计提折旧。( )

12. 企业在财产清查中盘盈的固定资产,作为前期差错处理。在按照管理权限报经批准处理前,应先通过"以前年度损益调整"科目核算。( )

13. 企业将发生的固定资产后续支出计入固定资产成本的,应当终止确认被替换部分的账面价值。( )

14. 与固定资产有关的修理费用等后续支出,不符合固定资产确认条件的,应当在发生时计入当期损益。( )

15. 固定资产在满足一定条件时,已计提的减值准备允许转回。( )

四、计算分析题

1. 某企业购建厂房过程中耗用工程物资的实际成本为50万元;在建工程人员工资20万元,提取工程人员福利费3.1万元;支付的印花税0.5万;领用本企业生产经营用材料10万元,该批材料增值税为1.7万元。该厂房达到预定可使用状态后,计算其入账价值并编制会计分录。

2. 某企业20×7年9月1日购入一项固定资产。该固定资产原价为500万元,预计使用年限为5年,预计净残值为5万元,按双倍余额递减法计提折旧。

要求:计算该固定资产20×8年应计提的折旧额。

3. 甲公司为一家制造性企业。20×9年4月1日,为降低采购成本,向乙公司一次购进了三套不同型号且具有不同生产能力的设备A、B和C。甲公司为该批设备共支付货款1 500 000元,增值税进项税额255 000元,包装费45 000元,全部以银行存款支付;假定设备A、B和C分别满足固定资产的定义及其确认条件,公允价值分别为860 000元、420 000元、720 000元;甲公司实际支付的货款等于计税价格,不考虑其他相关税费。

要求:编制与上述业务有关的会计分录。

五、综合题

1. 某企业于20×7年1月11日自行建造仓库一座,购入为工程准备的各种物资100 000元,支付的增值税税额为17 000元,实际领用工程物资(含增值税)105 300元,剩余物资转作企业生产用原材料;另外还领用了企业生产用的原材料一批,实际成本为10 000元,增值税额为1 700元;分配工程人员工资40 000元;企业辅助生产车间为工程提供有关劳务支出3 000元;工程于20×7年4月达到预定可使用状态并交付使用。该企业对该项固定资产采用年数总和法计提折旧,预计使用年限为5年,预计净残值率为10%。

要求:

(1)计算工程完工交付使用时固定资产的入账价值;

(2)编制20×7年与工程物资和固定资产购建有关的会计分录;

(3)计算20×8年该项固定资产的折旧额。

2.某企业于20×6年7月10日对一生产线进行改扩建,改扩建前该生产线的原价为800万元,已提折旧150万元。改扩建过程中领用工程物资200万元,领用生产用原材料100万元,原材料的进项税额为17万元。发生改扩建人员工资60万元,用银行存款支付其他费用23万元。该生产线于20×6年12月31日达到预定可使用状态。该企业对改扩建后的固定资产采用年限平均法计提折旧,预计尚可使用年限为10年,预计净残值为50万元。20×8年12月31日该生产线的公允价值减去处置费用后的净额为710万元。假定固定资产按年计提折旧,固定资产计提减值准备不影响固定资产的预计使用年限和预计净残值。

要求:

(1)编制上述与固定资产改扩建有关业务的会计分录。计算改扩建后固定资产的入账价值。(金额单位用万元表示。)

(2)计算改扩建后的生产线20×7年和20×8年每年应计提的折旧额。

(3)计算20×8年12月31日该生产线是否应计提减值准备,若计提减值准备,编制相关会计分录。

(4)计算该生产线20×9年应计提的折旧额。

巩固练习题参考答案及解析

一、单项选择题

1.【答案】D

【解析】工程在达到预定可使用状态前进行试运转时发生的支出计入工程成本,发生的试运转收入冲减工程成本,达到预定可使用状态后不能再计入在建工程成本。

2.【答案】D

【解析】固定资产达到预定可使用状态之前发生的支出应该资本化,达到预定可使用状态后的支出则要费用化;选项B属于非正常原因造成的,应计入"营业外支出";选项C固定资产的日常修理费用应该费用化,计入"管理费用"中。

3.【答案】A

【解析】固定资产盘亏造成的损失,按管理权限报经批准后,按可收回的保险赔偿或过失人赔偿，借记“其他应收款”科目，按应计入营业外支出的金额，借记“营业外支出——盘亏损失”科目，贷记“待处理财产损溢”科目，不可计入其他应付款、固定资产和在建工程科目。

4.【答案】C

【解析】购进设备的入账价值 =60 +10 +20 =90(万元)。

5.【答案】A

【解析】购进设备的入账价值 =100 -60 +50 -5 =85(万元)。

6.【答案】B

【解析】企业以经营租赁方式租入的固定资产发生的改良支出，应计入“长期待摊费用”科目核算，然后按期摊销，不计入固定资产的成本。

7.【答案】D

【解析】企业会计准则规定，接受投资者投入的固定资产，入账价值按投资合同或协议约定确定(但合同或协议约定的价值不公允的除外)。因此，该设备的入账价值为66万元。

8.【答案】B

【解析】经营性租入的固定资产由出租方计提折旧；土地按照规定不计提折旧；正在改扩建停止使用的固定资产，也不计提折旧。

9.【答案】D

【解析】企业确定固定资产使用寿命时，应当考虑的因素有：①该项资产预计生产能力或实物产量；②该项资产预计有形损耗；③该项资产预计无形损耗；④法律或者类似规定对资产使用的限制。

10.【答案】D

【解析】以经营租赁方式租入的设备不能计提折旧；因改、扩建而停止使用的生产线应将其账面价值转入在建工程，不再计提折旧；以融资租赁方式租入固定资产同自有资产一样，当月增加的当月不提折旧，当月减少的当月要照提折旧；大修理停用的设备仍需计提折旧。

11.【答案】D

【解析】本题属于会计年度和折旧年度不一致的情况，第一个折旧年度应是20×8年10月份至20×9年9月末，所以20×8年应计提的折旧 =600×2/5×3/12 =60(万元)；

20×9年的前9个月应计提的折旧 =600×2/5×9/12 =180(万元)；

20×9年的后3个月属于第二个折旧年度的前3个月，应计提的折旧 =(600 -600×2/5)×2/5×3/12 =36(万元)。

所以，该项设备20×9年应提折旧 =180 +36 =216(万元)。

12.【答案】B

【解析】本题中固定资产应该从20×7年4月份开始计提折旧，因此固定资产的折旧年度和会计年度出现不一致，固定资产的第一年折旧年度为20×7年4月至20×8年3月，第二个折旧年度为20×8年4月至20×9年3月，因此在20×8年应计提的折旧额为第一个折旧年度的后3个月和第二个折旧年度的前9个月，即(840－2)×5/15×3/12＋(840－2)×4/15×9/12＝237.43(万元)，需要注意的是年数总和法计算时要扣除净残值。

13.【答案】A

【解析】工作量法下，计提固定资产折旧应该考虑净残值。则该运输车当月的折旧额为2×200 000×(1－5%)÷10×4 000÷60 000＝2 533.33(元)。

14.【答案】B

【解析】第一年折旧额为150×2/4＝75(万元)，第二年折旧额为(150－75)×2/4＝37.5(万元)，第三年折旧额为(150－75－37.5－5)/2＝16.25(万元)。

15.【答案】A

【解析】与平均年限法相比，采用年数总和法对固定资产计提折旧，将使计提初期的折旧费用加大，企业利润减少，固定资产净值减少。

16.【答案】D

【解析】固定资产、无形资产、长期股权投资等非流动资产的减值损失一经确定，在以后会计期间不得转回。

17.【答案】B

【解析】该固定资产账面价值为1000 000－150 000＝850 000(元)，应交纳的营业税为500 000×4%＝20 000(元)。

清理固定资产的净损益为500 000－850 000－10 000－20 000＝－380 000(元)。

18.【答案】B

【解析】固定资产盘亏应通过“待处理财产损溢”科目核算，而不通过“固定资产清理”科目核算。

19.【答案】B

【解析】盘亏的固定资产在报经批准后，按应计入营业外支出的金额，借记“营业外支出”科目，并结转待处理财产损溢。

20.【答案】A

【解析】固定资产应当按月计提折旧。当月减少的固定资产，当月仍计提折旧，从下月起不计提折旧。因进行大修理而停用的固定资产，应当照提折旧，计提的折旧额应计入相关资产成本或当期损益。以融资租赁方式租入的固定资产，应按照自有固定资产采用的折旧方法计提折旧。

二、多项选择题

1.【答案】AC

【解析】固定资产达到预定可使用状态后发生的支出不计入固定资产的成本。

企业购买设备发生的增值税进项税额允许抵扣,不计入固定资产成本。

2.【答案】ABC

【解析】达到预定可使用状态前所发生的专项借款利息费用在符合资本化条件时是要计入所建资产成本中的,而达到预定可使用状态后发生的专项借款费用应计入财务费用。

3.【答案】ABC

【解析】选项D应计入管理费用。

4.【答案】BCD

【解析】购买设备支付的增值税允许抵扣,不应计入固定资产成本;支付的车辆购置税应计入在建工程,最终形成固定资产成本;进口关税应计入进口物资的成本;固定资产在达到预定可使用状态前发生的借款利息应予以资本化,计入在建工程。

5.【答案】ABCD

【解析】固定资产可选用的折旧方法包括年限平均法、工作量法、双倍余额递减法和年数总和法等。

6.【答案】BD

【解析】选项A计入当前损益;选项C计入财务费用。

7.【答案】ACD

【解析】双倍余额递减法下前几年不需要考虑固定资产净残值。

8.【答案】AC

【解析】当月增加的固定资产当月不提折旧,下月开始计提折旧;当月减少的固定资产当月照提折旧,下月开始不提折旧。提前报废但尚未提足折旧的固定资产不再补提折旧,固定资产提足折旧后仍继续使用的不需要再补提折旧。

9.【答案】BC

【解析】处于更新改造过程而停止使用的固定资产,应将其账面价值转入在建工程,不再计提折旧。已提足折旧仍继续使用的固定资产和单独计价入账的土地也不计提折旧。

10.【答案】BC

【解析】企业结转固定资产清理净损益时可能涉及的会计科目有:营业外收入或营业外支出。

11.【答案】AC

【解析】转入清理的固定资产的净值在“固定资产清理”账户的借方核算;固定资产的变价收入在“固定资产清理”账户的贷方核算;结转的清理净收益在“固定资产清理”账户的借方核算;结转的清理净损失在“固定资产清理”账户的贷方核算。

12.【答案】ABC

【解析】固定资产大修理支出应予以费用化,不会引起固定资产账面价值发生变化。

三、判断题

1.【答案】×

【解析】投资者投入固定资产的成本,应按照投资合同或协议约定的价值确定,但合同或协议约定价值不公允的除外。

2.【答案】×

【解析】年限平均法的特点是每年提取的折旧额相等。

3.【答案】√

4.【答案】√

【解析】直线法:第3年计提折旧额 =(原值 - 净残值)÷5。年数总和法:第3年计提的折旧额 =(原值 - 净残值)÷15×3 =(原值 - 净残值)÷5。

5.【答案】×

【解析】企业购入需要安装的固定资产,先通过"在建工程"科目核算,待安装完毕达到预定可使用状态时,再由"在建工程"科目转入"固定资产"科目。

6.【答案】×

【解析】如果固定资产的折旧年限变更,则不需要改变已经计提的折旧费用,只需要变更当期和该项资产未来使用期间的折旧费用即可。

7.【答案】×

【解析】融资租入的固定资产,应当采用与自有应计折旧资产相一致的折旧政策。

8.【答案】×

【解析】固定资产按其经济用途划分,可分为生产经营用固定资产和非生产经营用固定资产;按照经济用途和使用情况等综合分类,可以把固定资产分为七大类。

9.【答案】×

【解析】在计提折旧的初期,双倍余额递减法计提的折旧额大于按平均年限法计提的折旧额;在计提折旧的后期,双倍余额递减法计提的折旧额小于按平均年限计提的折旧额。

10.【答案】×

【解析】对于固定资产借款发生的利息支出,在达到预定可使用状态之前应予资本化,而不是在竣工决算前。

11.【答案】×

【解析】处于更新改造过程而停止使用的固定资产,应将其账面价值转入在建工程,不再计提折旧。

12.【答案】√

13.【答案】√

14.【答案】√

15.【答案】×

【解析】企业会计准则规定,已计提的固定资产减值准备在以后会计期间内不允许转回。

四、计算分析题

1.【答案】

(1)厂房的入账价值 = 50 + 20 + 3.1 + 10 + 1.7 = 84.8(万元)

(2)会计分录如下

借:在建工程　　84.8
　　管理费用　　0.5
　贷:工程物资　　50
　　　应付职工薪酬　　23.1
　　　原材料　　10
　　　应交税费——应交增值税(进项税额转出)　　1.7
　　　银行存款　　0.5

厂房达到预定可使用状态

借:固定资产　　84.8
　贷:在建工程　　84.8

2.【答案】

这是分段计提折旧的问题,第一个折旧年度(20×7 年 10 月 ~20×8 年 9 月)的折旧额 = 500×2/5 = 200(万元);第二个折旧年度(20×8 年 10 月 ~20×9 年 9 月)的折旧额 = (500 - 200)×2/5 = 120(万元);所以 20×8 年应计提的折旧额 = 200×9/12 + 120×3/12 = 150 + 30 = 180(万元)。

3.【答案】

(1)固定资产成本的总金额,包括买价、包装费及增值税进项税额等,即

1 500 000 + 45 000 = 1 545 000(元)

(2)确定设备 A、B 和 C 的价值分配比例

A 设备应分配的固定资产价值比例为 860 000/(860 000 + 420 000 + 720 000) = 43%

B 设备应分配的固定资产价值比例为 420 000/(860 000 + 420 000 + 720 000) = 21%

C 设备应分配的固定资产价值比例为 720 000/(860 000 + 420 000 + 720 000) = 36%

(3)确定 A、B 和 C 设备各自的入账价值

A 设备入账价值:1 545 000×43% = 664 350(元)

B 设备入账价值:1 545 000×21% = 324 450(元)

C 设备入账价值:1 545 000×36% = 556 200(元)

(4)编制会计分录

借:固定资产——A 664 350

——B 324 450

——C 556 200

应交税费——应交增值税(进项税额) 255 000

贷:银行存款 1 800 000

五、综合题

1.【答案】

(1)固定资产入账价值 = 105 300 + 11 700 + 40 000 + 3 000 = 160 000(元)

(2)会计分录

①20×7年1月11日,购入为工程准备的物资

借:工程物资 117 000

贷:银行存款 117 000

②工程领用物资

借:在建工程——仓库 105 300

贷:工程物资 105 300

③剩余工程物资转作企业生产用原材料

借:原材料 10 000

应交税费——应交增值税(进项税额) 1 700

贷:工程物资 11 700

④工程领用生产用原材料

借:在建工程——仓库 11 700

贷:原材料 10 000

应交税费——应交增值税(进项税额转出) 1 700

⑤分配工程人员工资

借:在建工程——仓库 40 000

贷:应付职工薪酬 40 000

⑥辅助生产车间为工程提供的劳务支出

借:在建工程——仓库 3 000

贷:生产成本——辅助生产成本 3 000

⑦20×7年4月,工程达到预定可使用状态并交付使用

借:固定资产 160 000

贷:在建工程——仓库 160 000

(3)计算该项固定资产20×8年的折旧额

20×8年1~4月应计提的折旧额 = 160 000 ×(1 - 10%)×5/15×4/12 = 16 000(元)

20×8年5~12月应计提的折旧额 = 160 000 ×(1 - 10%)×4/15×8/12 =

25 600(元)

因此,2008 年共计提折旧额 = 16 000 + 25 600 = 41 600(元)。

2.【答案】

(1)会计分录

借:在建工程 650

　累计折旧 150

　贷:固定资产 800

借:在建工程 200

　贷:工程物资 200

借:在建工程 117

　贷:原材料 100

　　应交税费——应交增值税(进项税额转出) 17

借:在建工程 60

　贷:应付职工薪酬 60

借:在建工程 23

　贷:银行存款 23

改扩建后"在建工程"账户的金额 = 650 + 200 + 117 + 60 + 23 = 1 050(万元)

借:固定资产 1 050

　贷:在建工程 1 050

(2)计算改扩建后的生产线 20×7 年和 20×8 年每年应计提的折旧额

20×7 年和 20×8 年每年计提折旧 = (1 050 − 50) ÷ 10 = 100(万元)

(3)计算 20×8 年 12 月 31 日该生产线是否应计提减值准备,若计提减值准备,编制相关会计分录

20×8 年 12 月 31 日固定资产的账面价值 = 1 050 − 100 × 2 = 850 万元,可收回金额为 710 万元,应计提减值准备 140 万元(850 − 710)。

借:资产减值损失 140

　贷:固定资产减值准备 140

(4)计算该生产线 20×9 年应计提的折旧额

20×9 年计提折旧 = (710 − 50) ÷ 8 = 82.5(万元)

6

无形资产

本章基本结构框架

本章主要内容
- 1. 无形资产概述
  - 无形资产的概念及确认条件
  - 无形资产的内容
- 2. 无形资产的计量
  - 无形资产的取得
  - 无形资产的摊销
- 3. 无形资产的减值和处置
  - 无形资产的减值
  - 无形资产的处置
- 4. 其他资产
  - 其他资产概述
  - 长期待摊费用

本章重点与难点

6.1 无形资产概述

6.1.1 无形资产的概念及确认条件

6.1.1.1 无形资产的概念和特征

无形资产是指企业拥有或者控制的没有实物形态的可辨认非货币性资产。相对于其他资产，无形资产具有三个主要特征：①不具有实物形态；②具有可辨认性；③属于非货币性长期资产。

6.1.1.2 无形资产的确认条件

①与该无形资产有关的经济利益很可能流入企业;

②该无形资产的成本能够可靠地计量。

6.1.2 无形资产的内容

无形资产主要包括专利权、非专利技术、商标权、著作权、土地使用权、特许权等。

6.2 无形资产的计量

6.2.1 无形资产的取得

无形资产应当按照成本进行初始计量。为了核算无形资产的取得,企业应当设置“无形资产”、“研发支出”等科目。

企业取得无形资产的主要方式有外购、自行研究开发等。取得的方式不同,其会计处理也有所差别。

6.2.1.1 外购的无形资产

外购的无形资产,其成本包括购买价款、相关税费以及直接归属于使该项资产达到预定用途所发生的其他支出,不包括为引入新产品进行宣传发生的广告费、管理费用及其他间接费用和无形资产已经达到预定用途以后发生的费用。其中,直接归属于使该项资产达到预定用途所发生的其他支出包括使无形资产达到预定用途所发生的专业服务费用、测试无形资产是否能够正常发挥作用的费用等。

企业购入的无形资产,按应计入无形资产成本的金额,借记“无形资产”科目,贷记“银行存款”等科目。

6.2.1.2 自行研究开发的无形资产

企业内部研究开发项目所发生的支出应区分研究阶段支出和开发阶段支出。企业内部研究和开发无形资产,其在研究阶段的支出全部费用化,计入当期损益(管理费用);开发阶段的支出符合条件的资本化,不符合资本化条件的计入当期损益(管理费用)。如果确实无法区分研究阶段的支出和开发阶段的支出,应将其所发生的研发支出全部费用化,计入当期损益。

企业自行开发无形资产发生的研发支出,不满足资本化条件的,借记“研发支出——费用化支出”科目,满足资本化条件的,借记“研发支出——资本化支出”科目,贷记“原材料”、“银行存款”、“应付职工薪酬”等科目。

研究开发项目达到预定用途形成无形资产的,应按“研发支出——资本化支出”科目的余额,借记“无形资产”科目,贷记“研发支出——资本化支出”科目。

期(月)末,应将“研发支出——费用化支出”科目归集的金额转入“管理费用”科目,借记“管理费用”科目,贷记“研发支出——费用化支出”科目。

6.2.1.3 投资者投入的无形资产

投资者投入的无形资产,应当按照投资合同或协议约定的价值确定无形资产的取得成本。如果投资合同或协议约定价值不公允的,应按无形资产的公允价值作为无形资产初始成本入账。

6.2.2 无形资产的摊销

6.2.2.1 无形资产摊销概述

使用寿命有限的无形资产,应在其预计的使用寿命内采用系统合理的方法对应摊销金额进行摊销。对于使用寿命不确定的无形资产则不需要摊销。当月增加的无形资产,当月开始摊销;当月减少的无形资产,当月不再摊销。无形资产的摊销方法包括直线法、生产总量法等。

企业应当设置"累计摊销"科目,用以核算企业对使用寿命有限的无形资产计提的累计摊销。本科目贷方登记企业按期(月)计提的无形资产的摊销额,借方登记处置无形资产时结转的累计摊销额,期末余额在贷方,反映企业无形资产的累计摊销额。本科目可按无形资产项目进行明细核算。

6.2.2.2 无形资产摊销的核算

企业自用的无形资产,其摊销金额计入管理费用,借记"管理费用"科目,贷记"累计摊销"科目;出租的无形资产,其摊销金额计入其他业务成本,借记"其他业务成本"科目,贷记"累计摊销"科目。如果某项无形资产包含的经济利益是通过所生产的产品或其他资产实现的,其摊销金额应当计入相关资产成本,借记"制造费用"等科目,贷记"累计摊销"科目。

6.3 无形资产的减值和处置

6.3.1 无形资产的减值

6.3.1.1 无形资产减值概述

企业在资产负债表日应当判断无形资产是否存在可能发生减值的迹象,如果有确凿证据表明无形资产存在减值迹象的,应当进行减值测试,估计资产的可收回金额。企业在对无形资产进行减值测试后,如果无形资产的可收回金额低于其账面价值的,应当将无形资产的账面价值减记至可收回金额,减记的金额确认为资产减值损失,计入当期损益,同时,计提相应的资产减值准备。无形资产减值损失一经确定,在以后会计期间内不允许转回。

无形资产减值损失确认后,减值资产的摊销额应当在未来期间作相应调整,以使该无形资产在剩余使用寿命内,系统地分摊调整后的账面价值。即,无形资产在未来计提摊销额时,应当按照新的无形资产账面价值为基础计提每期摊销额。

企业应当设置"无形资产减值准备"科目,用以核算企业无形资产的减值准备。

6.3.1.2 无形资产减值的核算

资产负债表日,无形资产发生减值的,按应减记的金额,借记"资产减值损失——计提的无形资产减值准备”科目,贷记“无形资产减值准备”科目。

6.3.2 无形资产的处置

6.3.2.1 无形资产的出售

出售无形资产时,应按实际收到的金额,借记“银行存款”等科目,按已计提的累计摊销,借记“累计摊销”科目,原已计提减值准备的,借记“无形资产减值准备”科目,按应支付的相关税费,贷记“应交税费”等科目,按其账面余额,贷记“无形资产”科目,按其差额,贷记“营业外收入——处置非流动资产利得”科目或借记“营业外支出——处置非流动资产损失”科目。

6.3.2.2 无形资产的出租

让渡无形资产使用权而取得的租金收入,借记“银行存款”等科目,贷记“其他业务收入”等科目;摊销出租无形资产的成本并发生与转让有关的各种费用支出时,借记“其他业务成本”科目,贷记“累计摊销”等科目。

6.3.2.3 无形资产的报废

报废转销时,应按已计提的累计摊销额,借记“累计摊销”科目;按已计提的减值准备金额,借记“无形资产减值准备”科目;按其账面余额,贷记“无形资产”科目;按其差额,借记“营业外支出——处置非流动资产损失”科目。

6.4 其他资产

6.4.1 其他资产概述

其他资产是指除货币资金、金融资产、存货、长期股权投资、固定资产、无形资产等以外的资产,如长期待摊费用等。

6.4.2 长期待摊费用

长期待摊费用是指企业已经支出,但摊销期限在1年以上(不含1年)的各项费用,如以经营租赁方式租入的固定资产发生的改良支出等。长期待摊费用应当在费用项目的受益期限内分期平均摊销。

企业应设置“长期待摊费用”科目,核算长期待摊费用的发生、摊销和结存等情况。企业发生的长期待摊费用,借记“长期待摊费用”科目,贷记“银行存款”、“原材料”等科目。摊销长期待摊费用时,借记“管理费用”、“销售费用”等科目,贷记“长期待摊费用”科目。

巩固练习题

一、单项选择题

1. 按照现行规定,下列各项中,企业应作为无形资产入账的是(　　)。

A. 开办费　　B. 商誉

C. 为获得土地使用权支付的土地出让金

D. 开发新技术过程中发生的研究开发费

2. 甲公司为A、B两个股东共同投资设立的股份有限公司。经营一年后,A、B股东之外的另一个投资者丙要求加入甲公司。经协商,A、B同意丙以一项非专利技术投入,三方确认该非专利技术的价值是100万元。该项非专利技术在丙公司的账面余额为120万元,市价为100万元,那么该项非专利技术在甲公司的入账价值为(　　)万元。

A. 100　　B. 120　　C. 0　　D. 150

3. 企业在研发阶段发生的无形资产支出应先计入(　　)科目。

A. 无形资产　　B. 管理费用　　C. 研发支出　　D. 累计摊销

4. 企业购入或支付土地出让金取得的土地使用权,用于开发或建造自用项目的,通常作为(　　)科目核算。

A. 固定资产　　B. 在建工程　　C. 无形资产　　D. 长期待摊费用

5. 无形资产的期末借方余额,反映企业无形资产的(　　)。

A. 成本　　B. 摊余价值　　C. 账面价值　　D. 可收回金额

6. 企业摊销自用的、使用寿命确定的无形资产时,借记"管理费用"科目,贷记(　　)科目。

A. 无形资产　　B. 累计摊销

C. 累计折旧　　D. 无形资产减值准备

7. 在会计期末,企业所持有的无形资产的账面价值高于其可收回金额的差额,应当计入(　　)科目。

A. 管理费用　　B. 资产减值损失　　C. 其他业务成本　　D. 营业外支出

8. 20×9年1月1日,甲公司将某专利权的使用权转让给丙公司,每年收取租金10万元,适用的营业税税率为5%。转让期间甲公司不使用该项专利。该专利权系甲公司20×8年1月1日购入的,初始入账价值为10万元,预计使用年限为5年。该无形资产按直线法摊销。假定不考虑其他因素,甲公司20×9年度因该专利权形成的其他业务利润为(　　)万元。

A. -2　　B. 7.5　　C. 8　　D. 9.5

9. 甲公司出售所拥有的一项无形资产,取得收入300万元,营业税税率5%。该无形资产取得时实际成本为400万元,已摊销120万元,已计提减值准备50万元。甲公司出售该项无形资产应计入当期损益的金额为(　　)万元。

A. -100　　B. -20　　C. 300　　D. 55

10. 甲公司于20×9年7月1日,以50万元的价格转让一项无形资产,同时发生相关税费3万元。该无形资产系20×6年7月1日购入并投入使用,其入账价值为300万元,预计使用年限为5年,该无形资产按直线法摊销。转让该无形资产发生的净损失为(　　)万元。

A. 70　　B. 73　　C. 100　　D. 103

11. 自行开发并按法定程序申请取得无形资产之前,开发过程中发生的费用符合资本化的,应(　　)。

A. 计入无形资产成本　　B. 从当期管理费用中转入无形资产

C. 计入当期损益　　D. 计入研发支出

12. 某企业 20×7 年 1 月 1 日以 80 000 元购入一项专利权,预计使用年限为 10 年,法律规定的有效年限为 8 年。20×9 年 1 月 1 日,该企业将该专利权以 70 000 元对外出售,出售无形资产适用的营业税税率为 5%。出售该专利权实现的营业外收入为(　　)元。

A. 2 500　　B. 6 000　　C. 6 500　　D. 10 000

二、多项选择题

1. 下列可以确认为无形资产的有(　　)。

A. 计算机公司购入的为客户开发的软件

B. 高级专业技术人才

C. 企业通过行政划拨无偿取得的土地使用权

D. 有偿取得一项为期 15 年的高速公路收费权

E. 购买的商标权

2. 外购无形资产的成本,包括(　　)。

A. 购买价款　　B. 进口关税

C. 其他相关税费　　D. 直接归属于使该项资产达到预定用途所发生的其他支出

3. 投资者投入无形资产的成本,应当按照(　　)确定,但该金额不公允的除外。

A. 投资合同约定的价值　　B. 公允价值

C. 投资方无形资产的账面价值　　D. 协议约定的价值

4. 下列有关无形资产会计处理的表述中,正确的有(　　)。

A. 无形资产后续支出应该在发生时计入当期损益

B. 企业自用的、使用寿命确定的无形资产的摊销金额,应该全部计入当期管理费用

C. 不能为企业带来经济利益的无形资产的摊余价值,应该全部转入当期的管理费用

D. 使用寿命有限的无形资产应当在取得当月起开始摊销

5. 下列有关无形资产的会计处理中,不正确的是(　　)。

A. 转让无形资产使用权所取得的收入应计入营业外收入

B. 使用寿命不确定的无形资产,不应摊销

C. 转让无形资产所有权所发生的支出应计入其他业务成本

D. 购入但尚未投入使用的、使用寿命确定的无形资产的价值不应进行摊销

6. 下列有关无形资产的后续计量中,说法不正确的是(　　)。

A. 使用寿命不确定的无形资产,其应摊销的金额应该按照 10 年进行摊销

B. 无形资产的摊销方法必须采用直线法进行摊销

C. 使用寿命不确定的无形资产应该按照系统合理的方法摊销

D. 企业无形资产的摊销方法应当反映与该项无形资产有关的经济利益的预期实现方式

7. 甲企业 20×9 年为自行开发并取得的专利权发生的下列费用中,根据企业会计准则不应计入该专利权入账价值的有(　　)。

A. 发生的注册费　　B. 发生的聘请律师费

C. 研究阶段发生的材料费　　D. 研究阶段发生的研究人员的工资

8. 下列各项支出,应计入无形资产成本的有(　　)。

A. 购入特许经营权发生的支出　　B. 购入非专利技术发生的支出

C. 取得土地使用权发生的支出　　D. 研究新技术发生的支出

三、判断题

1. 无形资产是指企业为生产商品、提供劳务、出租给他人或为管理目的而持有的、没有实物形态的非货币性长期资产。(　　)

2. 甲企业以 50 万元外购一项专利权,同时还发生相关费用 6 万元,那么该外购专利权的入账价值为 56 万元。(　　)

3. 对自行开发并按法律程序申请取得的无形资产,按在研究与开发过程中发生的材料费用、直接参与开发人员的工资及福利费、开发过程中发生的租金、借款费用,以及注册费、聘请律师费等费用作为无形资产的实际成本。(　　)

4. 已计入各期费用的研究费用,在该项无形资产获得成功并依法申请专利时,再将原已计入费用的研究费用予以资本化。(　　)

5. 甲企业为建造生产车间而购入的土地使用权在生产车间正式动工建造之前应作为工程物资核算。(　　)

6. 使用寿命确定的无形资产的摊销额应计入管理费用。(　　)

7. 无形资产摊销时,应该冲减无形资产的成本。(　　)

8. “无形资产”科目的期末借方余额,反映企业无形资产的账面价值。(　　)

9. 企业应根据期末无形资产公允价值的一定比例计提减值准备。(　　)

10. 无形资产预期不能为企业带来经济利益的,应将无形资产的账面价值转入“管理费用”科目。(　　)

11. 由于出售无形资产属于企业的日常活动,因此出售无形资产所取得的收入应通过“其他业务收入”科目核算。(　　)

12. 无形资产是企业拥有或者控制的没有实物形态的非货币性资产,分为可辨认和不可辨认的无形资产。(　　)

13. 无法区分研究阶段支出和开发阶段支出,应当将其所发生的研发支出全部资

本化,计入无形资产成本。( )

14. 企业的无形资产均应按照直线法进行摊销。( )

15. 使用寿命不确定的无形资产不用进行摊销,也不用进行减值测试计提减值准备。( )

四、计算分析题

1. 某公司正在研究和开发一项新工艺,20×7 年 1—7 月发生的各项研究、调查、试验等费用 120 万元,20×7 年 10—12 月发生材料人工等各项支出 70 万元,在 20×7年 9 月末,该公司已证实该项新工艺能够研发成功,并满足无形资产确认标准。20×8 年 1—6 月又发生材料费用、直接参与开发人员的工资、场地设备等租金和注册费等支出 210 万元。20×8 年 6 月末该项新工艺完成,达到预定可使用状态。

要求:作出该公司相关的会计处理。(答案以万元为单位)

2. 甲有限责任公司 20×5 年 1 月 1 日以银行存款 280 万元购入一项商标权。该项无形资产的预计使用年限为 10 年,20×8 年末预计该项无形资产的可收回金额为 110 万元,尚可使用年限为 5 年。另外,该公司 20×6 年 1 月内部研发成功并可供使用非专利技术的无形资产的入账价值 210 万元,且一直(截至 20×8 年末)无法可靠预见这一非专利技术为企业带来未来经济利益的期限,20×8 年末预计其可收回金额为 170 万元,预计该非专利技术可以继续使用 4 年,该企业按直线法摊销无形资产。

要求:计算 20×8 年末计提无形资产减值准备和 20×9 年的摊销金额,并编制会计分录。

五、综合题

某股份有限公司 20×6 年至 20×9 年无形资产业务有关的资料如下。

(1)20×6 年 12 月 3 日,以银行存款 360 万元购入一项无形资产(不考虑相关税费)。该无形资产的预计使用年限为 10 年,采用直线法摊销该无形资产。

(2)20×8 年 12 月 31 日对该无形资产进行减值测试时,该无形资产的可回收金额为 240 万元。减值测试后该资产的使用年限不变。

(3)20×9 年 4 月 1 日,该公司将该无形资产对外出售,取得价款 275 万元并收存银行(不考虑相关税费)。

要求:

(1)编制购入该无形资产的会计分录;

(2)计算 20×6 年 12 月 31 日无形资产的摊销金额及编制会计分录;

(3)计算 20×7 年 12 月 31 日该无形资产的账面价值;

(4)计算该无形资产 20×8 年年底计提的减值准备金额并编制会计分录;

(5)计算该无形资产出售形成的净损益;

(6)编制该无形资产出售的会计分录。

(答案中的金额单位用万元表示)

巩固练习题参考答案及解析

一、单项选择题

1.【答案】C

【解析】开办费应作为管理费用入账;商誉不作为无形资产入账;企业研究阶段的支出全部费用化,计入当期损益(管理费用)。开发阶段的支出符合资本化条件的,才能确认为无形资产;不符合资本化条件的计入当期损益(管理费用)。无法区分研究阶段支出和开发阶段支出,应当将其所发生的研发支出全部费用化,计入当期损益(管理费用)。

2.【答案】A

【解析】投资者投入无形资产的成本,应当按照投资合同或协议约定的价值确定,但是合同或协议约定价值不公允的除外。

3.【答案】C

【解析】企业自行开发无形资产发生的研发支出,不满足资本化条件的,借记"研发支出——费用化支出"科目,满足资本化条件的,借记"研发支出——资本化支出"科目,贷记"原材料"、"银行存款"、"应付职工薪酬"等科目。期末或该无形资产达到预定可使用状态的,再转入到"管理费用"科目。

4.【答案】C

【解析】土地使用权用于自行开发建造厂房等地上建筑物时,除特殊情况外,土地使用权的账面价值不与地上建筑物合并计算其成本,而仍作为无形资产进行核算。

5.【答案】A

【解析】根据新准则的规定,无形资产科目的期末余额,反映企业无形资产的成本。

6.【答案】B

【解析】根据新准则的规定,企业按期计提无形资产的摊销,借记"管理费用"、"其他业务成本"等科目,贷记"累计摊销"科目。

7.【答案】B

【解析】当期末无形资产的账面价值高于其可回收金额的,按其差额应当计提无形资产减值准备时,借记"资产减值损失——计提的无形资产减值准备"科目,贷记"无形资产减值准备"科目。

8.【答案】B

【解析】其他业务利润 = 其他业务收入 - 其他业务成本 = 10 - 10 × 5% - 10/5 = 7.5(万元)。

9.【答案】D

【解析】出售该项无形资产应计入当期损益的金额 = 300 × (1 - 5%) - (400 -

120－50）＝55（万元）。

10.【答案】B

【解析】20×9年7月1日该无形资产的账面价值为120万元（300－300÷5×3），转让净损失＝120＋3－50＝73（万元）。

11.【答案】D

【解析】无形资产内部研究开发项目研究阶段的支出，应该于发生时计入当期损益；开发阶段的资本化支出在研发项目达到预定可使用状态的时候应该计入无形资产成本中，但是如果无形资产还没有达到预定可使用状态，资本化的开发支出就需要归集到“研发支出——资本化支出”中。

12.【答案】C

【解析】20×9年1月1日已摊销的无形资产价值＝80 000÷8×2＝20 000（元），应交营业税税额＝70 000×5%＝3 500（元），则出售该专利权实现的营业外收入＝70 000－（80 000－20 000）－3 500＝6 500（元）。

出售时的会计处理为：

借：银行存款	70 000	
累计摊销	20 000	
贷：无形资产		80 000
应交税费——应交营业税		3 500
营业外收入		6 500

二、多项选择题

1.【答案】ADE

【解析】企业通过行政划拨无偿取得的土地使用权、高级专业技术人才等，不能确认为无形资产。

2.【答案】ABCD

3.【答案】AD

4.【答案】AD

【解析】选项B中如果是出租的无形资产，在摊销时应该计入到“其他业务成本”科目，另外如果该项无形资产是专门用于生产某种产品或者其他资产，其所包含的经济利益是通过转入到所生产产品的成本或其他资产实现的，其摊销金额应当计入相关资产成本。如果无形资产不能为企业带来经济利益，应该将无形资产的账面价值全部转入当期营业外支出。

5.【答案】ACD

6.【答案】ABC

【解析】使用寿命不确定的无形资产不应摊销。企业选择无形资产摊销方法，应该反映与该项无形资产有关的经济利益的预期实现方式；无法可靠确定预期实现方式的，应当采用直线法摊销。

7.【答案】CD

【解析】按照会计准则的要求,企业内部研究开发项目研究阶段的支出,应当在发生时计入当期损益;开发阶段的支出,应该在满足一定条件的基础上确认为无形资产,而依法取得时发生的注册费、聘请律师费等应作为实际成本,计入无形资产的入账价值。本题中C、D两项均是研究阶段发生的支出,因此不能计入无形资产成本。

8.【答案】ABC

【解析】研究新技术发生的支出一般在发生时都已经计入当期费用,不能再计入无形资产的成本。

三、判断题

1.【答案】×

【解析】无形资产是指没有实物形态的可辨认非货币性资产。商誉的存在无法与企业自身分离,不具有可辨认性,不属于无形资产。

2.【答案】√

【解析】外购无形资产的成本,包括购买价款、进口关税和其他税费以及直接归属于使该项资产达到预定用途所发生的其他支出。

3.【答案】×

【解析】根据新准则的规定,自行开发的无形资产研究阶段的支出,应该计入当期损益,开发阶段的支出,符合资本化条件的,应该计入无形资产的成本。

4.【答案】×

【解析】已经计入各期费用的研究费用,在该项无形资产获得成功并依法申请取得专利时,不得再将原已计入费用的研究费用予以资本化。

5.【答案】×

【解析】工业企业为建造生产车间而购入的土地使用权在生产车间正式动工建造之前还是作为无形资产核算。

6.【答案】×

【解析】使用寿命确定的无形资产的摊销金额一般应确认为当期损益,计入管理费用。某项无形资产包含的经济利益通过所生产的产品或其他资产实现的,无形资产的摊销金额可以计入产品或其他资产成本。出租的无形资产摊销时,应计入其他业务成本。

7.【答案】×

【解析】根据新准则的规定,无形资产摊销时,不能冲减无形资产的成本,应该将摊销的金额记入“累计摊销”科目中。

8.【答案】×

【解析】根据新准则的规定,无形资产摊销记入“累计摊销”科目中,不冲减无形资产的成本。所以“无形资产”科目的期末借方余额,反映企业无形资产的成本。

9.【答案】×

【解析】企业应根据期末无形资产账面价值高于其预计可收回金额的数额计提减值准备。

10.【答案】×

【解析】无形资产预期不能为企业带来经济利益的，应按已计提的累计摊销，借记“累计摊销”科目，按其账面余额，贷记“无形资产”科目，按其差额，借记“营业外支出”科目。已计提减值准备的，还应同时借记“无形资产减值准备”科目。

11.【答案】×

【解析】无形资产转让包括无形资产使用权的转让和无形资产所有权的转让。出售无形资产是指转让无形资产的所有权。出售无形资产不属于企业的日常活动而属于利得，因此出售无形资产所得应以净额反映和核算，即企业应将所得价款与该无形资产的账面价值之间的差额计入营业外收入或营业外支出。

12.【答案】×

【解析】无形资产是企业拥有或者控制的没有实物形态的可辨认非货币性资产。

13.【答案】×

【解析】无法区分研究阶段支出和开发阶段支出，应当将其所发生的研发支出全部费用化，计入当期损益（管理费用）。

14.【答案】×

【解析】企业选择的无形资产摊销方法，应当能够反映与该项无形资产有关的经济利益预期实现方式，并一致地运用于不同会计期间；只有无法可靠确定其预期实现方式的，应当采用直线法进行摊销。

15.【答案】×

【解析】使用寿命不确定的无形资产在持有期间不用进行摊销，但应当在每个会计期末进行减值测试，已经发生减值的，需要计提相应的减值准备。

四、计算分析题

1.【答案】

根据题目条件，20×7 年 10 月 1 日以前为该项目的研究阶段，20×7 年 10 月 1 日以后为该项目的开发阶段。

20×7 年 10 月 1 日以前发生研发支出时，编制会计分录如下：

借：研发支出——费用化支出　　120

　贷：应付职工薪酬等　　120

期末，应将费用化的研发支出结转，作会计分录如下：

借：管理费用　　120

　贷：研发支出——费用化支出　　120

20×7 年 10 月 1 日以后发生的支出，编制会计分录如下：

借：研发支出——资本化支出　　70

　贷：应付职工薪酬等　　70

20×8 年1 至6 月又发生材料费用、直接参与开发人员的工资、场地设备等租金和注册费等支出210 万元，编制会计分录如下：

借：研发支出——资本化支出　　210

　贷：应付职工薪酬等　　210

20×8 年6 月末该项新工艺完成，达到预定可使用状态时，编制会计分录如下：

借：无形资产　　280

　贷：研发支出——资本化支出　　280

2.【答案】

20×8 年：

(1)截至20×8 年末该商标权的账面价值 = 280 − 280 ÷ 10 × 4 = 168(万元)，可收回金额为110 万元，计提减值准备58 万元。

借：资产减值损失　　580 000

　贷：无形资产减值准备　　580 000

(2)内部研发非专利技术账面价值210 万元，属于使用寿命不确定的无形资产，不进行摊销，可收回金额为170 万元时，计提减值准备40 万元。

借：资产减值损失　　400 000

　贷：无形资产减值准备　　400 000

20×9 年：

(1)计提减值准备以后，购入的商标权在20×9 年继续摊销，摊销金额 = 110 ÷ 5 = 22(万元)。

借：管理费用　　220 000

　贷：累计摊销　　220 000

(2)内部研发非专利技术确定了可使用年限后需要摊销，摊销金额 = 170 ÷ 4 = 42.5(万元)。

借：管理费用　　425 000

　贷：累计摊销　　425 000

五、综合题

【答案】

(1)编制购入该无形资产的会计分录

借：无形资产　　360

　贷：银行存款　　360

(2)计算20×6 年12 月31 日无形资产的摊销金额及编制会计分录

360 ÷ 10 × (1 ÷ 12) = 3(万元)

借：管理费用　　3

　贷：累计摊销　　3

(3)计算20×7 年12 月31 日该无形资产的账面价值

无形资产的账面价值 = 360 - 39 = 321(万元)

(4)20 ×8 年 12 月 31 日该无形资产的账面价值为 360 - 3 - 36 - 36 = 285(万元),而其可收回金额是 240 万元,所以应计提的无形资产减值准备 = 285 - 240 = 45(万元)。会计分录如下

借:资产减值损失 45

贷:无形资产减值准备 45

(5)计算该无形资产出售形成的净损益

20 ×9 年前 3 个月该无形资产的摊销金额 = 240 ÷ (120 - 25) ×3 = 7.58(万元)。至 20 ×9 年 4 月 1 日,无形资产的累计摊销额为 3 + 36 + 36 + 7.58 = 82.58(万元),所以出售净损益 = 275 - (360 - 82.58 - 45) = 42.58(万元)。

(6)编制该无形资产出售的会计分录

借:银行存款 275

累计摊销 82.58

无形资产减值准备 45

贷:无形资产 360

营业外收入——处置非流动资产利得 42.58

7

长期股权投资

本章基本结构框架

- 本章主要内容
  - 1. 长期股权投资的初始计量
    - 长期股权投资的初始计量原则
    - 非企业合并形成的长期股权投资
      - 以支付现金取得的长期股权投资
      - 以发行权益性证券取得的长期股权投资
      - 投资者投入的长期股权投资
  - 2. 长期股权投资的后续计量
    - 长期股权投资核算的成本法
      - 成本法的概念及其适用范围
      - 成本法核算
        - 初始投资成本的确定
        - 取得长期股权投资
        - 被投资单位宣告发放现金股利或利润
    - 长期股权投资核算的权益法
      - 权益法的概念及其适用范围
      - 权益法核算
        - 取得长期股权投资
        - 被投资单位实现净利润或发生净亏损
        - 被投资单位所有者权益的其他变动
  - 3. 长期股权投资的减值和处置
    - 长期股权投资的减值
      - 长期股权投资减值金额的确定
      - 长期股权投资减值的核算
    - 长期股权投资的处置

本章重点与难点

7.1 长期股权投资的初始计量

7.1.1 长期股权投资的初始计量原则

长期股权投资在取得时,应按初始投资成本入账。长期股权投资的初始投资成本,应分别企业合并和非企业合并两种情况确定。本书仅介绍非企业合并形成的长期股权投资。

7.1.2 非企业合并形成的长期股权投资

7.1.2.1 以支付现金取得的长期股权投资

以支付现金取得的长期股权投资,应当按照实际支付的购买价款作为初始投资成本,初始投资成本包括与取得长期股权投资直接相关的费用、税金及其他必要支出。实际支付的价款中包含的已宣告但尚未发放的现金股利或利润,应作为应收项目处理,不构成取得长期股权投资的成本。

7.1.2.2 以发行权益性证券取得的长期股权投资

以发行权益性证券取得的长期股权投资,应当按照发行权益性证券的公允价值作为初始投资成本。发行权益性证券支付给有关证券承销机构等的手续费、佣金等与权益性证券发行直接相关的费用,不构成取得长期股权投资的成本,应自权益性证券的溢价发行收入中扣除,溢价收入不足的,应冲减盈余公积和未分配利润。

7.1.2.3 投资者投入的长期股权投资

投资者投入的长期股权投资,应当按照投资合同或协议约定的价值作为初始投资成本,但合同或协议约定价值不公允的除外。投资者投入的长期股权投资,应按确定的长期股权投资成本,借记“长期股权投资”科目,贷记“实收资本”或“股本”科目。

7.2 长期股权投资的后续计量

7.2.1 长期股权投资核算的成本法

7.2.1.1 成本法的概念及其适用范围

成本法是指按投资成本计价的方法。在以下两种情况下,企业应采用成本法核算长期股权投资:

①投资企业能够对被投资单位实施控制的长期股权投资,即企业对子公司的长期股权投资;

②投资企业对被投资单位不具有共同控制或重大影响,并且在活跃市场中没有

报价、公允价值不能可靠计量的长期股权投资。

7.2.1.2 成本法核算

1. 长期股权投资初始投资成本的确定

在成本法下，长期股权投资应当按照初始投资成本计量。追加或收回投资成本应当调整长期股权投资的成本。企业所发生的与取得长期股权投资直接相关的费用、税金及其他必要支出应计入长期股权投资的初始投资成本。

此外，企业取得长期股权投资，实际支付的价款或对价中包含的已宣告但尚未发放的现金股利或利润，作为应收项目处理，不构成长期股权投资的成本。

2. 取得长期股权投资

取得长期股权投资时，应按照初始投资成本计价。除企业合并形成的长期股权投资以外，以支付现金、非现金资产等其他方式取得的长期股权投资，应按照上述规定确定的长期股权投资初始投资成本，借记“长期股权投资”科目，按实际支付的价款中包含的已宣告但尚未发放的现金股利或利润，借记“应收股利”科目，按实际支付的价款，贷记“银行存款”等科目。

3. 长期股权投资持有期间被投资单位宣告发放现金股利或利润

在成本法核算下，长期股权投资的账面价值一般应当保持不变。投资持有期间被投资单位宣告分派利润或现金股利时，投资方按持股比例计算应享有的部分，确认为当期投资收益。企业确认的投资收益，仅限于所获得的被投资单位在接受投资后产生的累积净利润的分配额，所获得的被投资单位宣告分派的利润或现金股利超过上述数额的部分，作为初始投资成本的收回，冲减投资的账面价值。

通常情况下，投资企业在取得投资当年自被投资单位分得的现金股利或利润应作为投资成本的收回；以后年度，被投资单位累计分派的现金股利或利润超过投资以后至上年末止被投资单位累计实现净利润的，投资企业按照持股比例计算应享有的部分应作为投资成本的收回。具体可按以下公式计算：

应冲减初始投资成本的金额 =［投资后至本年末（或本期末）止被投资单位分派的现金股利或利润 - 投资后至上年末止被投资单位累积实现的净损益］× 投资企业的持股比例 - 投资企业已冲减的初始投资成本

应确认的投资收益 = 投资企业当年获得的利润或现金股利 - 应冲减初始投资成本的金额

长期股权投资持有期间被投资单位宣告发放现金股利或利润时，企业按应享有的部分确认为投资收益，借记“应收股利”科目，贷记“投资收益”科目。属于被投资单位在取得本企业投资前实现净利润的分配额，应作为投资成本的收回，借记“应收股利”科目，贷记“长期股权投资”科目。

7.2.2 长期股权投资核算的权益法

7.2.2.1 权益法的概念及其适用范围

权益法，是指投资以初始投资成本计量后，在投资持有期间根据投资企业享有被投资单位所有者权益份额的变动对投资的账面价值进行调整的方法。

投资企业对被投资单位具有共同控制或重大影响的长期股权投资，应当采用权益法核算。采用权益法核算的长期股权投资包括两类，一是对合营企业的投资，二是对联营企业的投资。

7.2.2.2 权益法核算

长期股权投资采用权益法核算时，“长期股权投资”科目应当分别“成本”、“损益调整”、“其他权益变动”进行明细核算。

1. 取得长期股权投资

取得长期股权投资时，长期股权投资的初始投资成本大于投资时应享有被投资单位可辨认净资产公允价值份额的，不调整长期股权投资的初始投资成本，借记“长期股权投资——成本”科目，贷记“银行存款”等科目。

长期股权投资的初始投资成本小于投资时应享有被投资单位可辨认净资产公允价值份额的，借记“长期股权投资——成本”科目，贷记“银行存款”等科目，按其差额，贷记“营业外收入”科目。

2. 持有长期股权投资期间被投资单位实现净利润或发生净亏损

被投资单位实现净利润时，根据被投资单位实现的净利润或经调整的净利润计算应享有的份额，借记“长期股权投资——损益调整”科目，贷记“投资收益”科目。被投资单位发生净亏损时，根据被投资单位发生的净亏损或经调整的净亏损计算应享有的份额，借记“投资收益”科目，贷记“长期股权投资——损益调整”科目，但以本科目的账面价值减记至零为限。

被投资单位以后宣告发放现金股利或利润时，企业计算应分得的部分，借记“应收股利”科目，贷记“长期股权投资——损益调整”科目。收到被投资单位宣告发放的股票股利，不进行账务处理，但应在备查簿中登记。

3. 持有长期股权投资期间被投资单位所有者权益的其他变动

投资企业对于被投资单位除净损益以外所有者权益的其他变动，应当调整长期股权投资的账面价值并计入所有者权益。在持股比例不变的情况下，对被投资单位的这些变动，投资企业应按持股比例计算应享有的份额，借记或贷记“长期股权投资——其他权益变动”科目，贷记或借记“资本公积——其他资本公积”科目。

7.3 长期股权投资的减值和处置

7.3.1 长期股权投资的减值

7.3.1.1 长期股权投资减值金额的确定

长期股权投资减值金额的确定应分别以下两种情况。

1. 企业对子公司、合营企业及联营企业的长期股权投资

企业对子公司、合营企业及联营企业的长期股权投资在资产负债表日存在可能发生减值的迹象时，其可收回金额低于账面价值的，应当将该长期股权投资的账面价

值减记至可收回金额,减记的金额确认为减值损失,计入当期损益,同时计提相应的资产减值准备。

2. 企业对被投资单位不具有控制、共同控制或重大影响,且在活跃市场中没有报价、公允价值不能可靠计量的长期股权投资

企业对被投资单位不具有控制、共同控制或重大影响,且在活跃市场中没有报价、公允价值不能可靠计量的长期股权投资,应当将该长期股权投资在资产负债表日的账面价值与按照类似金融资产当时市场收益率对未来现金流量折现确定的现值之间的差额,确认为减值损失,计入当期损益。

7.3.1.2 长期股权投资减值的核算

企业应当设置"长期股权投资减值准备"科目,核算企业长期股权投资的减值准备。资产负债表日,长期股权投资发生减值的,按应减记的金额,借记"资产减值损失——计提的长期股权投资减值准备"科目,贷记"长期股权投资减值准备"科目。

长期股权投资减值损失一经确认,在以后会计期间不得转回。

7.3.2 长期股权投资的处置

处置长期股权投资时,应按实际收到的金额,借记"银行存款"等科目,按原已计提的减值准备,借记"长期股权投资减值准备"科目,按该项长期股权投资的账面余额,贷记"长期股权投资"科目,按尚未领取的现金股利或利润,贷记"应收股利"科目,按其差额,贷记或借记"投资收益"科目。

采用权益法核算的长期股权投资的处置,除上述规定外,因被投资单位除净损益以外所有者权益的其他变动而计入所有者权益的,还应结转原计入资本公积的相关金额,借记或贷记"资本公积——其他资本公积"科目,贷记或借记"投资收益"科目。

巩固练习题

一、单项选择题

1. 非企业合并且以现金取得的长期股权投资,应当按照(　　)作为初始投资成本。

A. 实际支付的购买价款

B. 被投资企业所有者权益账面价值的份额

C. 被投资企业所有者权益公允价值的份额

D. 被投资企业所有者权益

2. 长期股权投资采用权益法核算时,下列各项会引起投资企业长期股权投资账面价值发生增减变动的是(　　)。

A. 被投资单位接受现金捐赠　　B. 被投资单位接受实物捐赠

C. 被投资单位宣告分派股票股利　　D. 被投资单位宣告分派现金股利

3. A 公司于 20×9 年 1 月 1 日用货币资金从证券市场上购入 B 公司发行在外股

份的25%，实际支付价款500万元，另支付相关税费5万元。同日，B公司可辨认净资产的公允价值为2 200万元，所有者权益总额为2 100万元。A公司20×9年1月1日应确认的损益为(　　)万元。

A. 45　　B. 0　　C. 50　　D. 20

4. 长期股权投资采用权益法核算时，初始投资成本大于应享有被投资单位所有者权益份额之间的差额，正确的会计处理是(　　)。

A. 冲减留存收益　　B. 冲减资本公积

C. 不进行调整　　D. 计入营业外收入

5. 下列说法中正确的是(　　)。

A. 投资企业对子公司的长期股权投资，应当采用成本法核算，编制合并财务报表时按照权益法进行调整

B. 投资企业对子公司的长期股权投资应采用权益法核算

C. 投资企业对子公司的长期股权投资既可以采用权益法核算，也可以采用成本法核算

D. 投资企业对子公司的长期股权投资应按公允价值核算

6. 20×9年1月1日，A公司购入B公司30%的普通股权，对B公司有重大影响。A公司支付买价640万元，同时支付相关税费4万元，购入的B公司股权准备长期持有。B公司20×9年1月1日的所有者权益的账面价值为2 000万元，公允价值为2 200万元。A公司长期股权投资的初始投资成本为(　　)万元。

A. 600　　B. 640　　C. 644　　D. 660

7. 成本法核算下，投资企业于投资当年分得的利润或现金股利，是由投资前被投资单位实现的利润分配得来的，因此应作为(　　)。

A. 投资损益　　B. 投资成本的回收

C. 清算股利　　D. 资本公积

8. A公司以2 000万元取得B公司30%的股权，取得投资时被投资单位可辨认净资产的公允价值为6 000万元。如A公司能够对B公司施加重大影响，则A公司计入长期股权投资的金额为(　　)万元。

A. 2 000　　B. 1 800　　C. 6 000　　D. 4 000

9. 甲公司出资1 000万元，取得了乙公司80%的控股权，假如购买股权时乙公司的账面净资产价值为1 500万元，甲、乙公司合并前后不受同一方控制。则甲公司确认的长期股权投资成本为(　　)万元。

A. 1 000　　B. 1 500　　C. 800　　D. 1 200

10. 非企业合并，且以发行权益性证券取得的长期股权投资，应当按照发行权益性证券的(　　)作为初始投资成本。

A. 账面价值　　B. 公允价值

C. 支付的相关税费　　D. 市场价格

11. 投资者投入的长期股权投资,如果合同或协议约定价值是公允的,应当按照(　　)作为初始投资成本。

A. 投资合同或协议约定的价值　　B. 账面价值

C. 公允价值　　D. 市场价值

12. 甲公司出资 600 万元,取得了乙公司 60% 的控股权,甲公司对该项长期股权投资应采用(　　)核算。

A. 权益法　　B. 成本法　　C. 市价法　　D. 成本与市价孰低法

13. 根据《企业会计准则第 2 号——长期股权投资》的规定,长期股权投资采用权益法核算时,初始投资成本大于应享有被投资单位可辨认净资产公允价值份额之间的差额,正确的会计处理是(　　)。

A. 计入投资收益　　B. 冲减资本公积

C. 计入营业外支出　　D. 不调整初始投资成本

14. 甲公司 20×9 年 6 月 1 日购入乙公司股票进行长期投资,取得乙公司 30% 的股权,20×9 年 12 月 31 日,该长期股权投资的账面价值为 850 万元,其明细科目的情况如下:成本为 600 万元,损益调整(借方余额)为 200 万元,其他权益变动为 50 万元,假设 20×9 年 12 月 31 日该股权投资的可收回金额为 820 万元,20×9 年 12 月 31 日下面有关计提该项长期股权投资减值准备的账务处理正确的是(　　)。

A. 借:投资收益　　30
　　贷:长期股权投资减值准备　　30

B. 借:资产减值准备　　30
　　贷:长期投资减值准备　　30

C. 借:长期股权投资减值准备　　30
　　贷:投资收益　　30

D. 借:资产减值损失　　30
　　贷:长期股权投资减值准备　　30

15. 20×8 年年初甲公司购入乙公司 30% 的股权,成本为 60 万元,20×8 年年末长期股权投资的可收回金额为 50 万元,故计提了长期股权投资减值准备 10 万元,20×9 年年末该项长期股权投资的可收回金额为 70 万元,则 20×9 年末甲公司应恢复长期股权投资减值准备(　　)万元。

A. 10　　B. 20　　C. 30　　D. 0

16. 根据《企业会计准则第 2 号——长期股权投资》的规定,长期股权投资采用权益法核算时,下列各项不会引起长期股权投资账面价值减少的是(　　)。

A. 期末被投资单位对外捐赠　　B. 被投资单位发生净亏损

C. 被投资单位计提盈余公积　　D. 被投资单位宣告发放现金股利

二、多项选择题

1. 长期股权投资成本法的适用范围是(　　)。

A. 投资企业能够对被投资企业实施控制的长期股权投资

B. 投资企业对被投资企业不具有共同控制或重大影响,并且在活跃市场中没有报价、公允价值不能可靠计量的长期股权投资

C. 投资企业对被投资企业具有共同控制的长期股权投资

D. 投资企业对被投资企业具有重大影响的长期股权投资

2. 下列股权投资中,应采用成本法核算的有(　　)。

A. 投资企业对子公司的长期股权投资

B. 投资企业对合营企业的长期股权投资

C. 投资企业对联营企业的长期股权投资

D. 投资企业对被投资单位不具有重大影响,并且在活跃市场中没有报价、公允价值不能可靠计量的长期股权投资

3. 长期股权投资采用权益法核算的,应当设置的明细科目有(　　)。

A. 成本　　B. 股权投资差额　C. 损益调整　　D. 其他权益变动

4. 下列各项中,投资方不应确认投资收益的事项有(　　)。

A. 采用权益法核算长期股权投资,被投资方实现的净利润

B. 采用权益法核算长期股权投资,被投资方因发生资本溢价而增加的资本公积

C. 采用权益法核算长期股权投资,被投资方宣告分派的现金股利

D. 采用成本法核算长期股权投资,被投资方宣告分派的属于投资后实现的现金股利

5. 采用权益法核算时,可能计入"长期股权投资——XX公司(损益调整)"科目贷方发生额的是(　　)。

A. 投资企业收回长期股权投资　　B. 被投资企业宣告分派现金股利

C. 被投资企业发生亏损　　D. 被投资企业实现净利润

6. 企业处置长期股权投资时,正确的处理方法有(　　)。

A. 处置长期股权投资,其账面价值与实际取得价款的差额,应当计入投资收益

B. 处置长期股权投资,其账面价值与实际取得价款的差额,应当计入营业外收入

C. 采用权益法核算的长期股权投资,因被投资单位除净损益以外所有者权益的其他变动而计入所有者权益的,处置该项投资时应当将原计入所有者权益的部分按相应比例转入投资收益

D. 采用权益法核算的长期股权投资,因被投资单位除净损益以外所有者权益的其他变动而计入所有者权益的,处置该项投资时应当将原计入所有者权益的部分全部转入营业外收入

7. 在非企业合并情况下,下列各项中,应作为长期股权投资取得时初始成本入账的有(　　)。

A. 投资时支付的不含应收股利的价款

B. 为取得长期股权投资而发生的评估、审计、咨询费

C. 投资时支付的税金及其他必要支出

D. 投资时支付款项中所含的已宣告而尚未领取的现金股利

8. 根据《企业会计准则第 2 号——长期股权投资》的规定，长期股权投资采用成本法核算时，下列各项可能会引起长期股权投资账面价值变动的有(　　)。

A. 追加投资　　B. 减少投资

C. 被投资企业实现净利润　　D. 被投资企业宣告发放现金股利

9. 对长期股权投资采用权益法核算时，被投资企业发生的下列事项(　　)，投资企业应该调整长期股权投资账面价值。

A. 被投资企业实现净利润　　B. 被投资企业宣告分配现金股利

C. 被投资企业购买固定资产　　D. 被投资企业计提盈余公积

10. 下列各项中，构成长期股权投资初始投资成本的有(　　)。

A. 权益法下长期股权投资发生的手续费

B. 非同一控制下企业合并形成的长期股权投资发生的审计费

C. 非同一控制下企业合并形成的长期股权投资，以发行权益性证券作为对价发生的手续费

D. 非同一控制下企业合并以发行权益性证券方式取得长期股权投资，权益性证券的公允价值

三、判断题

1. 实际支付的价款中包含的已宣告而尚未领取的现金股利，不应计入长期股权投资成本。(　　)

2. 在成本法下，当被投资企业发生盈亏时，投资企业一般不作账务处理；当被投资企业宣告分配现金股利时，投资企业均应将分得的现金股利确认为投资收益。(　　)

3. 在采用权益法核算的情况下，投资企业应于被投资单位宣告分派利润时，按持有表决权资本比例计算应分得的利润，确认投资收益，并调整长期股权投资的账面价值。(　　)

4. A 公司购入 B 公司 5% 的股份，买价 322 000 元，其中含有已宣告发放、但尚未领取的现金股利 8 000 元。那么 A 公司取得长期股权投资的成本为 322 000 元。(　　)

5. 在权益法下，被投资企业宣告发放股票股利时，投资企业应按享有的金额调整长期股权投资的账面价值，并确认投资收益。(　　)

6. 对长期股权投资的减值处理应当借记“资产减值损失”科目，贷记“长期股权投资减值准备”科目，该长期股权投资减值损失可以在以后会计期间转回。(　　)

7. 长期股权投资采用成本法核算的，应按被投资单位宣告发放的现金股利或利润中属于本企业的部分，借记“应收股利”科目，贷记“投资收益”科目；属于被投资单

位在本企业取得投资前实现净利润的分配额,应该借记“应收股利”科目,贷记“资本公积”科目。(　　)

四、计算分析题

1. 以下是A公司的长期股权投资业务。

(1)20×9年1月5日,A公司出资35万元购买B公司25%的股份,购买时B公司的净资产公允价值为100万元。A公司对B公司具有重大影响(权益法核算)。

(2)假如A公司出资额为20万元,其他条件不变。

要求:根据以上资料编制A公司长期股权投资的会计分录。

2. A公司20×7年1月1日以银行存款购入B公司10%有表决权股份,并准备长期持有,初始投资成本23万元,采用成本法核算。B公司20×7年4月2日宣告分派20×6年度的利润20万元,A公司于20×7年4月12日收到现金股利2万元。假设B公司20×7年1月1日股东权益合计为260万元,其中股本为200万元,未分配利润为60万元;20×7年实现净利润50万元;20×8年4月1日宣告分派利润30万元。20×8年实现净利润60万元;20×9年4月5日宣告分派利润70万元。假定B公司的股份在活跃市场上没有报价,公允价值不能可靠计量。

要求:根据上述资料编制有关会计分录。

五、综合题

甲公司20×7年1月1日以950万元(含支付的相关费用10万元)购入乙公司股票400万股,每股面值1元,乙公司发行在外股份的20%,甲公司采用权益法核算该项投资。

20×7年1月1日乙公司股东权益的公允价值总额为4 000万元。

20×7年乙公司实现净利润600万元,提取盈余公积120万元。

20×8年乙公司实现净利润800万元,提取盈余公积160万元,宣告发放现金股利100万元,甲公司已经收到。

20×8年乙公司由于可供出售金融资产公允价值变动增加资本公积200万元(假定不考虑所得税)。

20×8年末该项股权投资的可收回金额为1 200万元。

20×9年1月5日甲公司转让对乙公司的全部投资,实得价款1 300万元。

要求:根据上述资料,编制甲公司有关投资业务的会计分录。(金额单位以万元表示)

巩固练习题参考答案及解析

一、单项选择题

1.【答案】A

【解析】这是《企业会计准则第2号——长期股权投资》中的规定。

2.【答案】D

【解析】被投资单位宣告分派现金股利,投资企业应按持股比例计算应分得的现金股利并冲减长期股权投资账面价值。

3.【答案】A

【解析】长期股权投资的初始投资成本 =500 +5 =505(万元),小于 B 公司可辨认净资产的公允价值份额 550 万元(2 200 ×25%)。应确认的损益 =550 -505 =45(万元)。

4.【答案】C

【解析】长期股权投资的初始投资成本大于投资时应享有被投资单位可辨认净资产公允价值份额的,该部分差额系投资企业在购入该项投资过程中通过购买作价体现出的与所取得股权份额相对应的商誉,不需进行调整,而是构成长期股权投资的成本。

5.【答案】A

【解析】这是《企业会计准则第 2 号——长期股权投资》中的规定。

6.【答案】C

【解析】企业会计准则规定,除同一控制下的企业合并外其他方式取得的长期股权投资,其中以支付现金取得的长期股权投资,应当按照实际支付的购买价款作为初始投资成本。初始投资成本包括与取得长期股权投资直接相关的费用、税金及其他必要支出。甲公司长期股权投资的初始投资成本 =640 +4 =644(万元)。

7.【答案】B

【解析】投资当年分得的股利,应该是投资前年度实现的利润,所以应该作为投资成本的回收,冲减投资成本。

8.【答案】A

【解析】此题中持股比例为 30%,投资企业对被投资单位具有重大影响,应当采用权益法核算。长期股权投资的初始投资成本大于投资时应享有被投资单位可辨认净资产公允价值份额的,不调整长期股权投资的初始投资成本。此题中初始投资成本为 2 000 万元,取得的被投资单位可辨认净资产公允价值份额为 6 000 ×30% =1 800(万元),2 000 万元大于 1 800 万元,不需要对长期股权投资的初始投资成本进行调整。长期股权投资的入账价值就是 2 000 万元,差额 200 万元为商誉。

9.【答案】A

【解析】会计分录为:

借:长期股权投资　　1 000

　　贷:银行存款　　1 000

10.【答案】B

【解析】除企业合并形成的长期股权投资以外,其他方式取得的长期股权投资,应当按照下列规定确定其初始投资成本:以发行权益性证券取得的长期股权投资,应当按照发行权益性证券的公允价值作为初始投资成本。

11.【答案】A

【解析】除企业合并形成的长期股权投资以外,其他方式取得的长期股权投资,应当按照下列规定确定其初始投资成本:投资者投入的长期股权投资,应当按照投资合同或协议约定的价值作为初始投资成本,但合同或协议约定价值不公允的除外。

12.【答案】B

【解析】按照新准则的规定,投资企业能够对被投资单位实施控制的长期股权投资应采用成本法核算。

13.【答案】D

【解析】投资企业对被投资单位具有共同控制或重大影响的长期股权投资,应当采用权益法核算。长期股权投资的初始投资成本大于投资时应享有被投资单位可辨认净资产公允价值份额的,不调整长期股权投资的初始投资成本。

14.【答案】D

【解析】按新准则的规定,企业对子公司、合营企业及联营企业的长期股权投资在资产负债表日存在可能发生减值的迹象时,其可收回金额低于账面价值的,应当将该长期股权投资的账面价值减记至可收回金额,减记的金额确认为减值损失,计入当期损益,同时计提相应的资产减值准备。计提资产减值准备借记"资产减值损失"科目,贷记"长期股权投资减值准备"科目。

15.【答案】D

【解析】按《企业会计准则第 8 号——资产减值》的规定,长期股权投资已计提的减值准备不得转回。20×9 年末即使甲公司长期股权投资的可收回金额高于账面价值,也不能恢复原来计提的 10 万元减值准备。

16.【答案】C

【解析】选项 C,计提盈余公积不会导致被投资企业所有者权益总额变动,所以不调整长期股权投资的账面价值。选项 A,被投资方计入营业外支出,减少被投资方当期的净利润,投资方长期股权投资会因此减少;选项 BD 都会冲减长期股权投资的账面价值。

二、多项选择题

1.【答案】AB

【解析】这是《企业会计准则第 2 号——长期股权投资》中的规定。

2.【答案】AD

【解析】根据《企业会计准则第 2 号——长期股权投资》的有关规定,投资企业对合营企业和联营企业的长期股权投资应当采用权益法核算。

3.【答案】ACD

【解析】根据新会计准则规定,长期股权投资采用权益法核算的,应当分别"成本"、"损益调整"、"其他权益变动"进行明细核算。新准则取消了"股权投资差额"

明细科目。

4.【答案】BC

【解析】选项 A,投资企业应按被投资企业实现的净利润计算应享有的份额确认投资收益。选项 B,被投资方因发生资本溢价而增加的资本公积,投资方应按享有的份额调整资本公积。选项 CD,长期股权投资所获得的现金股利,成本法下属于投资后实现的部分应确认为投资收益,权益法下应冲减长期股权投资。

5.【答案】ABC

【解析】投资企业回收长期股权投资,应冲减投资的账面价值,包括“长期股权投资——XX 公司(损益调整)”科目的借方金额;被投资企业实现净利润应反映在“长期股权投资——XX 公司(损益调整)”科目的借方。

6.【答案】AC

【解析】根据《企业会计准则第 2 号——长期股权投资》的规定,处置长期股权投资,其账面价值与实际取得价款的差额,应当计入当期损益(投资收益)。采用权益法核算的长期股权投资,因被投资单位除净损益以外所有者权益的其他变动而计入所有者权益的,处置该项投资时应当将原计入所有者权益的部分按相应比例转入当期损益(投资收益)。

7.【答案】ABC

【解析】为取得长期股权投资而发生的评估、审计、咨询费应计入长期股权投资的初始投资成本;投资付款额中所含的已宣告而尚未领取的现金股利应确认为应收股利。

8.【答案】ABD

【解析】根据《企业会计准则第 2 号——长期股权投资》的规定,采用成本法核算的长期股权投资应当按照初始投资成本计价。追加或收回投资应当调整长期股权投资的成本。被投资单位宣告分派的现金股利或利润,确认为当期投资收益。投资企业确认投资收益,仅限于被投资单位接受投资后产生的累积净利润的分配额,所获得的利润或现金股利超过上述数额的部分作为初始投资成本的收回。

9.【答案】AB

【解析】选项 AB,被投资企业的所有者权益发生变动,投资企业应该调整长期股权投资的账面价值;选项 CD,被投资企业的所有者权益没有发生变动,所以不能调整长期股权投资的账面价值。

10.【答案】ABD

【解析】权益法下长期股权投资发生的手续费计入投资成本;非同一控制下的企业合并过程中为取得长期股权投资而发生的审计费、评估费和咨询费等初始直接费用要计入投资成本;非同一控制下企业合并形成的长期股权投资,以发行权益性证券作为对价发生的手续费,从权益性证券的溢价收入中列支,发行权益性证券的公允价值计入投资成本。

三、判断题

1.【答案】√

【解析】实际支付的价款中，包含的已宣告而尚未领取的现金股利，计入应收股利，不计入长期股权投资成本。

2.【答案】×

【解析】采用成本法核算长期股权投资，当被投资单位宣告发放现金股利时，如为投资后累积实现的净利润的分配额，则投资单位按持股比例计算应享有的金额，借记“应收股利”，贷记“投资收益”；但被投资单位宣告发放的现金股利为投资前累积实现的净利润的分配额，则投资单位按持股比例计算应享有的金额，冲减长期股权投资的账面价值。

3.【答案】×

【解析】在采用权益法核算的情况下，投资企业应于被投资单位宣告分派利润时，按持有表决权资本比例计算应分得的利润，借记“应收股利”科目，贷记“长期股权投资”科目，不能确认投资收益。

4.【答案】×

【解析】以支付现金取得的长期股权投资，应当按照实际支付的购买价款作为初始投资成本。实际支付的价款或对价中包含的已宣告但尚未发放的现金股利或利润，应作为应收项目处理。

5.【答案】×

【解析】收到被投资单位宣告发放的股票股利，不进行账务处理，但应在备查簿中登记。

6.【答案】×

【解析】《企业会计准则第 2 号——长期股权投资》规定：长期股权投资减值损失一经确认，在以后会计期间不得转回。

7.【答案】×

【解析】长期股权投资采用成本法核算的，应按被投资单位宣告发放的现金股利或利润中属于本企业的部分，借记“应收股利”科目，贷记“投资收益”科目；属于被投资单位在本企业取得投资前实现净利润的分配额，应该借记“应收股利”科目，贷记“长期股权投资”科目。

四、计算分析题

1.【答案】

(1)借：长期股权投资——B 公司(投资成本)　　350 000

　　贷：银行存款　　350 000

(2)借：长期股权投资——B 公司(投资成本)　　200 000

　　贷：银行存款　　200 000

借：长期股权投资——B 公司(投资成本)　　50 000

贷:营业外收入 50 000

2.【答案】

(1)20×7 年 1 月 1 日投资时

借:长期股权投资——B 公司 230 000

贷:银行存款 230 000

(2)20×7 年 4 月 2 日宣告分派利润时

借:应收股利 20 000

贷:长期股权投资——B 公司 20 000

(3)20×7 年 4 月 12 日收到现金股利时

借:银行存款 20 000

贷:应收股利 20 000

(4)20×8 年 4 月 1 日宣告发放利润时

应冲减初始投资成本的金额 =(投资后至本年末止被投资单位累积分派的利润 - 投资后至上年末止被投资单位累积实现的净利润)×投资企业的持股比例 - 投资企业已冲减的初始投资成本 =[(200 000 +300 000)-500 000]×10% -20 000 = -20 000(元)

应确认的投资收益 = 投资企业当年获得的利润 - 应冲减初始投资成本的金额 = 300 000×10% -(-20 000)=50 000(元)

借:应收股利 30 000

长期股权投资——B 公司 20 000

贷:投资收益 50 000

(5)20×9 年 4 月 5 日宣告发放利润时

应冲减初始投资成本的金额 =(投资后至本年末止被投资单位累积分派的利润 - 投资后至上年末止被投资单位累积实现的净利润)×投资企业的持股比例 - 投资企业已冲减的初始投资成本 =[(200 000 + 300 000 + 700 000)-(500 000 + 600 000)]×10% -0 =10 000(元)

应确认的投资收益 = 投资企业当年获得的利润 - 应冲减初始投资成本的金额 = 700 000×10% -10 000 =60 000(元)

借:应收股利 70 000

贷:长期股权投资——B 公司 10 000

投资收益 60 000

五、综合题

【答案】

(1)20×7 年 1 月 1 日投资时

借:长期股权投资——乙公司(成本) 950

贷:银行存款 950

(2)20×7 年乙公司实现净利润 600 万元

甲公司应该确认的投资收益=600×20%=120(万元)。

借:长期股权投资——乙公司(损益调整)　　120

　贷:投资收益　　120

(3)20×7 年乙公司提取盈余公积,甲公司不需要进行账务处理

(4)20×8 年乙公司实现净利润 800 万元

甲公司应该确认的投资收益=800×20%=160(万元)。

借:长期股权投资——乙公司(损益调整)　　160

　贷:投资收益　　160

(5)20×8 年乙公司宣告分配现金股利 100 万元

借:应收股利　　20

　贷:长期股权投资——乙公司(损益调整)　　20

(6)收到现金股利时

借:银行存款　　20

　贷:应收股利　　20

(7)根据乙公司资本公积的变动调整长期股权投资 200×20%=40(万元)

借:长期股权投资——乙企业(其他权益变动)　　40

　贷:资本公积——其他资本公积　　40

(8)20×8 年末长期股权投资的账面价值=950+120+160-20+40=1 250(万元),高于可收回金额 1 200 万元,应计提长期股权投资减值准备 50 万元

借:资产减值损失　　50

　贷:长期股权投资减值准备　　50

(9)20×9 年 1 月 5 日甲公司转让对乙公司的全部投资

借:银行存款　　1 300

　长期股权投资减值准备　　50

　贷:长期股权投资——乙公司(成本)　　950

　　　　——乙公司(损益调整)　　260

　　　　——乙公司(其他权益变动)　　40

　　投资收益　　100

借:资本公积——其他资本公积　　40

　贷:投资收益　　40

8

流动负债

本章基本结构框架

本章主要内容

- 1. 短期借款
  - 短期借款概述
  - 短期借款的核算
- 2. 应付票据
  - 应付票据概述
  - 应付票据的核算
- 3. 应付和预收款项
  - 应付账款
    - 应付账款概述
    - 应付账款的核算
  - 预收账款
    - 预收账款概述
    - 预收账款的核算
- 4. 应付职工薪酬
  - 应付职工薪酬概述
  - 应付职工薪酬的核算
    - 确认应付职工薪酬
    - 发放职工薪酬
- 5. 应交税费
  - 应交增值税
    - 增值税概述
    - 一般纳税企业的核算
    - 小规模纳税企业的核算
  - 应交消费税
    - 消费税概述
    - 应交消费税的核算
  - 应交营业税
    - 营业税概述
    - 应交营业税的核算
  - 其他应交税费
- 6. 其他流动负债
  - 应付利息
  - 应付股利
  - 其他应付款

本章重点与难点

8.1 短期借款

8.1.1 短期借款概述

短期借款是指企业向银行或其他金融机构等借入的期限在一年以下(含一年)的各种借款。短期借款按照目的和用途,主要分为生产周转借款、临时借款和结算借款等。无论借入款项的来源如何,企业均需要向债权人按期偿还借款的本金和利息。

8.1.2 短期借款的核算

8.1.2.1 取得短期借款

企业从银行或其他金融机构取得短期借款时,借记“银行存款”科目,贷记“短期借款”科目。

8.1.2.2 短期借款利息的预提和支付

在实际工作中,银行一般于每季度末收取短期借款的利息,企业的短期借款利息一般采用月末预提的方式进行核算。短期借款利息属于筹资费用,应当计入当期损益,通过“财务费用”科目核算。企业应当在资产负债表日按照计算确定的短期借款利息费用,借记“财务费用”科目,贷记“应付利息”科目;实际支付利息时,根据已预提的利息,借记“应付利息”科目,根据应计利息,借记“财务费用”科目,根据应付利息总额,贷记“银行存款”科目。

8.1.2.3 偿还短期借款

企业短期借款到期偿还本金时,借记“短期借款”科目,贷记“银行存款”科目。

8.2 应付票据

8.2.1 应付票据概述

应付票据是指企业购买材料、商品和接受劳务供应等而开出、承兑的商业汇票,包括商业承兑汇票和银行承兑汇票。

企业应设置“应付票据”科目,用以核算应付票据的发生、偿付等情况。本科目贷方登记开出、承兑汇票的面值及带息票据的预提利息,借方登记支付票据的金额,期末贷方余额,反映企业尚未到期的商业汇票的票面金额。本科目可按债权人进行明细核算。

8.2.2 应付票据的核算

由于我国商业汇票期限较短,因此,一般均按照开出、承兑的应付票据的面值入账。

8.2.2.1 不带息应付票据

(1)企业开出、承兑商业汇票或以承兑商业汇票抵付货款、应付账款等,借记“材料采购”、“库存商品”、“应付账款”、“应交税费——应交增值税(进项税额)”等科目,贷记“应付票据”科目。

(2)如果企业开出的是银行承兑汇票,企业还需支付银行手续费。支付银行承兑汇票的手续费时,借记“财务费用”科目,贷记“银行存款”科目。

(3)应付票据到期支付票据款时,按其账面余额借记“应付票据”科目,贷记“银行存款”科目。

(4)如果是银行承兑汇票到期,企业无力支付票据款,先由承兑银行帮其代付,则企业应将应付票据转作短期借款处理。按应付票据的账面余额,借记“应付票据”科目,贷记“短期借款”科目。

(5)如果是商业承兑汇票到期,企业无力支付票据款,则企业应将应付票据转作应付账款处理。按应付票据的账面余额,借记“应付票据”科目,贷记“应付账款”科目。

8.2.2.2 带息应付票据

对于带息应付票据,企业一般应于月末对尚未支付的应付票据计提利息,计入当期损益,借记“财务费用”科目,贷记“应付票据”科目。票据到期支付票据款时,尚未计提的利息部分直接计入当期损益,借记“财务费用”科目,按应付票据的账面余额,借记“应付票据”科目,按实际支付的金额,贷记“银行存款”科目。带息应付票据除计提利息之外的会计处理,与不带息应付票据相同。

8.3 应付和预收款项

8.3.1 应付账款

8.3.1.1 应付账款概述

应付账款是指企业因购买材料、商品或接受劳务供应等而发生的债务。这是买卖双方在购销活动中由于取得物资与支付货款在时间上不一致而产生的负债。

应付账款,一般应在与所购买物资所有权相关的主要风险和报酬已经转移或者所购买的劳务已经接受时确认。

8.3.1.2 应付账款的核算

企业应设置“应付账款”科目,用以核算应付账款的发生、偿还、转销等情况。本科目一般按照债权人设置明细科目进行明细核算。

1.发生应付账款

企业购入材料、商品等验收入库,但货款尚未支付,根据有关凭证(发票账单、随货同行发票上记载的实际价款或暂估价值),借记“材料采购”、“在途物资”等科目,按可抵扣的增值税额,借记“应交税费——应交增值税(进项税额)”科目,按应付的款项,贷记“应付账款”科目。

接受供应单位提供劳务而发生的应付未付款项,根据供应单位的发票账单,借记“生产成本”、“管理费用”等科目,贷记“应付账款”科目。

2. 偿付应付账款

企业偿还应付账款或开出商业汇票抵付应付账款时,借记“应付账款”科目,贷记“银行存款”、“应付票据”等科目。

应付账款附有现金折扣的,应按照扣除现金折扣前的应付账款总额入账。因在折扣期限内付款而获得的现金折扣,应在偿付应付账款时视同理财收益处理,冲减当期财务费用。现金折扣是指销货方为鼓励购货方在规定的期限内尽快付款,而协议许诺给予购货方的一种折扣优惠,即从应支付的货款总额中扣除一定比例的金额。现金折扣通常以分数形式反映,如 2/10、n/30,表示赊购企业如果在 10 天内付款可得到 2% 的折扣,超过 10 天在 30 天内付款不能享受折扣。

3. 转销应付账款

企业转销确实无法支付的应付账款(比如因债权人单位撤销等原因而产生无法支付的应付账款),应按其账面余额计入营业外收入,借记“应付账款”科目,贷记“营业外收入”科目。

8.3.2 预收账款

8.3.2.1 预收账款概述

预收账款是买卖双方协议商定,由购货方预先支付一部分货款给供货方而发生的一项负债。

8.3.2.2 预收账款的核算

企业应设置“预收账款”科目,核算预收账款的取得、偿付等情况。本科目可按购货单位进行明细核算。企业预收账款情况不多的,也可以不设“预收账款”科目,将预收的款项直接记入“应收账款”科目。

1. 预收货款时

企业向购货单位预收款项时,借记“银行存款”科目,贷记“预收账款”科目。

2. 销售实现时

企业发出货物,销售实现时,按实现的收入和应交的增值税销项税额,借记“预收账款”科目,按照实现的营业收入,贷记“主营业务收入”科目,按照增值税专用发票上注明的增值税税额,贷记“应交税费——应交增值税(销项税额)”等科目。如果企业销售的是应税消费品,在结转销售成本的同时,应按计算应交纳的消费税额,借记“营业税金及附加”科目,贷记“应交税费——应交消费税”科目。

3. 结清账户时

企业收到购货单位补付的款项,借记“银行存款”科目,贷记“预收账款”科目;向购货单位退回其多付的款项时,借记“预收账款”科目,贷记“银行存款”科目。

8.4 应付职工薪酬

8.4.1 应付职工薪酬概述

职工薪酬是指企业为获得职工提供的服务而给予各种形式的报酬以及其他相关支出。职工薪酬在尚未支付给职工之前形成企业的一项负债。具体来说,职工薪酬主要包括:①职工工资、奖金、津贴和补贴;②职工福利费;③社会保险费;④住房公积金;⑤工会经费和职工教育经费;⑥非货币性福利;⑦因解除与职工的劳动关系所给予的补偿;⑧其他与获得职工提供的服务相关的支出。

从薪酬的涵盖时间和支付形式来看,职工薪酬包括企业职工在职期间和离职后给予的所有货币性薪酬和非货币性福利;从薪酬的支付对象来看,职工薪酬包括提供给职工本人及其配偶、子女或其他被赡养人的福利,比如支付给因公伤亡职工的配偶、子女或其他被赡养人的抚恤金。

8.4.2 应付职工薪酬的核算

企业应当设置"应付职工薪酬"科目,用以核算应付职工薪酬的提取、结算、使用等情况。"应付职工薪酬"科目可按"工资"、"职工福利"、"社会保险费"、"住房公积金"、"工会经费"、"职工教育经费"、"非货币性福利"、"辞退福利"、"股份支付"等进行明细核算。

企业(外商)按规定从净利润中提取的职工奖励及福利基金,也在本科目核算。

8.4.2.1 确认应付职工薪酬

1. 货币性职工薪酬

企业应当在职工为其提供服务的会计期间,根据职工提供服务的受益对象,将应确认的职工薪酬(包括货币性薪酬和非货币性福利)计入相关资产成本或当期损益,同时确认为应付职工薪酬。

(1)生产部门人员的职工薪酬,借记"生产成本"、"制造费用"、"劳务成本"等科目,贷记"应付职工薪酬"科目。

(2)应由在建工程、研发支出负担的职工薪酬,借记"在建工程"、"研发支出"等科目,贷记"应付职工薪酬"科目。

(3)管理部门人员、销售人员的职工薪酬,借记"管理费用"、"销售费用"科目,贷记"应付职工薪酬"科目。

(4)外商投资企业按规定从净利润中提取的职工奖励及福利基金,借记"利润分配——提取的职工奖励及福利基金"科目,贷记"应付职工薪酬"科目。

对于货币性薪酬,在确定应付职工薪酬和应当计入成本费用的职工薪酬金额时,企业应当区分两种情况:一是国家规定了计提基础和计提比例的,企业应当按照规定的计提标准,计量企业承担的职工薪酬义务和计入成本费用的职工薪酬;二是国家没有规定计提基础和计提比例的，企业应当根据历史经验数据和实际情况，合理预计应付职工薪酬金额和应计入成本费用的薪酬金额。当期实际发生金额大于预计金额的，应当补提应付职工薪酬；当期实际发生金额小于预计金额的，应当冲回多提的应付职工薪酬。

2. 非货币性职工薪酬

企业以其自产产品作为非货币性福利发放给职工的，应当根据受益对象，按照该产品的公允价值，计入相关资产成本或当期损益，同时确认应付职工薪酬，借记"管理费用"、"生产成本"、"制造费用"等科目，贷记"应付职工薪酬——非货币性福利"科目。

企业无偿向职工提供住房等固定资产使用的，应当根据受益对象，将该住房每期应计提的折旧计入相关资产成本或当期损益，同时确认应付职工薪酬，借记"管理费用"、"生产成本"、"制造费用"等科目，贷记"应付职工薪酬——非货币性福利"科目，同时，借记"应付职工薪酬——非货币性福利"科目，贷记"累计折旧"科目。

租赁住房等资产供职工无偿使用的，应当根据受益对象，将每期应付的租金计入相关资产成本或当期损益，并确认应付职工薪酬，借记"管理费用"、"生产成本"、"制造费用"等科目，贷记"应付职工薪酬——非货币性福利"科目。

难以认定受益对象的非货币性福利，直接计入当期损益和应付职工薪酬。

8.4.2.2 发放职工薪酬

1. 货币性职工薪酬

(1)企业按照有关规定向职工支付工资、奖金、津贴等，借记"应付职工薪酬——工资"科目，贷记"银行存款"、"库存现金"等科目；企业从应付职工薪酬中扣还的各种款项(代垫的家属药费、个人所得税等)，借记"应付职工薪酬——工资"科目，贷记"银行存款"、"库存现金"、"其他应收款"、"应交税费——应交个人所得税"等科目。

在实务中，企业一般在每月发放工资前，根据"工资结算汇总表"中的"实发金额"栏的合计数向开户银行提取现金，借记"库存现金"科目，贷记"银行存款"科目；然后再向职工发放。

(2)企业支付职工福利费，支付工会经费和职工教育经费用于工会运作和职工培训，或按照国家有关规定缴纳社会保险费或住房公积金时，借记"应付职工薪酬——职工福利(或工会经费、职工教育经费、社会保险费、住房公积金)"科目，贷记"银行存款"、"库存现金"等科目。

2. 发放非货币性职工薪酬

企业以自产产品作为职工薪酬发放给职工时，应确认主营业务收入，借记"应付职工薪酬——非货币性福利"科目，贷记"主营业务收入"、"应交税费——应交增值税(销项税额)"科目，同时结转相关成本；自产产品属于应税消费品的，还应按计算的应纳消费税额，借记"营业税金及附加"科目，贷记"应交税费——应交消费税"科目。

企业支付租赁住房等资产供职工无偿使用所发生的租金，借记“应付职工薪酬——非货币性福利”科目，贷记“银行存款”等科目。

8.5 应交税费

企业根据税法规定应交纳的各种税费包括增值税、消费税、营业税、所得税、资源税、土地增值税、城市维护建设税、房产税、土地使用税、车船使用税、教育费附加、矿产资源补偿费等。

8.5.1 应交增值税

8.5.1.1 增值税概述

增值税是指对我国境内销售货物、进口货物或提供加工、修理修配劳务的增值额征收的一种流转税。

增值税的纳税人是在我国境内销售货物、进口货物或提供加工、修理修配劳务的单位和个人。按照纳税人的经营规模及会计核算的健全程度，增值税纳税人分为一般纳税人和小规模纳税人。一般纳税人应纳增值税额，根据当期销项税额减去当期进项税额计算确定；小规模纳税人应纳增值税额，按照销售额和规定的征收率计算确定。

按照我国增值税暂行条例的规定，准予从销项税额中抵扣的进项税额通常包括：①从销售方取得的增值税专用发票上注明的增值税额；②从海关取得的完税凭证上注明的增值税额。会计核算中，如果企业不能取得有关的扣税证明，则购进货物或接受应税劳务支付的增值税额不能作为进项税额扣税，其已支付的增值税只能记入购入货物或接受劳务的成本。

8.5.1.2 一般纳税企业的核算

为了核算企业应交增值税的发生、抵扣、交纳、退税及转出等情况，企业应在“应交税费”科目下设置“应交增值税”明细科目进行核算。“应交税费——应交增值税”科目分别设置“进项税额”、“已交税金”、“销项税额”、“出口退税”、“进项税额转出”、“转出未交增值税”、“转出多交增值税”、“减免税款”、“出口抵减内销产品应纳税额”等专栏。

1. 采购物资和接受应税劳务

企业从国内采购物资或接受应税劳务等，根据增值税专用发票上记载的应计入采购成本或应计入加工、修理修配等物资成本的金额，借记“材料采购”、“在途物资”、“原材料”、“库存商品”或“生产成本”、“制造费用”、“委托加工物资”、“管理费用”等科目，根据增值税专用发票上注明的可抵扣的增值税税额，借记“应交税费——应交增值税（进项税额）”科目，按照应付或实际支付的总额，贷记“应付账款”、“应付票据”、“银行存款”等科目。

购入货物发生的退货，作相反的会计分录。

按照增值税暂行条例，企业购入免征增值税货物，一般不能够抵扣增值税销项税额。但是对于购进免税农产品，根据经税务机关批准的收购凭证上注明的价款和规定的扣除率计算进项税额，准予从销项税额中抵扣。企业购进免税农产品，按照买价和规定的扣除率计算的进项税额，借记“应交税费——应交增值税（进项税额）”科目，按买价扣除按规定计算的进项税额后的差额，借记“材料采购”、“原材料”、“库存商品”等科目，按照应付或实际支付的价款，贷记“应付账款”、“应付票据”、“银行存款”等科目。

一般纳税企业购进设备所支付的增值税进项税额允许从销项税额中抵扣，除此之外，企业购进其他固定资产所支付的增值税进项税额不允许抵扣，应计入固定资产的成本。企业购进的货物用于非应税项目，其所支付的增值税额应计入购入货物的成本。

2. 进项税额转出

企业购进的货物发生非常损失以及将购进货物改变用途（如用于非应税项目、集体福利或个人消费等），其进项税额应通过“应交税费——应交增值税（进项税额转出）”科目转入有关科目，借记“待处理财产损溢”、“在建工程”、“应付职工薪酬”等科目，贷记“应交税费——应交增值税（进项税额转出）”科目；属于转作待处理财产损失的进项税额，应与遭受非常损失的购进货物、在产品或库存商品的成本一并处理。

3. 销售物资或者提供应税劳务

企业销售货物或者提供应税劳务，按照营业收入和应收取的增值税税额，借记“应收账款”、“应收票据”、“银行存款”等科目，按专用发票上注明的增值税税额，贷记“应交税费——应交增值税（销项税额）”科目，按照实现的营业收入，贷记“主营业务收入”、“其他业务收入”等科目。

发生的销售退回，作相反的会计分录。

4. 视同销售行为

企业下列行为从会计角度看，不属于销售行为，但是按照增值税暂行条例实施细则的规定，应视同对外销售处理，计算应交增值税：①将自产或委托加工的货物用于非增值税应税项目；②将自产或委托加工的货物用于集体福利或个人消费；③将自产、委托加工或购买的货物作为投资，提供给其他单位或个体工商户；④将自产、委托加工或购买的货物无偿赠送其他单位或个人等。在这些情况下，企业应当借记“在建工程”、“应付职工薪酬”、“长期股权投资”、“营业外支出”等科目，贷记“应交税费——应交增值税（销项税额）”等科目。

5. 出口退税

企业出口产品按规定退税的，按应收的出口退税款，借记“其他应收款”科目，贷记“应交税费——应交增值税（出口退税）”科目；收到退税额时，借记“银行存款”科目，贷记“其他应收款”科目。

6. 转出多交增值税和未交增值税的会计处理

企业应在"应交税费"科目下设置"未交增值税"明细科目，核算企业月份终了从"应交税费——应交增值税"明细科目转入的当月未交或多交的增值税；同时，在"应交税费——应交增值税"科目下设置"转出未交增值税"和"转出多交增值税"专栏。月份终了，企业计算出当月应交未交的增值税，借记"应交税费——应交增值税（转出未交增值税）"科目，贷记"应交税费——未交增值税"科目；当月多交的增值税，借记"应交税费——未交增值税"科目，贷记"应交税费——应交增值税（转出多交增值税）"科目，经过结转后，月份终了，"应交税费——应交增值税"科目的余额，反映企业尚未抵扣的增值税额。

企业当月交纳当月的增值税，仍然通过"应交税费——应交增值税（已交税金）"科目核算；当月交纳以前各月未交的增值税，通过"应交税费——未交增值税"科目，不通过"应交税费——应交增值税（已交税金）"科目核算。

8.5.1.3 小规模纳税企业的核算

小规模纳税企业采用销售额和应纳税额合并定价方法的，应按照公式"销售额＝含税销售额÷(1＋征收率)"还原为不含税销售额计算。

小规模纳税企业购入货物无论是否具有增值税专用发票，其支付的增值税额均不计入进项税额，不得由销项税额抵扣，应计入购入货物的成本。相应地，其他企业从小规模纳税企业购入货物或接受劳务支付的增值税额，如果不能取得增值税专用发票，也不能作为进项税额抵扣，而应计入购入货物或应税劳务的成本。

小规模纳税企业只需在"应交税费"科目下设置"应交增值税"明细科目，不需要在"应交增值税"明细科目中设置专栏，"应交税费——应交增值税"科目贷方登记应交纳的增值税，借方登记已交纳的增值税；期末贷方余额为尚未交纳的增值税，借方余额为多交纳的增值税。

小规模纳税企业购进货物和接受应税劳务时支付的增值税，直接计入有关货物和劳务的成本，借记"材料采购"、"在途物资"等科目，贷记"银行存款"等科目。

8.5.2 应交消费税

8.5.2.1 消费税概述

消费税是指在我国境内生产、委托加工和进口应税消费品的单位和个人按其流转额交纳的一种税。

8.5.2.2 应交消费税的核算

企业应在"应交税费"科目下设置"应交消费税"明细科目，用以核算应交消费税的发生、交纳情况。

1. 销售应税消费品

企业将生产的产品直接对外销售的，对外销售产品应交纳的消费税，通过"营业税金及附加"科目核算。企业按规定计算出应交的消费税，借记"营业税金及附加"科目，贷记"应交税费——应交消费税"科目。

2. 自产自用应税消费品

企业将自产或委托加工的应税消费品用于对外投资，或用于在建工程、集体福利或个人消费、无偿赠送他人、非生产机构等其他方面，按规定应交纳的消费税，应计入有关的成本费用。例如，企业以应税消费品对外投资，应交的消费税计入投资的初始投资成本；企业以应税消费品用于在建工程项目，应交的消费税计入在建工程成本。

在这些情况下，企业应当借记“长期股权投资”、“在建工程”、“应付职工薪酬”、“营业外支出”、“管理费用”等科目，贷记“应交税费——应交消费税”等科目。

3. 委托加工应税消费品

需要交纳消费税的委托加工应税消费品，于委托方提货时，由受托方代收代缴税款。受托方按应扣税款金额，借记“应收账款”、“银行存款”等科目，贷记“应交税费——应交消费税”科目。委托加工应税消费品收回后，直接用于销售的，委托方应将受托方代收代缴的消费税计入委托加工的应税消费品成本，借记“委托加工物资”、“生产成本”等科目，贷记“应付账款”、“银行存款”等科目，待委托加工应税消费品销售时，不需要再交纳消费税；委托加工的应税消费品收回后用于连续生产应税消费品，按规定准予抵扣的，委托方应按已由受托方代收代缴的消费税款，借记“应交税费——应交消费税”科目，贷记“应付账款”、“银行存款”等科目，待用委托加工的应税消费品生产出应纳消费税的产品销售时，用于抵扣销售环节交纳的消费税。

委托加工或翻新改制金银首饰按规定由受托方交纳消费税。企业应于向委托方交货时，按规定交纳的消费税，借记“营业税金及附加”科目，贷记“应交税费——应交消费税”科目。

4. 进口应税消费品

企业从国外进口需要交纳消费税的消费品，其交纳的消费税应计入该进口消费品的成本，借记“固定资产”、“材料采购”、“在途物资”等科目，贷记“银行存款”等科目。

8.5.3 应交营业税

8.5.3.1 营业税概述

营业税是对在我国境内提供应税劳务、转让无形资产或销售不动产的单位和个人征收的流转税。

营业税按照营业额和规定的税率计算应纳税额，其公式为

应纳税额 = 营业额 × 税率

8.5.3.2 应交营业税的核算

企业应在“应交税费”科目下设置“应交营业税”明细科目，用以核算企业应交营业税的发生、交纳情况。

企业按照营业额及其适用的税率，计算应交的营业税，借记“营业税金及附加”科目，贷记“应交税费——应交营业税”科目。工业企业经营工业生产以外的其他业务所取得的收入，按规定应交的营业税，借记“其他业务成本”科目，贷记“应交税

费——应交营业税”科目。企业销售不动产，按规定应交的营业税，借记“固定资产清理”科目，贷记“应交税费——应交营业税”科目。

企业出租无形资产应交纳的营业税应通过“其他业务成本”科目核算，出售无形资产应交纳的营业税，通过“营业外收入”或“营业外支出”科目核算。

企业实际上交营业税时，借记“应交税费——应交营业税”科目，贷记“银行存款”科目。

8.5.4 其他应交税费

其他应交税费是指除上述应交税费以外的应交税费，包括应交资源税、应交城市维护建设税、应交土地增值税、应交所得税、应交房产税、应交土地使用税、应交车船使用税、应交教育费附加、应交矿产资源补偿费、应交个人所得税等。

8.5.4.1 应交资源税

资源税是国家对在我国境内开采矿产品或者生产盐的单位和个人征收的一种税。资源税按照应税产品的课税数量和规定的单位税额计算，公式为

应纳税额 = 课税数量 × 单位税额

企业按规定计算出销售应税产品应交纳的资源税，借记“营业税金及附加”科目，贷记“应交税费——应交资源税”科目；企业计算出自产自用的应税产品应交纳的资源税，借记“生产成本”、“制造费用”等科目，贷记“应交税费——应交资源税”科目。

企业实际上交资源税时，借记“应交税费——应交资源税”科目，贷记“银行存款”科目。

8.5.4.2 应交城市维护建设税

城市维护建设税是以增值税、消费税、营业税为计税依据征收的一种税。城市维护建设税的计算公式为

应纳税额 =（应交增值税 + 应交消费税 + 应交营业税）× 适用税率

税率因纳税人所在地不同，适用税率从1% ~7%不等。

企业按规定计算出的城市维护建设税，借记“营业税金及附加”、“其他业务成本”等科目，贷记“应交税费——应缴城市维护建设税”科目；实际上交时，借记“应交税费——应交城市维护建设税”科目，贷记“银行存款”科目。

8.5.4.3 应交教育费附加

教育费附加是为了发展教育事业而向企业征收的附加费用，企业按应交流转税的一定比例计算交纳。

企业应交的教育费附加，借记“营业税金及附加”等科目，贷记“应交税费——应交教育费附加”科目。实际上交时，借记“应交税费——应交教育费附加”科目，贷记“银行存款”科目。

8.5.4.4 应交土地增值税

土地增值税是指在我国境内有偿转让土地使用权及地上建筑物和其他附着物产

权的单位和个人,就其土地增值额征收的一种税。

企业应交的土地增值税视情况记入不同科目:企业转让的土地使用权连同地上建筑物及其附着物一并在"固定资产"等科目核算的,转让时应交的土地增值税,借记"固定资产清理"科目,贷记"应交税费——应交土地增值税"科目;土地使用权在"无形资产"科目核算的,转让土地使用权时,按实际收到的金额,借记"银行存款"科目,按摊销的无形资产金额,借记"累计摊销"科目,按已计提的无形资产减值准备,借记"无形资产减值准备"科目,按无形资产账面余额,贷记"无形资产"科目,按应交的土地增值税,贷记"应交税费——应交土地增值税"科目,按其差额,借记"营业外支出"科目或贷记"营业外收入"科目。

实际上交时,借记"应交税费——应交土地增值税"科目,贷记"银行存款"科目。

8.5.4.5 应交房产税、土地使用税、车船使用税和矿产资源补偿费

企业按规定计算应交的房产税、土地使用税、车船使用税和矿产资源补偿费时,借记"管理费用"科目,贷记"应交税费——应交房产税(或应交土地使用税、应交车船使用税、应交矿产资源补偿费)"科目;上交时,借记"应交税费——应交房产税(或应交土地使用税、应交车船使用税、应交矿产资源补偿费)"科目,贷记"银行存款"科目。

8.5.4.6 应交个人所得税

企业按规定计算的代扣代交的职工个人所得税,借记"应付职工薪酬"科目,贷记"应交税费——应交个人所得税"科目。企业为职工交纳个人所得税时,借记"应交税费——应交个人所得税",贷记"银行存款"科目。

8.5.4.7 应交所得税

企业的生产、经营所得和其他所得,依照有关所得税暂行条例及其细则的规定需要缴纳所得税。企业按照税法规定计算应交的所得税,借记"所得税费用"等科目,贷记"应交税费——应交所得税"科目。交纳的所得税,借记"应交税费——应交所得税"科目,贷记"银行存款"等科目。

8.5.4.8 耕地占用税和印花税

1. 耕地占用税

耕地占用税以实际占用的耕地面积计税,按照规定税额一次征收。企业交纳的耕地占用税,不需要通过"应交税费"科目核算。企业按规定计算交纳耕地占用税时,借记"在建工程"科目,贷记"银行存款"科目。

2. 印花税

印花税是对书立、领受购销合同等凭证行为征收的税款,实行由纳税人根据规定自行计算应纳税额,购买并一次贴足印花税票的交纳方法。纳税人根据应纳税凭证的性质,分别按比例税率或者按件定额计算应纳税额。

企业交纳的印花税不需要通过"应交税费"科目核算。企业购买印花税票时,直接借记"管理费用"科目,贷记"银行存款"科目。

8.6 其他流动负债

8.6.1 应付利息

对于按照合同约定应支付的利息,包括分期付息到期还本的长期借款、企业债券等应支付的利息、预提短期借款的利息等,企业应当设置“应付利息”科目进行核算。

资产负债表日,企业应按摊余成本和实际利率计算确定的利息费用,借记“在建工程”、“财务费用”、“研发支出”等科目,按合同利率计算确定的应付未付利息,贷记“应付利息”科目,按其差额,借记或贷记“长期借款——利息调整”等科目。合同利率与实际利率差异较小的,也可以采用合同利率计算确定利息费用。

实际支付利息时,借记“应付利息”科目,贷记“银行存款”等科目。

8.6.2 应付股利

应付股利是指企业根据股东大会或类似机构审议批准分配的现金股利或利润。企业股东大会或类似机构审议批准的利润分配方案、宣告分派的现金股利或利润,在实际支付前,形成企业的负债。

企业根据股东大会或类似机构审议批准的利润分配方案,按应支付的现金股利或利润,借记“利润分配”科目,贷记“应付股利”科目。实际支付现金股利或利润时,借记“应付股利”科目,贷记“银行存款”等科目。

企业董事会或类似机构通过的利润分配方案中拟分配的现金股利或利润,不作账务处理,不作为应付股利核算,但应在会计报表附注中披露。企业分配的股票股利不通过“应付股利”科目核算。

8.6.3 其他应付款

其他应付款是指企业除应付票据、应付账款、预收账款、应付职工薪酬、应交税费、应付利息、应付股利、长期应付款等以外的其他各项应付、暂收的款项,如应付经营租入固定资产租金、租入包装物租金、存入保证金等。

企业发生的其他各种应付、暂收款项,借记“管理费用”、“制造费用”、“银行存款”等科目,贷记“其他应付款”科目;支付的其他各种应付、暂收款项,借记“其他应付款”科目,贷记“银行存款”等科目。本科目可按其他应付款的项目和对方单位(或个人)设置明细科目进行明细核算。

巩固练习题

一、单项选择题

1. 企业在资产负债表日,按合同利率计提短期借款利息费用时的会计处理为(　　)。

A. 借记“短期借款”科目,贷记“应付利息”科目

B. 借记“财务费用”科目,贷记“短期借款”科目

C. 借记“财务费用”科目,贷记“应付利息”科目

D. 借记“应付利息”科目,贷记“财务费用”科目

2. 假设企业每月末计提利息,20×9年1月1日向银行借款100 000元,期限6个月,年利率6%。按银行规定一般于每季度末收取短期借款利息,20×9年3月份企业对短期借款利息应当作(　　)会计处理。

A. 借:财务费用　　500
　　贷:银行存款　　500

B. 借:财务费用　　1 500
　　贷:银行存款　　1 500

C. 借:财务费用　　1 000
　　应付利息　　500
　　贷:银行存款　　1 500

D. 借:财务费用　　500
　　应付利息　　1 000
　　贷:银行存款　　1 500

3. 下列有关应付票据处理的表述中,不正确的是(　　)。

A. 企业开出并承兑商业汇票时,应按其票面金额贷记“应付票据”

B. 应付票据到期支付时,按票面金额结转

C. 企业支付的银行承兑手续费,计入当期“财务费用”

D. 企业到期无力支付的银行承兑汇票,应按票面金额转入“应付账款”

4. 企业开出并承兑的商业汇票到期无力支付时,正确的会计处理是将该应付票据(　　)。

A. 转作短期借款　　B. 转作应付账款

C. 转作其他应付款　　D. 仅做备查登记

5. 期末,应付票据按其面值和票面利率计提利息时,应作的会计分录是(　　)。

A. 借记“财务费用”科目,贷记“应付利息”科目

B. 借记“管理费用”科目,贷记“应付利息”科目

C. 借记“财务费用”科目,贷记“应付票据”科目

D. 借记“管理费用”科目,贷记“应付票据”科目

6. 甲企业因采购商品开出3个月期限的商业票据一张,该票据的票面价值为400 000元,票面年利率为10%,该应付票据到期时,企业应支付的金额为(　　)元。

A. 400 000　　B. 440 000　　C. 410 000　　D. 415 000

7. 企业因债权人撤销而转销无法支付的应付账款时,应将所转销的应付账款计入(　　)。

A. 资本公积　B. 其他应付款　C. 营业外收入　D. 其他业务收入

8. 某企业于20×9年6月2日从甲公司购入一批产品并已验收入库。增值税专用发票上注明该批产品的价款为150万元，增值税额为25.5万元。合同中规定的现金折扣条件为2/10、1/20、*n*/30，假定计算现金折扣时不考虑增值税。该企业在20×9年6月11日付清货款。企业购买产品时该应付账款的入账价值为(　　)万元。

A. 147　B. 150　C. 172.5　D. 175.5

9. 某企业于20×9年3月2日，从A公司购入一批产品并已验收入库。增值税专用发票上列明，该批产品的价款为100万元，增值税额为17万元。合同中规定的现金折扣条件为2/10、1/20、*n*/30。假定计算现金折扣时不考虑增值税。该企业在20×9年3月21日付清货款时，该企业应享受的现金折扣的金额应为(　　)万元。

A. 1.17　B. 1　C. 1.12　D. 1.35

10. 如果企业不设置"预收账款"账户，应将预收的货款计入(　　)。

A. 应收账款的借方　B. 应收账款的贷方

C. 应付账款的借方　D. 应付账款的贷方

11. 下列职工薪酬中，不应当根据职工提供服务的受益对象计入成本费用的是(　　)。

A. 构成工资总额的各组成部分

B. 因解除与职工的劳动关系给予的补偿

C. 工会经费和职工教育经费

D. 医疗保险费、养老保险费等社会保险费

12. 企业从职工工资中代扣代交的职工个人所得税，应借记的会计科目是(　　)。

A. 其他应付款　B. 应付职工薪酬

C. 银行存款　D. 应交税费——应交所得税

13. 下列各项开支中，不应从"应付职工薪酬——福利费"反映的是(　　)。

A. 职工医药费　B. 职工生活困难补助

C. 职工食堂补助费用　D. 抚恤费

14. 企业将自产货物作为集体福利消费，应视同销售货物计算应交增值税，应借记(　　)科目，贷记"库存商品""应交税费——应交增值税"等科目。

A. 营业外支出　B. 应付职工薪酬　C. 盈余公积　D. 在建工程

15. 企业缴纳当月的增值税，应通过(　　)账户核算。

A. 应交税费——应交增值税(转出少交增值税)

B. 应交税费——应交增值税(转出多交增值税)

C. 应交税费——未交增值税

D. 应交税费——应交增值税(已交税金)

16. 小规模纳税企业购入原材料取得的增值税专用发票上注明：货款20 000元，

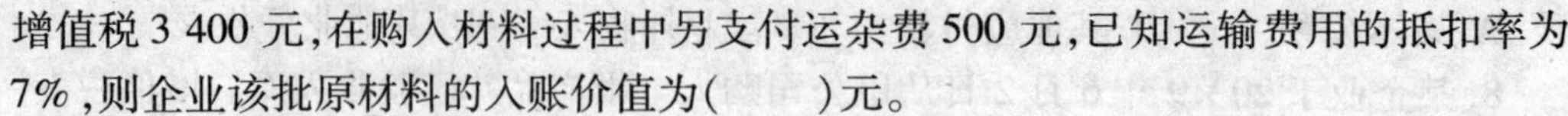

增值税 3 400 元，在购入材料过程中另支付运杂费 500 元，已知运输费用的抵扣率为 7%，则企业该批原材料的入账价值为(　　)元。

A. 19 500　　B. 23 900　　C. 20 500　　D. 23 300

17. 甲公司为一般纳税人企业，将外购材料用于修建厂房时，关于增值税部分其正确的会计处理是(　　)。

A. 作为销项税额处理

B. 作进项税额转出处理，并将进项税额转入在建工程成本

C. 作进项税额不得抵扣处理

D. 将进项税额计入存货成本

18. 甲公司收购免税农业产品作为原材料，实际支付款项 1 500 000 元，产品已验收入库，款项已经支付。假定甲公司采用实际成本进行材料日常核算，该产品准予抵扣的进项税额按买价的 13% 计算确定。甲公司的免税农业产品的入账价值为(　　)万元。

A. 150　　B. 169. 5　　C. 130. 5　　D. 175. 5

19. 应交消费税的委托加工物资收回后用于连续生产应税消费品的，按规定准予抵扣的由受托方代扣代交的消费税，应当记入(　　)科目。

A. 生产成本　　B. 应交税费

C. 主营业务成本　　D. 委托加工物资

20. 某企业将自产的一批应税消费品(非金银首饰)用于在建工程。该批消费品成本为 750 万元，计税价格为 1 250 万元，适用的增值税税率为 17%，消费税税率为 10%。计入在建工程成本的金额为(　　)万元。

A. 875　　B. 962. 5　　C. 1 087. 5　　D. 1 587. 5

21. 甲公司本月收回委托加工应税消费品时，支付加工费 5 000 元，消费税 600 元，该消费品加工用原材料为 15 000 元，收回后用于连续加工生产应税消费品，则应计入委托加工物资的成本为(　　)元。

A. 21 600　　B. 15 600　　C. 20 000　　D. 5 600

22. 某企业出售一项专利权，取得收入 400 000 元已存入银行，该无形资产原值 960 000 元，已累计摊销 576 000 元，已提无形资产减值准备 4 000 元，出售过程中支付印花税 8 400 元。销售该资产适用的营业税税率为 5%，其应交营业税为(　　)元。

A. 20 000　　B. 11 520　　C. 228　　D. 312

23. 企业按规定计算缴纳的下列税金，应当计入相关资产成本的是(　　)。

A. 房产税　　B. 土地使用税

C. 城市维护建设税　　D. 车辆购置税

24. 某企业为增值税一般纳税人，20×9 年应交各种税金为：增值税 350 万元，消费税 150 万元，城市维护建设税 35 万元，房产税 10 万元，车船使用税 5 万元，所得税

250 万元。上述各项税费应计入管理费用的金额为(　　)万元。

A. 5　　B. 15　　C. 50　　D. 185

25. 下列各项中,应通过“其他应付款”科目核算的是(　　)。

A. 应付现金股利　　B. 应交教育费附加
C. 应付租入包装物租金　　D. 应付管理人员工资

二、多项选择题

1. 下列资产负债表各项目中,属于流动负债的有(　　)。

A. 预收账款　　B. 其他应付款
C. 预付账款　　D. 一年内到期的长期借款

2. 企业支付短期借款利息时,可能借记的会计科目有(　　)。

A. 短期借款　　B. 预提费用　　C. 应付利息　　D. 财务费用

3. 下列关于应付账款的处理中,正确的是(　　)。

A. 货物与发票账单同时到达,待货物验收入库后,按发票账单登记入账
B. 货物已到但发票账单未同时到达,待月份终了时暂估入账
C. 应付账款一般按到期应付金额的现值入账
D. 如果购入的资产在形成一笔应付账款时是带有现金折扣的,则获得的现金折扣,冲减财务费用

4. “预收账款”科目贷方登记(　　)。

A. 预收货款金额
B. 企业向购货方发货后冲销的预收货款的数额
C. 退回对方多付的货款
D. 购货方补付的货款

5. 下列各项中,应通过“应付职工薪酬”科目核算的项目有(　　)。

A. 职工工资　　B. 解除劳务关系给予的补偿
C. 职工的社会保险费　　D. 职工离职后提供给职工的非货币性福利

6. 在进行会计核算时,若贷记“应付职工薪酬——福利费”,则对应借记的科目有(　　)。

A. 制造费用　　B. 销售费用　　C. 生产成本　　D. 管理费用

7. 下列各项工资中,不应由“管理费用”列支的有(　　)。

A. 生产人员工资　B. 行政人员工资　C. 车间管理人员工资　D. 医务人员工资

8. 下列各项,增值税一般纳税企业需要转出进项税额的有(　　)。

A. 自制产成品用于职工福利
B. 自制产成品用于对外投资
C. 外购的生产用原材料发生非正常损失
D. 外购的生产用原材料改用于自建厂房

9. 企业缴纳的下列税金,应通过“应交税费”科目核算的有(　　)。

A. 印花税　B. 耕地占用税　C. 房产税　D. 土地增值税

10. 企业在“应交税费——应交增值税”科目借方设置的专栏有(　　)。

A. 销项税额　B. 进项税额转出　C. 进项税额　D. 已交税金

11. 企业自产自用的应税矿产品应交资源税,应计入(　　)。

A. 制造费用　B. 生产成本

C. 主营业务成本　D. 营业税金及附加

12. 企业下列各项行为中,应视同销售计算缴纳增值税销项税额的有(　　)。

A. 将货物对外捐赠　B. 销售代销货物

C. 委托他人代销货物　D. 委托他人保管货物

13. 企业下列各项行为中,应作为增值税进项税额转出处理的有(　　)。

A. 工程项目领用本企业的材料　B. 工程项目领用本企业的产品

C. 非常损失造成的存货盘亏　D. 以产品对外投资

14. 甲企业为一般纳税人企业,其购进货物支付了相关税金,应计入货物成本的有(　　)。

A. 与客户签订购货合同支付了印花税

B. 购入工程物资时支付了增值税,取得对方开具的专用发票

C. 进口商品支付的关税

D. 购买一批材料,预计将用于食堂,已支付了增值税,取得对方开具的专用发票

15. 企业应交营业税可以计入(　　)科目。

A. 管理费用　B. 其他业务支出

C. 固定资产清理　D. 营业税金及附加

16. 甲公司本期实际上交增值税 450 000 元,消费税 240 000 元,营业税 220 000 元,该企业适用的城市维护建设税税率为 7%,下列处理正确的是(　　)。

A. 甲公司应交的城建税为 63 700 元

B. 甲公司计算城建税时,借记“营业税金及附加”科目

C. 甲公司应以实际交纳的增值税、消费税、营业税为计税依据

D. 甲公司应以应交纳的增值税、消费税、营业税为计税依据

17. 下列各项,可以计入利润表“营业税金及附加”项目的有(　　)。

A. 增值税　B. 城市维护建设税

C. 教育费附加　D. 矿产资源补偿费

18. 下列税金中,应计入存货成本的有(　　)。

A. 由受托方代收代缴的委托加工直接用于对外销售的商品负担的消费税

B. 由受托方代收代缴的委托加工继续用于生产应纳消费税的商品负担的消费税

C. 小规模纳税企业购入材料支付的增值税

D. 一般纳税企业进口原材料缴纳的增值税

19. 下列各项交易或事项,应通过“其他应付款”科目核算的有(　　)。

A. 客户存入的保证金　　　　　　B. 应付股东的股利
C. 应付经营租入包装物的租金　　D. 预收购货单位的货款

20. 企业按规定交纳营业税的项目有(　　)。
A. 销售商品取得收入　　　　　　B. 销售不动产取得收入
C. 出租无形资产取得收入　　　　D. 提供运输劳务取得收入

三、判断题

1. 负债是指企业过去的交易或者事项形成的、预期会导致经济利益流出企业的现时义务。(　　)

2. 短期借款利息在预提或实际支付时均应通过“短期借款”科目核算。(　　)

3. 企业向银行或其他金融机构借入的各种款项所发生的利息应当计入财务费用。(　　)

4. 应付票据是指企业购买材料、商品和接受劳务供应等而开出、承兑的商业汇票,包括商业承兑汇票和银行承兑汇票。(　　)

5. 企业无法支付的到期商业汇票,应按应付本息金额将其转入“应付账款”科目。(　　)

6. 商业承兑汇票到期企业无法支付时,应按票面本金数额转作应付账款。(　　)

7. 对于确实无法支付的应付账款,应计入当期损益。(　　)

8. 预收账款虽然与应付账款均属于负债项目,但与应付账款不同,它通常不需要以货币偿付。(　　)

9. 资产负债表上的应付账款项目是根据应付账款总账科目余额填列。(　　)

10. 企业在折扣期内付款享受的现金折扣应增加当期的财务费用。(　　)

11. 企业购入货物验收入库后,若发票账单尚未收到,应在月末按照估计的金额确认一笔负债,反映在资产负债表有关负债项目内。(　　)

12. 甲公司按合同约定,由外部机修公司对其数控车床进行修理,甲公司据合同应付机修公司修理费 10 000 元,增值税 1 700 元。若上述款项均未支付,甲公司应贷记“应付账款”10 000 元,贷记“应交税费——应交增值税(销项税额)”1 700 元。(　　)

13. 企业为职工缴纳的基本养老保险金、补充养老保险费以及为职工购买的商业养老保险,均属于企业提供的职工薪酬。(　　)

14. 对企业来说,从会计核算上看增值税是与企业损益无关的税金。(　　)

15. 企业应付给因解除与职工的劳务关系给予的补偿不应通过“应付职工薪酬”科目核算。(　　)

16. 企业以自己产品赠送他人,由于会计处理时不作销售核算,所以不用计算增值税。(　　)

17. 企业只有在对外销售应税消费品时才应交消费税。(　　)

18. 企业委托加工应税消费品在收回后,应将由受托方代扣代交的消费税计入相关成本( )。

19. 由于企业交纳的消费税属于价内税,因此应将应交消费税计入"营业税金及附加"。( )

20. 小规模纳税企业购入货物无论是否具有增值税专用发票,其支付的增值税额均不计入进项税额,不得由销项税额抵扣,而计入购入货物的成本。( )

21. 某企业为小规模纳税人,销售产品一批,含税价格 43 260 元,增值税征收率为 3%,该批产品应交增值税为 1 260 元。( )

22. 董事会提议分配的现金股利,企业应作出相应的账务处理。( )

23. 企业宣告发放的现金股利和股票股利,均应通过"应付股利"科目核算。( )

24. 企业向股东宣告的现金股利,在尚未支付给股东之前,是企业股东权益的一个组成部分。( )

四、计算分析题

1. 20×9 年 2 月 5 日,A 公司销售一批产品给 B 公司,款项尚未收到。双方约定,B 公司应于 20×9 年 9 月 30 日付款。20×9 年 4 月 1 日,A 公司因急需流动资金,经与中国银行协商,以应收 B 公司货款为质押取得 3 个月期限的流动资金借款 200 000 元,年利率为 6%,利息月末计提,到期一次还本付息。假定不考虑其他因素。

要求:编制 A 公司相关的会计分录。

2. 甲企业于 20×9 年 10 月 4 日从某公司购入一批产品并已验收入库。增值税专用发票上注明该批产品的价款为 250 万元,增值税额为 42.50 万元。合同中规定的现金折扣条件为 2/10、1/20、*n*/30,假定计算现金折扣时不考虑增值税。该企业在 20×9 年 10 月 21 日付清货款。

要求:编制该企业的相关会计分录。

3. A 企业预售产品给 B 企业,要求 B 企业预付 75 000 元,一个月后,A 企业将产品发往 B 企业,开出的发票上注明价款 100 000 元,增值税 17 000 元,B 企业以银行存款支付剩余货款。

要求:作出 A 企业相关的会计分录。

4. 某企业计算本月应付职工工资总额 231 000 元,当月支付生产工人工资 160 000 元,车间管理人员工资 35 000 元,厂部管理部门人员工资 30 200 元,销售人员工资 5 800 元,代扣代交个人所得税 3 000 元,实发工资 228 000 元。

要求:编制该企业相关会计分录。

5. 某大型工业企业 20×9 年 9 月初"应交税费"账户贷方余额为 10 000 元,当月发生下列相关业务,增值税适用税率 17%。

(1)购入一批原材料,价款 150 000 元,增值税 25 500 元,以银行存款支付,材料已验收入库；

(2)销售一批应税消费品，价款 300 000 元，增值税 51 000 元，收到的款项存入银行，消费税适用税率 10%；

(3)领用原材料一批用于在建工程，材料实际成本为 60 000，购入时承担的增值税额为 10 200 元；

(4)出售一项专利技术，该无形资产的账面价值为 270 000 元，收到款项 330 000 元存入银行，营业税适用税率为 5%。

要求：编制以上业务的会计分录。

五、综合题

1. 甲企业为增值税一般纳税工业企业，其适用增值税率为 17%，20×9 年 9 月发生如下经济业务。

(1)9 月 1 日，购入一批工程用原材料，价款为 50 万元，增值税额为 8.5 万元，并开出 3 个月商业承兑汇票，该票据为带息票据，票面利率 8%，于月末计算应付利息。

(2)9 月 3 日，企业收到乙公司预付货款 10 万元。

(3)9 月 10 日，企业向乙公司发出 30 万元的货物，成本为 25 万元；乙公司已验收入库，并支付了剩余货款及增值税 5.1 万元。

(4)9 月 28 日，经过核算，该月应付生产工人工资 30 万元，车间管理人员工资 16 万元，厂部管理人员工资 4 万元，工程人员工资 2 万元。企业全部以银行存款支付工资。

(5)9 月 30 日，计算应付利息。

要求：根据上述经济业务编制甲企业会计分录。

2. 某企业 20×9 年 11 月份发生如下经济业务。

(1)根据供电部门通知，企业本月应付电费 6 万元。其中生产车间电费 5 万元，企业行政管理部门电费 1 万元。

(2)购入不需要安装的设备一台，价款及价外费用 100 000 元，增值税专用发票上注明的增值税额 17 000 元，款项尚未支付。

(3)生产车间委托外单位修理机器设备，对方开据的专用发票上注明修理费用 2 000 元，增值税额 340 元，款项已用银行存款支付。

(4)建造厂房领用生产用原材料 20 000 元，其购入时支付的增值税为 3 400 元。

(5)医务室维修领用原材料 2 000 元，其购入时支付的增值税为 340 元。

要求：编制上述业务会计分录。

3. 长江公司为家电生产企业，共有职工 310 人，其中：生产工人 200 人，车间管理人员 15 人，行政管理人员 20 人，销售人员 15 人，在建工程人员 60 人。长江公司适用的增值税税率为 17%。20×9 年 12 月份发生如下经济业务。

(1)本月应付职工资产总额为 380 万元，工资费用分配汇总表中列示的产品生产工人工资为 200 万元，车间管理人员工资为 30 万元，企业行政管理人员工资为 50

万元,销售人员工资40万元,在建工程人员工资60万元。

(2)下设的职工食堂享受企业提供的补贴,本月领用自产产品一批,该产品的账面价值为8万元,市场价格为10万元(不含增值税),适用的消费税税率为10%。

(3)以其自己生产的某种电暖气发放给公司每名职工,每台电暖气的成本为800元,市场售价为每台1 000元。

(4)为总部部门经理以上职工提供汽车免费使用,为副总裁以上高级管理人员每人租赁一套住房。长江公司现有总部部门经理以上职工共10人,假定所提供汽车每月计提折旧2万元;现有副总裁以上职工3人,所提供住房每月的租金2万元。

(5)用银行存款支付副总裁以上职工住房租金2万元。

(6)结算本月应付职工工资总额380万元,代扣职工房租10万元,企业代垫职工家属医药费2万元,代扣个人所得税20万元,余款用银行存款支付。

(7)上交个人所得税20万元。

(8)下设的职工食堂维修领用原材料5万元,其购入时支付的增值税0.85万元。

要求:编制上述业务的会计分录。

4.甲上市公司为增值税一般纳税人,适用的增值税税率为17%。20×9年10月发生与职工薪酬有关的交易或事项如下。

(1)对行政管理部门使用的设备进行日常维修,应付企业内部维修人员工资1.2万元。

(2)对以经营租赁方式租入的生产线进行改良,应付企业内部改良工程人员工资3万元。

(3)为公司总部下属25位部门经理每人配备汽车一辆免费使用,假定每辆汽车每月折旧0.08万元。

(4)将50台自产的V型厨房清洁器作为福利分配给本公司行政管理人员。该厨房清洁器每台生产成本为1.2万元,市场售价为1.5万元(不含增值税)。

(5)月末,分配职工工资150万元,其中直接生产产品人员工资105万元,车间管理人员工资15万元,企业行政管理人员工资20万元,专设销售机构人员工资10万元。

(6)以银行存款缴纳职工医疗保险费5万元。

(7)按规定计算代扣代交职工个人所得税0.8万元。

(8)以现金支付职工李某生活困难补助0.1万元。

(9)从应付张经理的工资中,扣回上月代垫的应由其本人负担的医疗费0.8万元。

要求:编制甲上市公司20×9年10月上述交易或事项的会计分录。(“应交税费”科目要求写出明细科目和专栏名称,答案中的金额单位用万元表示)

巩固练习题参考答案及解析

一、单项选择题

1.【答案】C

【解析】企业计提短期借款利息时，借记“财务费用”，贷记“应付利息”；通过银行存款支付短期借款利息时，借记“财务费用”、“应付利息”等科目，贷记“银行存款”科目。

2.【答案】D

【解析】该短期借款是每月末计提利息，季末偿还利息。

1月和2月计提利息时

借:财务费用　　500

　贷:应付利息　　500

3月份偿还利息时

借:财务费用　　500

　应付利息　　1 000

　贷:银行存款　　1 500

3.【答案】D

【解析】企业到期无力支付的银行承兑汇票，应按票面金额转入“短期借款”。

4.【答案】B

【解析】企业开出并承兑的商业承兑汇票如果不能如期支付的，应在票据到期时，将“应付票据”账面价值转入“应付账款”科目。

5.【答案】C

【解析】应付票据的利息支出属于财务费用，而计提的应计未付的票据利息直接通过“应付票据”科目本身核算，并不像短期借款利息那样，通过“应付利息”科目核算。

6.【答案】C

【解析】该应付票据的到期值 =400 000 +400 000 ×10% ×3/12 =410 000(元)。

7.【答案】C

【解析】企业因债权人撤销而转销无法支付的应付账款时，应计入营业外收入。

8.【答案】D

【解析】购货方购买产品时并不考虑现金折扣，待实际支付货款时将享受的现金折扣冲减财务费用。因此企业购买产品时该应付账款的入账价值为 150 +25.5 =175.5 万元。

9.【答案】B

【解析】20 天内付款应享受的现金折扣比例 1%，因为不考虑增值税，所以结果应该为 100×1% =1(万元)。

10.【答案】B

【解析】企业不设置“预收账款”科目,将预收的款项应直接计入“应收账款”科目的贷方。

11.【答案】B

【解析】B 项直接计入管理费用,不需进行分配。

12.【答案】B

【解析】企业从职工工资中代扣代交职工个人所得税,会计处理为

借:应付职工薪酬

　　贷:其他应付款

13.【答案】D

【解析】抚恤费在管理费用中列支。

14.【答案】B

【解析】参见教材相关内容。

15.【答案】D

【解析】分录如下:

借:应交税费——应交增值税(已交税金)

　　贷:银行存款

16.【答案】B

【解析】小规模纳税人企业,增值税不允许抵扣,应计入成本。

17.【答案】B

【解析】虽然作进项税额转出与进项税不得抵扣,在计算结果上是一致的,但这是两个不同的概念,不应混淆。

18.【答案】C

【解析】150×(1-13%)=130.5(万元)。

19.【答案】B

【解析】委托加工物资收回后直接用于销售的,其所负担的消费税应计入委托加工物资成本;如果收回的委托加工物资用于连续生产的,应将所负担的消费税先计入“应交税费——应交消费税”科目的借方,按规定用以抵扣加工的消费品销售后所负担的消费税。

20.【答案】C

【解析】企业将自产产品用于在建工程,应按照产品成本进行结转,不确认收入,但是按照税法的规定应该视同销售计算增值税销项税额,将增值税计入在建工程成本。由于该产品为应税消费品,还需要计算消费税。本题的会计处理为:

借:在建工程　　　　　　　　　　1 087.5

　　贷:库存商品　　　　　　　　　　750

应交税费——应交增值税(销项税额) (1 250×17%)212.5
——应交消费税 (1 250×10%)125

21.【答案】C

【解析】5 000+15 000=20 000(元)。

22.【答案】A

【解析】出售该无形资产应交营业税=400 000×5%=20 000(元)。

23.【答案】D

【解析】车辆购置税应计入固定资产成本,房产税、土地使用税应计入"管理费用",城市维护建设税应计入"营业税金及附加"。

24.【答案】B

【解析】10+5=15,增值税、消费税、城市维护建设税、所得税都不在管理费用中核算。

25.【答案】C

【解析】A 项通过"应付股利"核算;B 项通过"营业税金及附加"核算;D 项通过"应付职工薪酬"核算。

二、多项选择题

1.【答案】ABD

【解析】预付账款属于企业的流动资产。

2.【答案】CD

【解析】支付利息时,对已计提的利息,借记"应付利息",对于尚未计提的利息,借记"财务费用"。

3.【答案】ABD

【解析】应付账款一般按应付金额入账,而不按到期应付金额的现值入账。

4.【答案】AD

【解析】BC 是借方登记的内容。

5.【答案】ABCD

【解析】应付职工薪酬包括职工在职期间和离职后提供给职工的全部货币性薪酬和非货币性福利,也包括解除劳务关系给予的补偿。

6.【答案】ABCD

【解析】以上四项都有可能。

7.【答案】ACD

【解析】A 在生产成本里反映;C 在制造费用里反映;D 在福利费里反映。

8.【答案】CD

【解析】自制产成品用于职工福利、对外投资应视同销售,计算增值税的销项税额;而外购的生产用原材料发生非正常损失、用于在建工程进项税额不能抵扣,应将增值税进项税额转出。

9.【答案】CD

【解析】A 和 B 直接贷记“银行存款”就可以了。

10.【答案】CD

【解析】按规定,“应交税费——应交增值税”多栏式明细账借方分别设置“进项税额”、“已交税金”等专栏。

11.【答案】AB

【解析】企业自销产品的应交资源税计入“营业税金及附加”,自产自用产品应交资源税计入“生产成本”或“制造费用”。

12.【答案】ABC

【解析】委托他人保管货物与增值税无关。

13.【答案】AC

【解析】BD 两项都是作为视同销售处理的。

14.【答案】BCD

【解析】印花税直接在管理费用反映。

15.【答案】BCD

【解析】营业税与管理费用无关。

16.【答案】ABC

【解析】城市维护建设税是以实际交纳的三税为计税依据。

17.【答案】BC

【解析】增值税不能通过“营业税金及附加”科目核算,城市维护建设税、教育费附加应通过“营业税金及附加”科目核算。矿产资源补偿费应通过“管理费用”核算。

18.【答案】AC

【解析】选项 A,由受托方代收代缴的消费税计入委托加工物资成本;选项 B,如果收回后是用于连续生产应税消费品的,由受托方代收代缴的消费税应记入“应交税费——应交消费税”科目的借方;选项 C,小规模纳税企业购入材料支付的增值税应计入原材料成本;选项 D,一般纳税企业进口原材料缴纳的增值税可以作为进项税额抵扣。

19.【答案】AC

【解析】选项 B 计入应付股利,选项 D 在预收账款项目中核算。

20.【答案】BCD

【解析】营业税的征税范围包括提供应税劳务、转让无形资产和销售不动产;增值税的征税范围包括销售或进口货物以及提供的加工、修理修配劳务。因此,正确答案为 BCD。

三、判断题

1.【答案】√

【解析】这是负债的定义。

2.【答案】×

【解析】短期借款利息与“短期借款”科目无关。

3.【答案】×

【解析】不严谨,例如专门借款发生的利息支出就需要考虑资本化的问题。

4.【答案】√

【解析】这是应付票据的定义。

5.【答案】×

【解析】商业汇票还包括银行承兑汇票,其处理是转入“短期借款”。

6.【答案】×

【解析】如果是带息票据,还应包括利息。

7.【答案】√

【解析】计入营业外收入中。

8.【答案】√

【解析】预收账款是指企业按照合同规定,向购货单位预先收取的款项。与应付账款不同,这一负债不是以货币偿付,而是以货物偿付。

9.【答案】×

【解析】应付账款项目金额 =“应付账款”明细账户贷方余额 +“预付账款”明细账户贷方余额。

10.【答案】×

【解析】企业在折扣期内付款享受的现金折扣应冲减当期的财务费用。

11.【答案】√

【解析】企业债务已经成立,应在会计期末暂估入账,下月初再用红字冲回。

12.【答案】×

【解析】贷记“应付账款”11 700 元。

13.【答案】√

14.【答案】×

【解析】对于一般纳税人企业确实是这样,对于小规模纳税人企业增值税是计入购入成本,当商品销售时当然就会影响到当期损益。

15.【答案】×

【解析】应付职工薪酬包括职工在职期间和离职后提供给职工的全部货币性薪酬和非货币性福利,也包括解除劳务关系给予的补偿。

16.【答案】×

【解析】应视同销售计算增值税。

17.【答案】×

【解析】自产自用应税消费品时也应交纳消费税。

18.【答案】×

【解析】要区分是否直接销售。

19.【答案】×

【解析】如果将应税消费品用于在建工程,那么就是计入在建工程成本。

20.【答案】√

21.【答案】√

【解析】43 260 ÷(1 +3%)×3% =1 260(元)。

22.【答案】×

【解析】对董事会提议分配的现金股利,只能在会计报表附注中披露,而不作会计处理。

23.【答案】×

【解析】企业宣告发放的股票股利不通过“应付股利”科目核算,在实际发放股票股利时,直接借记“利润分配”科目,贷记“股本”、“资本公积”科目。

24.【答案】×

【解析】是流动负债的一个组成部分。

四、计算分析题

1.【答案】

(1)4 月 1 日取得短期借款时

借:银行存款	200 000	
贷:短期借款		200 000

(2)4、5 月末计提利息时

借:财务费用	1 000	
贷:应付利息		1 000

(3)6 月 30 日偿付短期借款及利息时

借:财务费用	1 000	
应付利息	2 000	
短期借款	200 000	
贷:银行存款		203 000

2.【答案】

(1)20 ×9 年 10 月 4 日购入产品并验收入库时

借:库存商品	250	
应交税费——应交增值税(进项税额)	42.50	
贷:应付账款		292.50

(2)20 ×9 年 10 月 21 日支付货款,享受现金折扣

借:应付账款	292.50	
贷:财务费用		2.50
银行存款		290

3.【答案】

(1)预收货款时

借:银行存款 75 000

　贷:预收账款 75 000

(2)实际销售时

借:预收账款 75 000

　银行存款 42 000

　贷:主营业务收入 100 000

　　应交税费——应交增值税(销项税额) 17 000

4.【答案】

借:生产成本 160 000

　制造费用 35 000

　管理费用 30 200

　销售费用 5 800

　贷:应付职工薪酬——工资 231 000

借:应付职工薪酬——工资 3 000

　贷:应交税费——应交个人所得税 3 000

借:应付职工薪酬——工资 228 000

　贷:银行存款 228 000

5.【答案】

(1)借:原材料 150 000

　　应交税费——应交增值税(进项税额) 25 500

　　贷:银行存款 175 500

(2)借:银行存款 351 000

　　贷:主营业务收入 300 000

　　　应交税费——应交增值税(销项税额)(300 000×17%)51 000

借:营业税金及附加 30 000

　贷:应交税费——应交消费税 (300 000×10%)30 000

(3)借:在建工程 70 200

　　贷:原材料 60 000

　　　应交税费——应交增值税(进项税额转出) 10 200

(4)借:银行存款 330 000

　　贷:无形资产——专利权 270 000

　　　应交税费——应交营业税 (330 000×5%)16 500

　　　　——应交城市维护建设税 (16 500×7%)1 155

　　　　——应交教育费附加 (16 500×3%)495

营业外收入 41 850

五、综合题

1.【答案】

(1)9 月 1 日,企业购入工程用原材料

借:工程物资 585 000

贷:应付票据 585 000

(2)9 月 3 日,预收乙公司预付货款

借:银行存款 100 000

贷:预收账款 100 000

(3)9 月 10 日,企业向乙公司发货

借:预收账款 351 000

贷:主营业务收入 300 000

应交税费——应交增值税(销项税额) 51 000

结转成本时

借:主营业务成本 250 000

贷:库存商品 250 000

收到乙公司支付的剩余货款及税金

借:银行存款 251 000

贷:预收账款 251 000

(4)9 月 28 日

分配工资:

借:生产成本 300 000

制造费用 160 000

管理费用 40 000

在建工程 20 000

贷:应付职工薪酬 520 000

实际发放工资:

借:应付职工薪酬 520 000

贷:银行存款 520 000

(5)9 月 30 日,计算应付利息 $=585\ 000\times 8\%\times 1/12=3\ 900$(元)

借:财务费用 3 900

贷:应付票据 3 900

2.【答案】

(1)计算本月应付电费

借:制造费用 50 000

管理费用 10 000

贷:应付账款 60 000

(2)购入不需要安装的设备一台

借:固定资产 100 000

应交税费——应交增值税(进项税额) 17 000

贷:应付账款 117 000

(3)生产车间委托外单位修理机器设备

借:制造费用 2 000

应交税费——应交增值税(进项税额) 340

贷:银行存款 2 340

(4)建造厂房领用生产用原材料

借:在建工程 23 400

贷:原材料 20 000

应交税费——应交增值税(进项税额转出) 3 400

(5)医务室维修领用原材料

借:应付职工薪酬——职工福利 2 340

贷:原材料 2 000

应交税费——应交增值税(进项税额转出) 340

3.【答案】

(1)借:生产成本 200

制造费用 30

管理费用 50

销售费用 40

在建工程 60

贷:应付职工薪酬——工资 380

(2)借:应付职工薪酬——职工福利 10.7

贷:库存商品 8

应交税费——应交增值税(销项税额) 1.7

应交税费——应交消费税 1

(3)借:生产成本 (200×0.1×1.17)23.4

制造费用 (15×0.1×1.17)1.755

管理费用 (20×0.1×1.17)2.34

销售费用 (15×0.1×1.17)1.755

在建工程 (60×0.1×1.17)7.02

贷:应付职工薪酬——非货币性福利 (310×0.1×1.17)36.27

借:应付职工薪酬——非货币性福利 36.27

贷:主营业务收入 31

应交税费——应交增值税(销项税额) 5.27
借:主营业务成本 24.8
贷:库存商品 24.8
(4)借:管理费用 (2+2)4
贷:应付职工薪酬——非货币性福利 4
借:应付职工薪酬——非货币性福利 2
贷:累计折旧 2
(5)借:应付职工薪酬——非货币性福利 2
贷:银行存款 2
(6)借:应付职工薪酬——工资 380
贷:银行存款 348
其他应收款 12
应交税费——应交个人所得税 20
(7)借:应交税费——应交个人所得税 20
贷:银行存款 20
(8)借:应付职工薪酬——职工福利 5.85
贷:原材料 5
应交税费——应交增值税(进项税额转出) 0.85

4.【答案】

(1)借:管理费用 1.2
贷:应付职工薪酬——工资 1.2
(2)借:长期待摊费用 3
贷:应付职工薪酬——工资 3
(3)借:管理费用 2
贷:应付职工薪酬——非货币性福利 2
借:应付职工薪酬——非货币性福利 2
贷:累计折旧 2
(4)借:管理费用 87.75
贷:应付职工薪酬——非货币性福利 87.75
借:应付职工薪酬——非货币性福利 87.75
贷:主营业务收入 75
应交税费——应交增值税(销项税额) 12.75
借:主营业务成本 60
贷:库存商品 60

(5)借:生产成本　105
　　制造费用　15
　　管理费用　20
　　销售费用　10
　　贷:应付职工薪酬——工资　150
(6)借:应付职工薪酬——社会保险费　5
　　贷:银行存款　5
(7)借:应付职工薪酬——工资　0.8
　　贷:应交税费——应交个人所得税　0.8
(8)借:应付职工薪酬——职工福利　0.1
　　贷:库存现金　0.1
(9)借:应付职工薪酬——工资　0.8
　　贷:其他应收款　0.8

9 非流动负债

本章基本结构框架

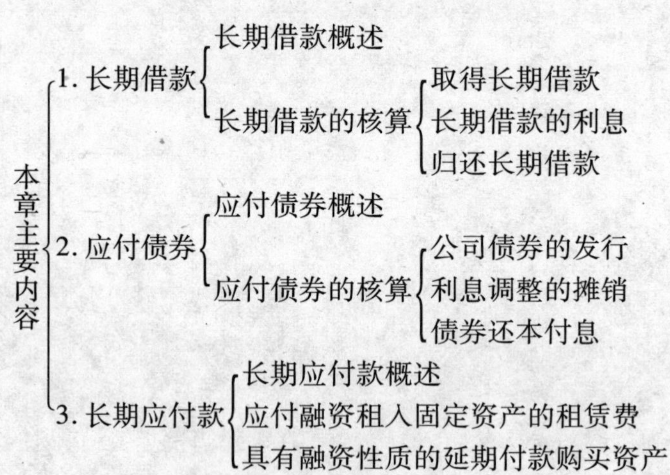

本章重点与难点

9.1 长期借款

9.1.1 长期借款概述

长期借款是指企业向银行或其他金融机构借入的期限在一年以上(不含一年)

的各种借款。长期借款按偿还方式和付息方式的不同,分为到期一次还本付息的借款、分期付息到期还本的借款、分期偿还本息的借款三种方式。

企业应设置“长期借款”科目,用以核算长期借款的借入、归还等情况。本科目可按贷款单位和贷款种类,分别“本金”、“利息调整”、“应计利息”等进行明细核算。

9.1.2 长期借款的核算

9.1.2.1 取得长期借款

企业借入各种长期借款时,应按实际收到的金额,借记“银行存款”科目,贷记“长期借款——本金”科目;如存在差额,还应借记“长期借款——利息调整”科目。

9.1.2.2 长期借款的利息

长期借款的利息费用应当在资产负债表日按照实际利率法计算确定。资产负债表日,企业按长期借款的摊余成本和实际利率计算确定的长期借款利息费用,借记“在建工程”、“财务费用”、“制造费用”、“研发支出”等科目,按借款本金和合同利率计算确定的应付未付利息,贷记“应付利息”科目(分期付息到期还本的借款)或“长期借款——应计利息”科目(到期一次还本付息的借款),按其差额,贷记“长期借款——利息调整”科目。

实际利率与合同利率差异较小的,也可以采用合同利率计算确定利息费用。

长期借款计算确定的利息费用,应当按以下原则计入有关成本、费用:①属于筹建期间的,计入管理费用;②属于生产经营期间的,计入财务费用;③长期借款用于购建或改扩建固定资产,在固定资产尚未达到预定可使用状态前所发生的应当资本化的利息支出数,应当计入在建工程成本;④长期借款用于购建或改扩建固定资产,固定资产达到预定可使用状态之后发生的利息支出以及按规定不予资本化的利息支出,应当计入财务费用。

9.1.2.3 归还长期借款

企业归还长期借款时,应按归还的借款本金,借记“长期借款——本金”科目,按应归还的借款利息,借记“应付利息”科目或“长期借款——应计利息”科目,按实际归还的金额,贷记“银行存款”科目。

如果存在利息调整余额的,还应按转销的利息调整金额,借记“在建工程”、“财务费用”、“制造费用”等科目,贷记“长期借款——利息调整”科目。

9.2 应付债券

9.2.1 应付债券概述

债券是公司为筹集资金而发行的一种书面凭证。公司发行的超过一年期以上的债券,构成了公司的长期负债。公司发行应付债券取得资金是以将来履行归还债券购买者本息的义务作为保证的。

公司债券发行价格的高低一般取决于债券票面金额、债券票面利率、发行当时的市场利率以及债券期限的长短等因素。公司债券的发行方式有三种，即面值发行、溢价发行、折价发行。溢价或折价是发行债券企业在债券存续期间内对利息费用的一种调整。

公司应设置"应付债券"科目，并在该科目下设置"面值"、"利息调整"、"应计利息"等明细科目，核算应付债券发行、计提利息、还本付息等情况。

9.2.2 应付债券的核算

9.2.2.1 公司债券的发行

无论是按面值发行，还是溢价发行或折价发行，均按债券面值记入"应付债券"科目的"面值"明细科目，实际收到的款项与面值的差额，记入"利息调整"明细科目。企业发行债券时，按实际收到的款项，借记"银行存款"、"库存现金"等科目，按债券票面价值，贷记"应付债券——面值"科目，按实际收到的款项与票面价值之间的差额，贷记或借记"应付债券——利息调整"科目。

9.2.2.2 利息调整的摊销

利息调整应在债券存续期间内采用实际利率法进行摊销。实际利率法是指按照应付债券的实际利率计算其摊余成本及各期利息费用的方法；实际利率是指将应付债券在债券存续期间的未来现金流量，折现为该债券当前账面价值所使用的利率。

资产负债表日，对于分期付息、一次还本的债券，企业应按应付债券的摊余成本和实际利率计算确定的债券利息费用，借记"在建工程"、"制造费用"、"财务费用"、"研发支出"等科目，按面值和票面利率计算确定的应付未付利息，贷记"应付利息"科目，按其差额，借记或贷记"应付债券——利息调整"科目。

对于一次还本付息的债券，企业应于资产负债表日按摊余成本和实际利率计算确定的债券利息费用，借记"在建工程"、"制造费用"、"财务费用"、"研发支出"等科目，按面值和票面利率计算确定的应付未付利息，贷记"应付债券——应计利息"科目，按其差额，借记或贷记"应付债券——利息调整"科目。

9.2.2.3 债券还本付息

采用一次还本付息方式的，企业应于债券到期支付债券本息时，借记"应付债券——面值、应计利息"科目，贷记"银行存款"科目。采用一次还本、分期付息方式的，在每期支付利息时，借记"应付利息"科目，贷记"银行存款"科目；债券到期偿还本金并支付最后一期利息时，借记"应付债券——面值"、"在建工程"、"财务费用"、"制造费用"等科目，贷记"银行存款"科目，按借贷双方之间的差额，借记或贷记"应付债券——利息调整"科目。

9.3 长期应付款

9.3.1 长期应付款概述

长期应付款,是指企业除长期借款和应付债券以外的其他各种长期应付款项,包括应付融资租入固定资产的租赁费、以分期付款方式购入固定资产发生的应付款项等。

企业应当设置"长期应付款"科目,用以核算除长期借款和应付债券以外的其他各种长期应付款项。本科目可按长期应付款的种类和债权人进行明细核算。

企业还应当设置"未确认融资费用"科目,用以核算应当分期计入利息费用的未确认融资费用。本科目借方登记固定资产入账价值与"长期应付款"等科目贷方金额之间的差额,贷方登记未确认融资费用在各个期间的摊销额,期末余额在借方,反映企业未确认融资费用的摊余价值。本科目可按债权人和长期应付款项目进行明细核算。

9.3.2 应付融资租入固定资产的租赁费

企业采用融资租赁方式租入的固定资产,应在租赁期开始日,将租赁开始日租赁资产公允价值与最低租赁付款额现值两者中较低者,加上初始直接费用,作为租入资产的入账价值,借记"固定资产"、"在建工程"等科目,按最低租赁付款额,贷记"长期应付款"科目,按发生的初始直接费用,贷记"银行存款"等科目,按其差额,借记"未确认融资费用"科目。

按期支付的租金,借记"长期应付款"科目,贷记"银行存款"等科目。

未确认融资费用应当在租赁期内各个期间进行分摊。企业应当采用实际利率法计算确认当期的融资费用,借记"财务费用"、"在建工程"等科目,贷记"未确认融资费用"科目。

9.3.3 具有融资性质的延期付款购买资产

企业购买资产有可能延期支付有关价款。如果延期支付的购买价款超过正常信用条件(通常在3年以上),实质上具有融资性质的,所购资产的成本应当以延期支付购买价款的现值为基础确定。实际支付的价款与购买价款的现值之间的差额,属于未确认融资费用,应当在信用期间内采用实际利率法进行摊销,计入相关资产成本或当期损益。

企业购入资产超过正常信用条件延期付款实质上具有融资性质时,应按购买价款的现值,借记"固定资产"、"在建工程"等科目,按应支付的价款总额,贷记"长期应付款"科目,按其差额,借记"未确认融资费用"科目。

企业应按每期支付的租金,借记"长期应付款"科目,贷记"银行存款"等科目;按每期计算确认的融资费用,借记"财务费用"、"在建工程"等科目,贷记"未确认融资费用”科目。

巩固练习题

一、单项选择题

1. 甲公司于20×9年1月1日从银行借入资金1 000万元，期限三年，年利率为8%，利息每年年初支付，到期还本和最后一年利息，借款已存入银行。20×9年12月31日该长期借款的账面价值为(　　)万元。

A. 48　　B. 396　　C. 848　　D. 1 000

2. 甲企业20×8年1月1日以730万元的价格发行5年期债券700万元。该债券到期一次还本付息，票面年利率为8%。则甲企业20×9年12月31日应计入“应付债券——应计利息”科目的数额为(　　)万元。

A. 56　　B. 31.5　　C. 112　　D. 63

3. 甲公司于20×9年1月1日发行四年期公司债券2 000万元，实际收到发行价款2 000万元。该债券票面年利率为5%，半年付息一次，20×9年12月31日公司对于该债券应确认的财务费用为(　　)万元。

A. 300　　B. 50　　C. 100　　D. 200

4. 20×8年7月1日，甲企业按面值发行5年期、到期一次还本付息、年利率5%(不计复利)、面值总额为8 000万元的债券。20×9年12月31日“应付债券”科目的账面余额为(　　)万元。

A. 8 150　　B. 6 600　　C. 5 000　　D. 8 600

5. 企业20×9年1月1日发行五年期企业债券100万元，该债券票面利率为10%，发行时实际利率为8%，到期一次性还本付息。20×9年企业应确认的财务费用为(　　)元。

A. 102 090　　B. 81 672　　C. 100 000　　D. 80 000

6. 若公司债券溢价发行，溢价按照实际利率法进行摊销，每期计入财务费用的金额(　)。

A. 与直线法摊销确认的金额　　B. 逐期减少

C. 逐期增加　　D. 总是大于按直线法摊销确认的金额

7. 企业以折价方式发行债券时，每期负担的利息费用是(　　)。

A. 按实际利率计算的应付利息减按照直线法应摊销的金额

B. 按票面利率计算的应付利息加按照实际利率法应摊销的金额

C. 按票面利率计算的应付利息减按照直线法应摊销的金额

D. 按票面利率计算的应付利息减按照实际利率法应摊销的金额

8. 某企业发行债券所筹资金用于建造固定资产，至20×9年12月31日时工程尚未完工，计提本年应付债券利息时应计入(　　)科目。

A. 固定资产　　B. 在建工程　　C. 管理费用　　D. 财务费用

9. 甲企业 20×9 年 7 月 1 日按面值发行 5 年期债券 100 万元。该债券到期一次还本付息，票面年利率为 5%。甲企业 20×9 年 12 月 31 日“应付债券”的账面余额为（　　）万元。

A. 100　　B. 102.5　　C. 105　　D. 125

10. 某股份有限公司于 20×8 年 1 月 1 日发行 3 年期、每年 1 月 1 日付息、到期一次还本的公司债券，债券面值为 200 万元，票面年利率为 5%，实际利率为 6%，发行价格为 194.65 万元。按实际利率法确认利息费用。该债券 20×9 年度确认的利息费用为（　　）万元。

A. 11.78　　B. 12　　C. 10　　D. 11.68

11. 某股份有限公司于 20×8 年 1 月 1 日发行 3 年期、每年 1 月 1 日付息、到期一次还本的公司债券，债券面值为 100 万元，票面年利率为 5%，实际利率为 4%，发行价格为 102.78 万元。按实际利率法确认利息费用。该债券 20×9 年度确认的利息费用为（　　）万元。

A. 4.11　　B. 5　　C. 4.08　　D. 4.03

二、多项选择题

1. 下列对长期借款利息费用的会计处理，正确的有（　　）。

A. 筹建期间的借款利息计入管理费用

B. 筹建期间的借款利息计入长期待摊费用

C. 日常生产经营活动的借款利息计入财务费用

D. 符合资本化条件的借款利息计入相关资产成本

2. 下列各项因素中，属于影响债券发行价格高低的因素有（　　）。

A. 票面金额　　B. 票面利率　　C. 市场利率　　D. 期限长短

3. 企业在生产经营期间按面值发行债券，按期计提利息时，可能涉及的会计科目有（　　）。

A. 财务费用　　B. 在建工程　　C. 应付债券　　D. 长期待摊费用

4. 下列各项中，一定计入“财务费用”的有（　　）。

A. 支付银行承兑汇票的手续费　　B. 期末计算带息商业汇票的利息

C. 销售企业实际发生的现金折扣　　D. 发行债券计提的利息

5. “应付债券”账户的贷方反映的内容有（　　）。

A. 债券发行时产生的债券溢价　　B. 债券发行时产生的折价

C. 期末计提应付债券利息　　D. 债券的面值

6. “应付债券”账户的借方反映的内容有（　　）。

A. 债券溢价的摊销　　B. 债券折价的摊销

C. 期末计提应付债券利息　　D. 归还债券本金

7. 在我国会计实务中，生产经营期间为构建固定资产而发生的长期借款利息费用，可能计入(　　)科目。

A.在建工程　B.财务费用　C.长期借款　D.长期待摊费用

8.对于分期付息、一次还本的债券，企业应于资产负债表日按摊余成本和实际利率计算确定的债券利息，可能借记的会计科目有(　　)。

A.在建工程　B.制造费用　C.财务费用　D.研发支出

9.“长期应付款”科目核算的内容主要有(　　)。

A.应付经营租入固定资产的租赁费

B.以分期付款方式购入固定资产发生的应付款项

C.以分期付款方式购入存货发生的应付款项

D.应付融资租入固定资产的租赁费

三、判断题

1.对于固定资产借款发生的利息支出，在竣工决算前发生的，应予资本化，将其计入固定资产成本；在竣工决算后发生的，应作为当期费用处理。(　　)

2.对于分期付息到期还本方式取得的长期借款，“长期借款”账户的月末余额，反映企业尚未偿还的长期借款的本金(　　)。

3.企业长期借款所发生的利息支出，应在实际支付时计入在建工程成本或当期损益。(　　)

4.企业应按长期借款的合同利率计算确定的利息费用。(　　)

5.未确认融资费用应当在租赁期内各个期间进行分摊。企业应当采用直线法计算确认当期的融资费用。(　　)

6.无论是按面值发行，还是溢价发行或折价发行，均按债券面值计入“应付债券”科目的“面值”明细科目，实际收到的款项与面值的差额，记入“利息调整”明细科目。(　　)

7.长期借款利息费用应当在资产负债表日按照实际利率法计算确定，实际利率与合同利率差异较小的，也可以采用合同利率计算确定利息费用。(　　)

四、计算分析题

1.某企业经批准从20×8年1月1日起发行2年期面值为10元的债券80 000张，按照面值发行，债券年利率为5%(实际利率与合同利率一致)，每年7月1日和1月1日为付息日，该债券所筹资金全部用于新生产线的建设，该生产线于20×9年6月底完工交付使用，债券到期后全部一次归还本金。

要求：编制该企业从债券发行到债券到期的全部会计分录。

2.甲公司于20×1年1月1日从银行借入资金1 000万元，借款期限为3年，年利率为6%，利息于每年年初支付，到期时归还本金及最后一年利息。所借款项已存入银行。甲公司用该借款于当日购买不需要安装的设备一台，价款为800万元，另支付运杂费及保险等费用10万元，设备已于当日投入使用。

要求：

(1)编制甲公司从取得借款到归还借款的会计分录;

(2)编制甲公司购买设备的会计分录。(金额单位以万元表示)

五、综合题

1. 甲公司20×1年6月30日从银行借入资金1 000 000元,用于购置大型设备,借款期限为2年,年利率为10%(假定实际利率与合同利率一致),到期一次还本付息,款项已存入银行。

20×1年7月1日,甲公司收到购入的设备,并用银行存款支付设备价款936 000元(含增值税)。该设备安装调试期间发生安装调试费64 000元,于20×1年12月31日投入使用。该设备预计使用年限为5年,预计净残值率为5%,采用双倍余额递减法计提折旧。

20×3年6月30日,甲公司以银行存款归还借款本息1 200 000元。

20×3年12月31日,甲公司因转产,将该设备出售,收到价款450 000元,存入银行。另外,甲公司用银行存款支付清理费用2 000元。(不考虑借款存入银行产生的利息收入)

要求:

(1)计算该设备的入账价值;

(2)计算该设备20×2年度、20×3年度应计提的折旧费用;

(3)编制20×2年末应计借款利息的会计分录;

(4)编制归还借款本息时的会计分录;

(5)编制出售该设备时的会计分录。

2. 乙公司于20×1年1月1日发行2年期、到期时一次还本付息、利率为6%、面值总额为2 000 000元的债券,所筹资金用于厂房扩建,其扩建工程延长了厂房的使用寿命。该债券已按面值发行成功,款项已收存银行。乙公司每半年计提一次利息。厂房扩建工程于20×1年1月1日开工建设,20×1年12月31日达到预定可使用状态。假定20×1年6月30日计提利息时,按规定实际利息支出的60%应予资本化。20×1年12月31日计提利息时,按规定实际利息支出的90%应予资本化。债券到期时,以银行存款偿还本息。

要求:编制乙公司按面值发行债券、各期计提债券利息和债券还本付息的会计分录(“应付债券”科目需写出明细科目)。

3. 丙公司20×7年1月1日从乙公司购入A生产设备作为固定资产使用,购货合同约定,A设备的总价款为2 000万元,当日支付800万元,余款分3年于每年末平均支付。设备交付安装,支付安装等相关费用20.8万元,设备于3月31日安装完毕达到预定可使用状态并交付使用。设备预计净残值为30万元,预计使用年限为5年,采用年数总和法计提折旧。

假定同期银行借款年利率为6%。[(P/A,6%,3)=2.6730,(P/A,6%,4)=3.4651]

要求：

(1)计算该设备的入账价值及未确认融资费用；

(2)计算丙公司20×7年、20×8年应确认的融资费用及应计提的折旧额；

(3)编制20×7年、20×8年以及20×9年与该设备相关的会计分录。

巩固练习题参考答案及解析

一、单项选择题

1.【答案】D

【解析】利息应通过"应付利息"科目核算，不计入长期借款账面价值。

2.【答案】C

【解析】20×9年末计入"应付债券——应计利息"科目的金额为700×8%×2=112(万元)。

3.【答案】B

【解析】注意这里是半年付息一次，可见是分次付息债券。2 000×5%×1/2=50(万元)。

4.【答案】D

【解析】"应付债券"科目的账面余额=8 000×(1+5%×1.5)=8 600(万元)。

5.【答案】B

【解析】该债券的实际发行价格=(1 000 000+1 000 000×10%×5)/$(1+8\%)^5$=1 020 900(元)，20×9年应确认的财务费用=1 020 900×8%=81 672(元)。

6.【答案】B

【解析】随着溢价的摊销，债券面值和尚未摊销的溢价之间的差额会不断减少，因此按照实际利率法计算的财务费用会逐期减少。

7.【答案】B

【解析】若公司债券以折价发行，应按照实际利率法进行摊销，且实际计算的利息费用大于按照票面利率计算的利息费用。

8.【答案】B

【解析】按照企业会计准则的规定，该债券产生的实际利息费用应予以资本化，作为在建工程成本。

9.【答案】B

【解析】"应付债券"的账面余额=100+100×5%×6/12=102.5(万元)。

10.【答案】A

【解析】该债券20×8年确认的利息费用=194.65×6%=11.68(万元)，20×9年1月1日应付债券的账面余额=194.65+(11.68-200×5%)=196.33(万元)，20×9年度确认的利息费用=196.33×6%=11.78(万元)。

11.【答案】C

【解析】该债券 20×8 年度确认的利息费用 = 102.78×4% = 4.11(万元),20×9 年年 1 月 1 日应付债券的账面余额 = 102.78 - (100×5% - 4.11) = 101.89(万元),20×9 年度确认的利息费用 = 101.89×4% = 4.08(万元)。

二、多项选择题

1.【答案】ACD

【解析】选项 B 是计入管理费用中的。

2.【答案】ABCD

【解析】以上四种,均会影响到债券发行价格的高低。

3.【答案】ABC

【解析】企业按面值发行债券,则每期计提利息时借记“在建工程”、“财务费用”等科目,贷记“应付债券”科目。则本题答案应该选 ABC。

4.【答案】ABC

【解析】D 项也可能计入在建工程等项目。

5.【答案】ACD

【解析】债券的发行产生的折价应计入“应付债券”账户的借方。

6.【答案】AD

【解析】债券溢价的摊销和归还债券本金应计入“应付债券”账户的借方。

7.【答案】ABC

【解析】与长期待摊费用科目无关。到期时一次还本付息的长期借款的利息通过“长期借款”科目核算。

8.【答案】ABCD

【解析】对于分期付息、一次还本的债券,企业应于资产负债表日按摊余成本和实际利率计算确定的债券利息,借记“在建工程”、“制造费用”、“财务费用”、“研发支出”等科目,按票面利率计算确定的应付未付利息,贷记“应付利息”科目,按其差额,借记或贷记“应付债券(利息调整)”科目。

9.【答案】BCD

【解析】长期应付款,是指企业除长期借款和应付债券以外的其他各种长期应付款项,包括应付融资租入固定资产的租赁费、应分期付款方式购入固定资产发生的应付款项等。选项 A 通过“其他应付款”科目核算。

三、判断题

1.【答案】×

【解析】以是否达到预定可使用状态为标准,不是以竣工决算为标准。

2.【答案】√

【解析】利息在“应付利息”账户反映。

3.【答案】×

【解析】应是在计提时而不是实际支付时。

4.【答案】×

【解析】企业应按长期借款的摊余成本和实际利率计算确定利息费用。

5.【答案】×

【解析】未确认融资费用应当在租赁期内各个期间进行分摊。企业应当采用实际利率法计算确认当期的融资费用。

6.【答案】√

7.【答案】√

四、计算分析题

1.【答案】

(1)20×8 年 1 月 1 日发行债券

借:银行存款　800 000

　贷:应付债券——面值　800 000

(2)20×8 年 6 月 30 日、12 月 31 日和 20×9 年 6 月 30 日均计提利息

借:在建工程　20 000

　贷:应付利息　20 000

(3)20×8 年 7 月 1 日、20×9 年 1 月 1 日和 7 月 1 日支付利息均作如下会计分录

借:应付利息　20 000

　贷:银行存款　20 000

(4)20×9 年 12 月 31 日计提利息

借:财务费用　20 000

　贷:应付利息　20 000

(5)第 3 年 1 月 1 日支付利息

借:应付利息　20 000

　贷:银行存款　20 000

(6)第 3 年 1 月 1 日支付本金

借:应付债券——面值　800 000

　贷:银行存款　800 000

2.【答案】

(1)

①20×1 年 1 月 1 日

借:银行存款　1 000

　贷:长期借款——本金　1 000

②20×1 年 12 月 31 日

借:财务费用　60

贷:应付利息 60

③20×2 年 1 月 1 日

借:应付利息 60

贷:银行存款 60

④20×2 年 12 月 31 日

借:财务费用 60

贷:应付利息 60

⑤20×3 年 1 月 1 日

借:应付利息 60

贷:银行存款 60

⑥20×3 年 12 月 31 日

借:财务费用 60

贷:应付利息 60

⑦20×4 年 1 月 1 日

借:长期借款 1 000

应付利息 60

贷:银行存款 1 060

(2)

借:固定资产 810

贷:银行存款 810

五、综合题

1.【答案】

(1)该设备的入账价值 =936 000÷(1+17%)+64 000+1 000 000×10%×1/2 =914 000(元)

(2)计算该设备 20×2 年度、20×3 年度应计提的折旧费用

①折旧率 =2÷5×100% =40%

②该设备 20×2 年度应计提的折旧费用 =914 000×40% =365 600(元)

③该设备 20×3 年度应计提的折旧费用 =(914 000 −365 600)×40% =219 360(元)

(3)20×2 年末应计借款利息的会计分录

借:财务费用 100 000

贷:应付利息 100 000

(4)归还借款本息时的会计分录

借:长期借款 1 000 000

应付利息 150 000

财务费用 50 000

贷:银行存款 1 200 000

(5)出售该设备时的会计分录

借:累计折旧 584 960

固定资产清理 329 040

贷:固定资产 914 000

借:银行存款 450 000

贷:固定资产清理 450 000

借:固定资产清理 2 000

贷:银行存款 2 000

借:固定资产清理 118 960

贷:营业外收入 118 960

2.【答案】

(1)按面值发行债券时

借:银行存款 2 000 000

贷:应付债券——债券面值 2 000 000

(2)20×1 年 6 月 30 日,计提利息时

借:在建工程 (60 000×60%)36 000

财务费用 (60 000-36 000)24 000

贷:应付债券——应计利息 (2 000 000×6%/2)60 000

(3)20×1 年 12 月 31 日,计提利息时

借:在建工程 (60 000×90%)54 000

财务费用 (60 000-54 000)6 000

贷:应付债券——应计利息 (2 000 000×6%/2)60 000

(4)20×2 年 6 月 30 日和 20×2 年 12 月 31 日,计提利息时

借:财务费用 60 000

贷:应付债券——应计利息 (2 000 000×6%/2)60 000

(5)20×3 年 1 月 1 日,还本付息时

借:应付债券——债券面值 2 000 000

——应计利息 (2 000 000×6%×2)240 000

贷:银行存款 2 240 000

3.【答案】

(1)计算总价款的现值=8 000 000+12 000 000/3×(P/A,6%,3)

=8 000 000+4 000 000×2.6730

=18 692 000(元)

设备的入账价值=18 692 000+208 000=18 900 000(元)

未确认融资费用=20 000 000-18 692 000=1 308 000(元)

(2)

20×7年应确认的融资费用=(18 692 000−8 000 000)×6%
=641 520(元)

20×8年应确认的融资费用=[(18 692 000−8 000 000)−(4 000 000−641 520)]×6% =440 011.2(元)

20×7年应计提的折旧=(18 900 000−300 000)×5/15×9/12
=4 650 000(元)

20×8年应计提的折旧=(18 900 000−300 000)×5/15×3/12+(18 900 000−300 000)×4/15×9/12=1 550 000+3 720 000=5 270 000(元)

(3)编制会计分录

①20×7年度

借:在建工程 18 692 000
　未确认融资费用 1 308 000
　贷:长期应付款 12 000 000
　　银行存款 8 000 000

借:在建工程 208 000
　贷:银行存款 208 000

借:固定资产 18 900 000
　贷:在建工程 18 900 000

20×7年末付款时

借:长期应付款 4 000 000
　贷:银行存款 4 000 000

借:财务费用 (10 692 000×6%)641 520
　贷:未确认融资费用 641 520

借:制造费用 4 650 000
　贷:累计折旧 4 650 000

②20×8年末付款时

借:长期应付款 4 000 000
　贷:银行存款 4 000 000

借:财务费用
{[10 692 000−(4 000 000−641 520)]×6%}440 011.2
　贷:未确认融资费用 440 011.2

借:制造费用 5 270 000
　贷:累计折旧 5 270 000

③20×9年末付款时

借:长期应付款 4 000 000

　贷:银行存款 4 000 000

借:财务费用 (1 308 000 - 641 520 - 440 011.2) 226 468.8

　贷:未确认融资费用 226 468.8

20×9 年末计提折旧

(18 900 000 - 300 000) ×4/15 ×3/12 + (18 900 000 - 300 000) ×3/15 ×9/12

= 1 240 000 + 2 790 000 = 4 030 000(元)

借:制造费用 4 030 000

　贷:累计折旧 4 030 000

10

所有者权益

本章基本结构框架

本章主要内容
- 1. 所有者权益概述
  - 所有者权益的概念及特征
  - 所有者权益的构成
- 2. 实收资本
  - 实收资本概述
  - 实收资本的核算
    - 接受现金资产投资的核算
    - 接受非现金资产投资的核算
    - 实收资本(或股本)变动的核算
- 3. 资本公积
  - 资本公积概述
  - 资本公积的核算
  - 其他资本公积的核算
  - 资本公积转增资本的核算
- 4. 留存收益
  - 留存收益概述
  - 盈余公积的核算
    - 盈余公积提取的核算
    - 盈余公积使用的核算
  - 未分配利润的核算
    - 分配股利或利润的核算
    - 期末结转的核算
    - 弥补亏损的核算

本章重点与难点

10.1 所有者权益概述

10.1.1 所有者权益的概念及特征

10.1.1.1 所有者权益的概念

所有者权益是指企业资产扣除负债后由所有者享有的剩余权益。公司的所有者权益又称股东权益。

10.1.1.2 所有者权益的特征

(1)所有者权益表现为所有者对企业净资产的要求权。

(2)所有者权益在企业正常经营期内,可供企业长期支配使用,除非发生减资、清算,一般情况下不需要由企业归还给投资者。

(3)所有者权益置于债权人权益之后。

10.1.2 所有者权益的构成

所有者权益的来源包括所有者投入的资本、直接计入所有者权益的利得和损失、留存收益等。

所有者投入的资本,是指所有者投入企业的全部资本,它既包括构成企业注册资本或者股本部分的金额,也包括投入资本超过注册资本或者股本部分的金额,即资本溢价或者股本溢价。因此,投入资本包括实收资本(股本)和资本公积。

直接计入所有者权益的利得和损失,是指不应计入当期损益、会导致所有者权益发生增减变动的、与所有者投入资本或者向所有者分配利润无关的利得或者损失。利得是指由企业非日常活动形成的、会导致所有者权益增加的、与所有者投入资本无关的经济利益的流入;损失是指由企业非日常活动发生的、会导致所有者权益减少的、与向所有者分配利润无关的经济利益的流出。

留存收益是企业历年实现的净利润留存于企业的部分,主要包括计提的盈余公积和未分配利润。

10.2 实收资本

10.2.1 实收资本概述

投资者按照企业章程或合同、协议的约定实际投入企业的资本,构成企业的投入资本,它既包括构成企业注册资本(或股本)部分的金额,也包括投入资本超过注册资本(或股本)部分的金额。后者也称为资本溢价(或股本溢价),形成企业的资本公积。前者,即投资者投入形成企业注册资本(或股本)的部分,称为企业的实收资本。

除股份有限公司外,其他企业应设置“实收资本”科目,核算投资者投入资本的增减变动情况。股份有限公司应设置“股本”科目,核算公司实际发行股票的面值总额。

10.2.2 实收资本的核算

10.2.2.1 接受现金资产投资的核算

1. 股份有限公司以外的企业接受现金资产投资

股份有限公司以外的企业接受现金资产投资时,应以实际收到的金额或存入企业开户银行的金额,借记“库存现金”、“银行存款”科目,按投资合同或协议约定的投资者在企业注册资本中所占份额的部分,贷记“实收资本”科目,企业实际收到或存入开户银行的金额超过投资者在企业注册资本中所占份额的部分,贷记“资本公积——资本溢价”科目。

初建有限责任公司时,各投资者按照合同、协议或公司章程投入企业的资本,应全部记入“实收资本”科目,注册资本为在公司登记机关登记的全体股东认缴的出资额。在企业增资时,如有新投资者介入,新介入的投资者缴纳的出资额大于其按约定比例计算的在注册资本中所占份额部分,不记入“实收资本”科目,而作为资本溢价,记入“资本公积”科目。

2. 股份有限公司接受现金资产投资

股份有限公司发行股票收到现金资产时,借记“银行存款”等科目,按每股股票面值和发行股份总数的乘积计算的金额,贷记“股本”科目,实际收到的金额与该股本之间的差额,贷记“资本公积——股本溢价”科目。股份有限公司发行股票发生的手续费、佣金等交易费用,应从溢价中抵减,冲减“资本公积——股本溢价”科目。

我国不允许企业折价发行股票。在采用溢价发行股票的情况下,企业应将相当于股票面值的部分记入“股本”科目,其余部分在扣除发行手续费、佣金等发行费用后记入“资本公积——股本溢价”科目。

10.2.2.2 接受非现金资产投资的核算

企业接受固定资产、无形资产等非现金资产投资时,应按投资合同或协议约定的价值(不公允的除外)作为固定资产、无形资产的入账价值,借记“固定资产”、“无形资产”等科目,按投资合同或协议约定的投资者在企业注册资本或股本中所占份额的部分,贷记“实收资本”或“股本”科目,按投资合同或协议约定的价值(不公允的除外)超过投资者在企业注册资本或股本中所占份额的部分,贷记“资本公积”科目。

10.2.2.3 实收资本(或股本)变动的核算

1. 实收资本增加的核算

企业增加资本的途径一般有如下三条。

(1)将资本公积转为实收资本或者股本。会计上应借记“资本公积——资本溢价”或“资本公积——股本溢价”科目,贷记“实收资本”或“股本”科目。

(2)将盈余公积转为实收资本。会计上应借记“盈余公积”科目,贷记“实收资本”或“股本”科目。这里要注意的是,资本公积和盈余公积均属所有者权益。转为实收资本或者股本时,企业如为独资企业的,核算比较简单,直接结转即可;如为股份有限公司或有限责任公司的,应按原投资者所持股份同比例增加各股东的股权。

(3)所有者(包括原企业所有者和新投资者)投入。企业接受投资者投入的资本,借记“银行存款”、“固定资产”、“无形资产”、“长期股权投资”等科目,贷记“实收资本”或“股本”等科目。

2. 实收资本减少的核算

股份有限公司以外的企业按法定程序报经批准减少注册资本的,会计处理比较简单,借记“实收资本”科目,贷记“库存现金”、“银行存款”等科目。

股份有限公司采用收购本公司股票方式减少注册资本的,应按实际支付的金额,借记“库存股”科目,贷记“银行存款”等科目。注销库存股时,应按股票面值和注销股数计算的股票面值总额,借记“股本”科目,按注销库存股的账面余额,贷记“库存股”科目,按其差额,冲减股票发行时原记入资本公积的溢价部分,借记“资本公积——股本溢价”科目,回购价格超过上述冲减“股本”及“资本公积——股本溢价”科目的部分,应依次借记“盈余公积”、“利润分配——未分配利润”等科目;如回购价格低于回购股份所对应的股本,所注销库存股的账面余额与所冲减股本的差额作为增加股本溢价处理,按回购股份所对应的股本面值,借记“股本”科目,按注销库存股的账面余额,贷记“库存股”科目,按其差额,贷记“资本公积——股本溢价”科目。

10.3 资本公积

10.3.1 资本公积概述

资本公积是企业收到投资者的超出其在企业注册资本(或股本)中所占份额的投资以及直接计入所有者权益的利得和损失等。资本公积包括资本溢价(或股本溢价)和直接计入所有者权益的利得和损失等。

资本溢价(或股本溢价)是企业收到投资者的超出其在企业注册资本(或股本)中所占份额的投资。形成资本溢价(或股本滥价)的原因有溢价发行股票、投资者超额缴入资本等。

直接计入所有者权益的利得和损失是指不应计入当期损益、会导致所有者权益发生增减变动的、与所有者投入资本或者向所有者分配利润无关的利得或者损失。

企业应设置“资本公积”科目,用以核算资本公积的增减变动情况,该科目应当分别“资本溢价(或股本溢价)”、“其他资本公积”进行明细核算。

10.3.2 资本公积的核算

10.3.2.1 资本溢价

企业接受投资者投入资本时,将按其投资比例计算出的出资额记入“实收资本”

科目，超过部分记入“资本公积——资本溢价”科目。

10.3.2.2 股本溢价

股份有限公司按照面值发行股票时，发行股票取得的收入应全部记入“股本”科目；在采用溢价发行股票的情况下，企业发行股票取得的收入，相当于股票面值部分记入“股本”科目，超出股票面值的溢价收入记入“资本公积——股本溢价”科目。委托证券商代理发行股票而支付的手续费、佣金等，在溢价发行股票的情况下，应从溢价发行收入中扣除，企业应按扣除交易费用后的数额记入“资本公积——股本溢价”科目；面值发行股票或溢价发行收入不足以冲减的，应将不足部分冲减盈余公积和未分配利润，记入“盈余公积”或“利润分配——未分配利润”科目。

10.3.3 其他资本公积的核算

其他资本公积，是指除资本溢价（或股本溢价）项目以外所形成的资本公积，其中主要包括直接计入所有者权益的利得和损失。比如，权益法核算的长期股权投资，因被投资单位所有者权益的其他变动而产生的利得或损失；可供出售金融资产公允价值变动形成的利得或损失等。

10.3.3.1 权益法核算的长期股权投资

企业长期股权投资采用权益法核算时，被投资单位发生资本公积变动时，投资企业应按持股比例计算应享有的份额，借记或贷记“长期股权投资”科目，贷记或借记“资本公积——其他资本公积”科目。

处置采用权益法核算的长期股权投资，还应结转原计入资本公积的相关金额，借记或贷记“资本公积——其他资本公积”科目，贷记或借记“投资收益”科目。

10.3.3.2 可供出售金融资产公允价值的变动

可供出售金融资产公允价值变动形成的利得，除减值损失和外币货币性金融资产形成的汇兑差额外，借记“可供出售金融资产——公允价值变动”科目，贷记“资本公积——其他资本公积”科目；公允价值变动形成的损失，编制相反的会计分录。

10.3.4 资本公积转增资本的核算

按照《公司法》的规定，法定公积金（资本公积和盈余公积）转为资本时，所留存的该项公积金不得少于转增前公司注册资本的25%。经股东大会或类似机构决议，用资本公积转增资本时，应冲减资本公积，同时按照转增前的实收资本（或股本）的结构或比例，将转增的金额记入“实收资本”（或“股本”）科目下各所有者的明细分类账。

10.4 留存收益

10.4.1 留存收益概述

10.4.1.1 留存收益的性质

留存收益是指企业从历年实现的利润中提取或形成的留存于企业的内部积累,包括盈余公积和未分配利润两类。盈余公积包括法定盈余公积和任意盈余公积,它们属于指定用途的留存收益;未分配利润属于未指定用途的留存收益。

10.4.1.2 利润分配

企业当年实现的净利润加上年初未分配利润(或减年初未弥补亏损)和其他转入后的余额,为可供分配的利润。可供分配的利润,按以下顺序分配:①提取法定盈余公积;②提取任意盈余公积;③向投资者分配利润。

1. 提取法定公积金

公司制企业的法定公积金按照税后利润的10%提取(非公司制企业也可按照超过10%的比例提取)。公司法定公积金累计额为公司注册资本的50%以上时,可以不再提取法定公积金。

2. 提取任意公积金

公司从税后利润中提取法定公积金后,经股东会或者股东大会决议,还可以从税后利润中提取任意公积金。非公司制企业经类似权力机构批准也可提取任意盈余公积。

3. 向投资者分配利润或股利

公司弥补亏损和提取公积金后所余税后利润,有限责任公司股东按照实缴的出资比例分取红利,但是,全体股东约定不按照出资比例分取红利的除外;股份有限公司按照股东持有的股份比例分配,但股份有限公司章程规定不按持股比例分配的除外。

4. 未分配利润

未分配利润是指企业实现的净利润经过弥补亏损、提取盈余公积和向投资者分配利润后留存在企业的、历年结存的利润。从数量上来看,未分配利润是期初未分配利润加上本期实现的净利润,减去提取的各种盈余公积和分配的利润后的余额。

10.4.1.3 盈余公积的用途

1. 弥补亏损

企业发生亏损时,应由企业自行弥补。弥补亏损的渠道主要有三条:①用以后年度税前利润弥补;②用以后年度税后利润弥补;③以盈余公积弥补亏损。

2. 转增资本或派送新股、发放股利

企业将盈余公积转增资本时,必须经股东大会决议批准。在实际将盈余公积转增资本时,要按股东原有持股比例结转。

公司以盈余公积发放现金股利时,会减少盈余公积留存的数额,引起企业所有者权益总额的变动。

3. 扩大企业生产经营

内容略。

10.4.2 盈余公积的核算

10.4.2.1 盈余公积提取的核算

企业按规定提取盈余公积时,应当按照提取盈余公积的数额,借记"利润分配——提取法定盈余公积、提取任意盈余公积"科目,贷记"盈余公积——法定盈余公积、任意盈余公积"科目。

10.4.2.2 盈余公积使用的核算

1. 盈余公积弥补亏损

用盈余公积弥补亏损时,按照当期以盈余公积弥补亏损的数额,借记"盈余公积——法定盈余公积、任意盈余公积"科目,贷记"利润分配——盈余公积补亏"科目。

2. 盈余公积转增资本或派送新股

企业经股东大会或类似机构决议用盈余公积转增资本时,借记"盈余公积——法定盈余公积、任意盈余公积"科目,贷记"实收资本(或股本)"科目。经股东大会决议,用盈余公积派送新股时,按派送新股计算的金额,借记"盈余公积"科目,按股票面值和派送新股总数计算的股票面值总额,贷记"股本"科目。

3. 盈余公积分派现金股利或利润

企业经股东大会或类似机构决议,用盈余公积分配现金股利或利润时,借记"盈余公积——法定盈余公积、任意盈余公积"科目,贷记"应付股利"科目;实际支付现金股利或利润时,借记"应付股利"科目,贷记"库存现金"等科目。

10.4.3 未分配利润的核算

未分配利润是通过"利润分配"科目进行核算的,"利润分配"科目应当分别"提取法定盈余公积"、"提取任意盈余公积"、"应付现金股利或利润"、"转作股本的股利"、"盈余公积补亏"和"未分配利润"等进行明细核算。

10.4.3.1 分配股利或利润的核算

经股东大会或类似机构决议,分配给股东或投资者的现金股利或利润,借记"利润分配——应付现金股利或利润"科目,贷记"应付股利"科目。经股东大会或类似机构决议,分配给股东的股票股利,应在办理增资手续后,借记"利润分配——转作股本的股利"科目,贷记"股本"科目。

10.4.3.2 期末结转的核算

企业期末结转利润时,应将各损益类科目的余额转入"本年利润"科目,结平各损益类科目。结转后"本年利润"的贷方余额为当年实现的净利润,借方余额为当期发生的净亏损。年度终了，应将本年实现的净利润或净亏损，转入“利润分配——未分配利润”科目。如为盈利，应借记“本年利润”科目，贷记“利润分配——未分配利润”科目；如为亏损，则作相反的会计分录。

年度终了，还应将“利润分配”科目所属的其他明细科目的余额，转入“未分配利润”明细科目。结转后，“未分配利润”明细科目的贷方余额，就是未分配利润的金额；如出现借方余额，则表示未弥补亏损的金额。结转后，“利润分配”科目除“未分配利润”明细科目外，其他明细科目应无余额。

10.4.3.3 弥补亏损的核算

企业在当年发生亏损的情况下，应当将本年发生的亏损自“本年利润”科目转入“利润分配——未分配利润”科目，借记“利润分配——未分配利润”科目，贷记“本年利润”科目，结转后“利润分配”科目的借方余额，即为未弥补亏损的数额。然后通过“利润分配”科目核算有关亏损的弥补情况。

企业以当年实现的利润弥补以前年度结转的未弥补亏损，不需要进行专门的账务处理。企业应将当年实现的利润自“本年利润”科目转入“利润分配——未分配利润”科目的贷方，其贷方发生额与“利润分配——未分配利润”的借方余额自然抵补。无论是以税前利润还是以税后利润弥补亏损，其会计处理方法均相同。但是，两者在计算交纳所得税时的处理是不同的。在以税前利润弥补亏损的情况下，其弥补的数额可以抵减当期企业应纳税所得额，而以税后利润弥补的数额，则不能作为纳税所得扣除处理。

巩固练习题

一、单项选择题

1. 采用权益法核算长期股权投资时，对于被投资企业因交易性金融资产公允价值变动影响损益，期末因该事项投资企业应按所拥有的表决权资本的比例计算应享有的份额，将其计入(　　)。

A. 资本公积　B. 投资收益　C. 其他业务收入　D. 营业外收入

2. 某有限责任公司由A、B两个股东各出资50万元而设立，设立时实收资本为100万元，经过三年营运，该公司盈余公积和未分配利润合计为50万元，这时C投资者有意参加，经各方协商以100万元出资占该公司所有者权益总额的1/3比例，该公司在接受C投资者投资时，应借记“银行存款”科目100万元，贷记(　　)。

A. “实收资本”科目60万元，“资本公积”40万元

B. “实收资本”科目75万元，“资本公积”25万元

C. “实收资本”科目100万元

D. “实收资本”科目50万元，“资本公积”50万元

3. 股份有限公司采用溢价方式发行股票筹集资本时，其“股本”科目登记的金额

为(　　)。

A. 实际收到的款项

B. 实际收到的款项减去支付给证券上的筹资费用

C. 实际收到的款项加上支付给证券商的筹资费用

D. 股票面值乘以股份总数

4. 某企业年初所有者权益总额160万元,当年以其中的资本公积转增资本50万元。当年实现净利润300万元,提取盈余公积30万元,向投资者分配利润50万元。该企业年末所有者权益总额为(　　)万元。

A. 360　　B. 410　　C. 440　　D. 460

5. 下列各项,会引起留存收益总额发生增减变动的是(　　)。

A. 盈余公积转增资本　　B. 盈余公积补亏

C. 资本公积转增资本　　D. 税后利润补亏

6. 甲股份制公司委托A证券公司代理发行普通股500 000股,每股面值1元,每股按1.2元的价格出售。按协议,A证券公司从发行收入中收取3%的手续费,从发行收入中扣除。则该公司计入资本公积的数额为(　　)元。

A. 82 000　　B. 500 000　　C. 100 000　　D. 0

7. 根据公司法的相关规定,法定盈余公积可不再提取时,意味着法定盈余公积累计额已达到注册资本的比例为(　　)。

A. 20%　　B. 25%　　C. 10%　　D. 50%

8. 上市公司发生的下列交易或事项中,会引起上市公司所有者权益总额发生增减变动的是(　　)。

A. 发放股票股利　　B. 收购本公司股票

C. 以本年利润弥补以前年度亏损　　D. 注销库存股

9. 股份有限公司采用收购本公司股票方式减资的,下列说法中正确的是(　　)。

A. 应按股票面值和注销股数计算的股票面值总额减少股本

B. 应按股票面值和注销股数计算的股票面值总额减少库存股

C. 应按股票面值和注销股数计算的股票面值总额增加股本

D. 应按股票面值和注销股数计算的股票面值总额增加库存股

10. 乙企业年初未分配利润贷方余额为200万元,本年实现的利润总额为1 000万元,该企业适用的所得税税率为25%,不考虑纳税调整事项,按净利润的10%提取法定盈余公积,提取任意盈余公积80万元,向投资者分配利润120万元。该企业年末未分配利润贷方余额为(　　)万元。

A. 657　　B. 630　　C. 675　　D. 600

11. 20×8年12月31日某企业所有者权益情况如下:实收资本180万元,资本公积20万元,盈余公积88万元,未分配利润32万元。则该企业20×9年1月1日留存收益为(　　)万元。

A. 32　　B. 88　　C. 120　　D. 300

12. 甲股份有限公司以每股 4 元的价格回购股票 1 000 万股,股票每股面值 1 元,共支付回购款 4 050 万元。回购时,公司的股本为 11 000 万元,资本公积溢价为 3 000 万元(均为该股票产生),盈余公积为 450 万元,未分配利润为 550 万元。回购股票并注销后甲公司的所有者权益总额为(　　)万元。

A. 15 000　　B. 14 000　　C. 11 950　　D. 10 950

二、多项选择题

1. 下列项目中,属于资本公积核算的内容有(　　)。

A. 企业接受的现金捐赠

B. 直接计入所有者权益的利得

C. 直接计入所有者权益的损失

D. 企业收到投资者出资额超出其在注册资本或股本中所占份额的部分

2. 下列各项,属于企业留存收益的有(　　)。

A. 法定盈余公积　　B. 任意盈余公积

C. 资本公积　　D. 未分配利润

3. 股份有限公司采用收购本公司股票方式减资的,下列说法中正确的有(　　)。

A. 按股票面值和注销股数计算的股票面值总额减少股本

B. 按股票面值和注销股数计算的股票面值总额减少库存股

C. 按所注销库存股的账面余额减少库存股

D. 购回股票支付的价款低于面值总额的,应按股票面值总额,借记“实收资本”科目或“股本”科目,按所注销库存股的账面余额,贷记“库存股”科目,按其差额,贷记“资本公积——股本溢价”科目

4. 企业的法定盈余公积,可以用于(　　)。

A. 弥补亏损　　B. 转增资本　　C. 分配股利　　D. 对外捐赠

5. 下列各项中,不会引起所有者权益总额发生变动、仅引起所有者权益结构发生变动的有(　　)。

A. 盈余公积弥补亏损　　B. 盈余公积转增资本

C. 宣告分配现金股利　　D. 分配股票股利

6. 下列事项中,可能引起资本公积变动的有(　　)。

A. 经批准将资本公积转增资本

B. 宣告分派现金股利

C. 投资者投入的资金大于其按约定比例在注册资本中享有的份额

D. 直接计入所有者权益的利得

7. 留存收益属于企业的所有者权益,包括(　　)。

A. 盈余公积　B. 未分配利润　C. 实收资本　D. 资本公积

8. 影响可供分配利润项目的因素有(　　)。

A. 年初未分配利润　B. 提取法定盈余公积

C. 其他转入　D. 当年实现的净利润

9. 企业实收资本或股本增加的途径有(　　)。

A. 发放股票股利　B. 经批准用盈余公积转增

C. 接受投资者实物投资　D. 经批准用资本公积转增

10. 甲公司在筹建期间委托银河证券公司代理发行普通股 5 000 万股,每股面值 1 元,按每股 1.02 元的价格发行。公司与银河证券公司约定,银河证券公司按发行收入的 4% 收取手续费,从发行收入中扣除。在上述情况下,甲公司收到股款的会计分录涉及的科目有(　　)。

A. 银行存款　B. 资本公积　C. 股本　D. 盈余公积

11. 公司发行股票支付的手续费、佣金等发行费用,有可能作出的会计处理有(　　)。

A. 冲减未分配利润　B. 计入财务费用

C. 冲减盈余公积　D. 从溢价中抵销

12. 企业吸收投资者出资时,下列会计科目的余额不会发生变化的有(　　)。

A. 实收资本　B. 利润分配　C. 盈余公积　D. 资本公积

三、判断题

1. 由于所有者权益和负债都是对企业资产的要求权,因此它们的性质是一样的。(　　)

2. 用法定盈余公积转增资本或发放现金股利时,均不导致所有者权益总额的变化。(　　)

3. 用资本公积转增资本不会引起所有者权益总额的变化。(　　)

4. 企业的盈余公积不能用于扩大生产经营规模。(　　)

5. 企业接受的固定资产投资,其增值税不能计入实收资本。(　　)

6. 收入能够导致企业所有者权益增加,因此,导致所有者权益增加的一定都是收入。(　　)

7. 当企业投资者投入的资本高于其注册资本时,应当将高出部分计入“资本公积”科目。(　　)

8. 股份有限公司采用收购本公司股票方式减资的,按股票面值和注销股数计算的股票面值总额,借记“股本”科目,按注销库存股的账面余额,贷记“资本公积”科目。(　　)

9. 平时资产负债表中的未分配利润的金额是由“本年利润”及“利润分配”科目的余额合计填入;年末,由于“本年利润”已转入“利润分配”,所以资产负债表中的未分配利润的金额只有“利润分配”科目的余额。(　　)

10. 某企业年初有未弥补亏损 20 万元,当年实现净利润 10 万元。按有关规定,该年不得提取法定盈余公积。( )

四、计算分析题

1. A、B 两个投资者向星光公司投资,A 投资者投入货币资金人民币 400 000 元和美元 45 000 元(实际收到外币时的市场汇率 1 美元 = 8.6 元人民币)。B 投资者投入原材料一批,双方确认价值为 900 000 元,税务部门认定增值税为 153 000 元,并开具了增值税专用发票,被投资方未支付增值税款。一年后,C 投资者向该公司投资,其缴付企业的出资额为人民币 880 000 元,只有 650 000 元作为企业注册资本。

要求:编制星光公司的有关会计分录。

2. 星海公司 20×8 年度盈利 200 万元。该公司无纳税调整事项,按 25% 的比例计算交纳所得税。公司董事会决定按税后利润的 10% 提取法定盈余公积,25% 提取任意盈余公积,分派现金股利 40 万元(其盈余公积未达注册资本 50%)。

20×8 年 3 月,经公司股东大会决议,以盈余公积 50 万元转增资本,并已办妥转增手续。此时,星海公司现有股东情况如下:A 公司占 25%,B 公司占 30%,C 公司占 10%,D 公司占 5%,其他占 30%。

20×9 年度星海公司亏损 50 万元,董事会决议以盈余公积弥补亏损。

要求:根据以上资料,编制星海公司的有关会计分录。

3. 海天股份有限公司(以下简称海天公司)20×8 年 12 月 31 日的股本为 20 000 万股,每股面值为 1 元,资本公积(股本溢价)5 000 万元,盈余公积 3 000 万元。经股东大会批准,海天公司以现金回购本公司股票 3 000 万股并注销。

要求:

(1)假定每股回购价为 0.8 元,编制回购股票和注销股票的会计分录;

(2)假定每股回购价为 2 元,编制回购股票和注销股票的会计分录;

(3)假定每股回购价为 3 元,编制回购股票和注销股票的会计分录。

五、综合题

1. 星艺公司 20×8 年 1 月 1 日的所有者权益总额为 3 000 万元(其中:股本为 2 000 万元,资本公积为 200 万元,盈余公积为 300 万元,未分配利润为 500 万元)。

20×8 年度,公司实现净利润 500 万元,按实现净利润的 10% 提取法定盈余公积金。

20×9 年度,公司发生亏损 100 万元。董事会会议决议用以前年度的未分配利润每股分派现金股利 0.1 元,每 10 股分派股票股利 1 元。

要求:

(1)编制星艺公司 20×8 年和 20×9 年结转盈亏、利润分配有关业务的会计分录;

(2)计算星艺公司 20×9 年 12 月 31 日所有者权益的余额。

2. 海通股份有限公司(以下简称海通公司)20×6 年至 20×9 年度有关业务资料

如下。

(1)20×6年1月1日,海通公司股东权益总额为46 500万元(其中,股本总额为10 000万股,每股面值为1元;资本公积为30 000万元;盈余公积为6 000万元;未分配利润为500万元)。20×6年度实现净利润500万元,股本与资本公积项目未发生变化。

20×7年3月1日,海通公司董事会提出如下预案:

①按20×6年度实现净利润的10%提取法定盈余公积。

②以20×6年12月31日的股本总额为基数,以资本公积转增股本,每10股转增4股,计4 000万股。

200×7年5月5日,海通公司召开股东大会,审议批准了董事会提出的预案,同时决定分派现金股利300万元。20×7年6月10日,海通公司办妥了上述资本公积转增股本的有关手续。

(2)20×7年度,海通公司发生净亏损2 000万元。

(3)20×8年度,实现利润总额600万元。假定海通公司适用的所得税税率为25%;无其他纳税调整事项。

(4)20×9年5月,海通公司股东大会决定以法定盈余公积弥补20×8年12月31日账面累计未弥补亏损。

假定除前述事项外,不予考虑其他因素的影响,要求:

(1)编制海通公司20×7年3月提取2006年法定盈余公积的会计分录;

(2)编制海通公司20×7年5月宣告分派20×6年度现金股利的会计分录;

(3)编制海通公司20×7年6月资本公积转增股本的会计分录;

(4)编制海通公司20×7年度结转当年净亏损的会计分录;

(5)计算海通公司20×8年度应交所得税并编制结转当年净利润的会计分录;

(6)计算海通公司20×8年12月31日账面累计未弥补亏损;

(7)编制海通公司20×9年5月以法定盈余公积弥补亏损的会计分录。

(“利润分配”、“盈余公积”科目要求写出明细科目;答案中的金额用万元表示。)

巩固练习题参考答案及解析

一、单项选择题

1.【答案】B

【解析】采用权益法核算长期股权投资时,对于被投资企业因交易性金融资产公允价值变动影响损益,投资企业应按所拥有的表决权资本的比例计算应享有的份额,应借记“长期股权投资——××公司(损益调整)”科目,贷记“投资收益”科目。

2.【答案】B

【解析】设C投资者计入实收资本的金额为x，则C投资后公司的股本增加到$x+150$，由题可知C投资者投资后享有的股本份额为1/3，所以有$x/(x+150)=1/3$。可得C投资者投入的100万中应当记入实收资本的是75万，多余的25万应当作为资本溢价计入"资本公积"科目。

3.【答案】D

【解析】股份有限公司采用溢价方式发行股票筹集资本时，其"股本"科目登记的金额为股票面值乘以股份总数的数额。

4.【答案】B

【解析】以资本公积转增资本、提取盈余公积是所有者权益内部项目的变化，并不影响所有者权益总额，向投资者分配利润减少所有者权益总额，因此该企业年末所有者权益总额为160+300-50=410(万元)。

5.【答案】A

【解析】盈余公积转增资本，实收资本增加，盈余公积减少，引起企业留存收益减少；选项B、D均为留存收益内部增减变动，不影响留存收益总额的变化；选项C不涉及留存收益。

6.【答案】A

【解析】计入资本公积的数额$=500\,000\times(1.2-1)-500\,000\times1.2\times3\%=82\,000$(元)。

7.【答案】D

【解析】根据公司法的相关规定，法定盈余公积累计额已达到注册资本的50%时，公司可不再提取法定盈余公积。

8.【答案】B

【解析】收购本公司股票时，应借记"库存股"科目，贷记"银行存款"科目，导致所有者权益总额的减少；其余三个选项均为所有者权益内部的增减变动。

9.【答案】A

【解析】股份有限公司采用收购本公司股票方式减资的，应按股票面值和注销股数计算的股票面值总额减少股本。

10.【答案】C

【解析】乙企业年末未分配利润贷方余额$=200+1\,000\times(1-25\%)-1\,000\times(1-25\%)\times10\%-80-120=675$(万元)。

11.【答案】C

【解析】企业的留存收益包括两个：盈余公积与未分配利润，所以此题目的答案是88+32=120(万元)。

12.【答案】D

【解析】回购股票后的所有者权益为10 000+400+550=10 950(万元)。

回购股票时

借:库存股 4 050

贷:银行存款 4 050

注销时

借:股本 1 000

资本公积——股本溢价 3 000

盈余公积 50

贷:库存股 4 050

二、多项选择题

1.【答案】BCD

【解析】资本公积核算的内容包括企业收到投资者的超出其在企业注册资本(或股本)中所占份额的投资,以及直接计入所有者权益的利得和损失等;企业接受现金捐赠,通过“营业外收入”科目核算。

2.【答案】ABD

【解析】企业的留存收益包括盈余公积及未分配利润两部分,其中盈余公积又可以分为法定盈余公积和任意盈余公积两类。资本公积本质上属于外部投入。

3.【答案】ACD

【解析】股份有限公司采用收购本公司股票方式减资的,按股票面值和注销股数计算的股票面值总额减少股本,按所注销库存股的账面余额减少库存股。购回股票支付的价款低于面值总额的,应按股票面值总额,借记“实收资本”科目或“股本”科目,按所注销库存股的账面余额,贷记“库存股”科目,按其差额,贷记“资本公积——股本溢价”科目。反之,回购价款高于面值总额的,作相反处理。

4.【答案】ABC

【解析】企业的法定盈余公积主要可以用于弥补亏损、转增资本或派送新股或发放股利、扩大企业生产经营。

5.【答案】ABD

【解析】宣告分配现金股利,负债增加的同时所有者权益减少;其余三个选项均为导致所有者权益总额不变前提下所有者权益内部结构变化的项目。

6.【答案】ACD

【解析】资本公积核算的内容包括企业收到投资者的超出其在企业注册资本(或股本)中所占份额的投资以及直接计入所有者权益的利得和损失等。

7.【答案】AB

【解析】留存收益由两部分构成:盈余公积、未分配利润。

8.【答案】ACD

【解析】企业当年实现的净利润加上年初未分配利润(或减年初未弥补亏损)和其他转入后的余额,为可供分配的利润。

9.【答案】ABCD

【解析】这四个选项都是可以增加实收资本或股本的。

A. 借:利润分配——转作股本的股利

贷:股本

B. 借:盈余公积

贷:实收资本

C. 借:固定资产

贷:实收资本

D. 借:资本公积

贷:实收资本

10.【答案】ABCD

【解析】发行股票所支付的手续费等应首先从股本溢价中抵销;不足部分冲减盈余公积和未分配利润。甲公司应冲减盈余公积的金额 =5 000 ×1.02 ×4% -(1.02 -1) ×5 000 =104(万元)。具体会计处理为

借:银行存款	5 100	
贷:股本		5 000
资本公积——股本溢价		100
借:资本公积——股票溢价	100	
盈余公积	104	
贷:银行存款		204

11.【答案】ACD

【解析】股份有限公司发行股票支付的手续费、佣金等发行费用,如果是溢价发行的,应从发行股票的溢价中抵扣,冲减资本公积(股本溢价);无溢价发行股票或者溢价金额不足以抵扣的,应将不足抵扣的部分冲减盈余公积和未分配利润。

12.【答案】BC

【解析】吸收投资者出资时可能作的分录是

借:银行存款或其他资产项目

贷:实收资本或股本

资本公积——资本溢价或股本溢价

三、判断题

1.【答案】×

【解析】所有者权益和负债都是对企业资产的要求权,但二者的性质不同,负债是债权人对企业总资产的索偿权;而所有者权益是企业所有者对企业总资产扣除负债后剩余资产的要求权。

2.【答案】×

【解析】用法定盈余公积转增资本时,会引起所有者权益内部结构发生变化,不会导致所有者权益总额的变化,但以法定盈余公积发放现金股利时,将会导致所有者

权益总额的减少。

3.【答案】√

4.【答案】×

【解析】企业提取的盈余公积可以用于弥补亏损、转增资本或派送新股或发放股利、扩大企业生产经营。

5.【答案】×

【解析】企业接受固定资产投资,按照含增值税的固定资产的价值数额计入实收资本。

6.【答案】×

【解析】收入能够导致企业所有者权益增加,但导致所有者权益增加的不一定都是收入。例如,接受投资者的投入,会导致所有者权益的增加,但不属于收入。

7.【答案】√

8.【答案】×

【解析】股份有限公司采用收购本公司股票方式减资的,按股票面值和注销股数计算的股票面值总额减少股本,按所注销库存股的账面余额减少库存股。购回股票支付的价款低于面值总额的,应按股票面值总额,借记“实收资本”科目或“股本”科目,按所注销库存股的账面余额,贷记“库存股”科目,按其差额,贷记“资本公积——股本溢价”科目。

9.【答案】√

10.【答案】√

【解析】当年实现的净利润10万元尚不足弥补亏损20万元,所以不得提取法定盈余公积。

四、计算分析题

1.【答案】

(1)星光公司收到投资者A的投资时

①借:银行存款　　400 000

　　贷:实收资本——A　　400 000

②借:银行存款　　(45 000×8.6)387 000

　　贷:实收资本——A　　387 000

(2)星光公司收到投资者B的投资时

借:原材料　　900 000

　　应交税费——应交增值税(进项税额)　　153 000

　　贷:实收资本——B　　1 053 000

(3)星光公司收到投资者C的投资时

借:银行存款　　880 000

　　贷:实收资本——C　　650 000

资本公积——资本溢价　　230 000

2.【答案】(单位:万元)

(1)20×8 年末结转本年利润、提取盈余公积并分配现金股利

借:本年利润　　150

贷:利润分配——未分配利润　　150

借:利润分配——提取法定盈余公积　　15

——提取任意盈余公积　　37.5

贷:盈余公积——法定盈余公积　　15

——任意盈余公积　　37.5

借:利润分配——应付现金股利　　40

贷:应付股利　　40

借:利润分配——未分配利润　　89

贷:利润分配——提取法定盈余公积　　14

——提取任意盈余公积　　35

——应付现金股利　　40

(2)20×8 年 3 月,以盈余公积转增资本,按股东比例转增

借:盈余公积——法定盈余公积　　50

贷:实收资本——A 公司　　12.5

——B 公司　　15

——C 公司　　5

——D 公司　　2.5

——其他　　15

(3)20×9 年盈余公积补亏

借:盈余公积　　50

贷:利润分配——盈余公积补亏　　50

借:利润分配——盈余公积补亏　　50

贷:利润分配——未分派利润　　50

3.【答案】(单位:万元)

(1)①回购

借:库存股　　2 400

贷:银行存款　　2 400

②注销

借:股本　　3 000

贷:库存股　　2 400

资本公积——股本溢价　　600

(2)①回购

借:库存股　　6 000
　贷:银行存款　　6 000
②注销
借:股本　　3 000
　资本公积——股本溢价　　3 000
　贷:库存股　　6 000
(3)①回购
借:库存股　　9 000
　贷:银行存款　　9 000
②注销
借:股本　　3 000
　资本公积——股本溢价　　5 000
　盈余公积　　1 000
　贷:库存股　　9 000

五、综合题

1.【答案】(单位:万元)
(1)星艺公司有关业务的会计分录
①结转 20×8 年度实现的净利润 500 万元
借:本年利润　　500
　贷:利润分配——未分配利润　　500
②提取盈余公积
借:利润分配——提取法定盈余公积　　50
　贷:盈余公积——法定盈余公积　　50
③结转利润分配
借:利润分配——未分配利润　　50
　贷:利润分配——提取法定盈余公积　　50
④结转 20×9 年度发生的亏损 100 万元
借:利润分配——未分配利润　　100
　贷:本年利润　　100
⑤宣告分派现金股利
借:利润分配——应付现金股利　　200
　贷:应付股利　　200
⑥宣告分派股票股利时不需作会计分录。
支付股票股利
借:利润分配——转作股本的股利　　200
　贷:股本　　200
⑦结转未分配利润

借:利润分配——未分配利润 400
　贷:利润分配——应付现金股利 200
　　利润分配——转作股本的股利 200

(2)星艺公司20×9年12月31日所有者权益的余额=股本2 200 +资本公积200 +盈余公积350 +未分配利润450 =3 200(万元)。

2.【答案】(单位:万元)

(1)20×7年3月提取20×6年法定盈余公积

借:利润分配——提取法定盈余公积 50
　贷:盈余公积——法定盈余公积 50
借:利润分配——未分配利润 50
　贷:利润分配——提取法定盈余公积 50

(2)20×7年5月宣告分派现金股利

借:利润分配——应付现金股利 300
　贷:应付股利 300
借:利润分配——未分配利润 300
　贷:利润分配——应付现金股利 300

(3)20×7年6月资本公积转增股本

借:资本公积 4 000
　贷:股本 4 000

(4)结转20×7年度净亏损

借:利润分配——未分配利润 2 000
　贷:本年利润 2 000

(5)计算20×8年度应交所得税并结转当年净利润

应交所得税=600×25% =150(万元)

借:所得税费用 150
　贷:应交税费——应交所得税 150
借:本年利润 150
　贷:所得税费用 150
借:本年利润 450
　贷:利润分配——未分配利润 450

(6)计算20×8年12月31日账面累计未弥补亏损

未弥补亏损=(500+500-50-300)-2 000+450= -900(万元)

(7)20×9年5月以法定盈余公积弥补亏损

借:盈余公积——法定盈余公积 900
　贷:利润分配——盈余公积补亏 900
借:利润分配——盈余公积补亏 900
　贷:利润分配——未分配利润 900

11

收入、费用和利润

本章基本结构框架

本章主要内容

- 1. 收入概述
  - 收入的概念和特征
  - 收入的分类
  - 科目设置
- 2. 销售商品收入
  - 销售商品收入的确认
  - 销售商品收入的计量
- 3. 提供劳务收入
  - 提供劳务收入概述
  - 在同一会计期间内开始并完成的劳务
  - 劳务的开始和完成分属不同的会计期间
- 4. 让渡资产使用权收入
  - 让渡资产使用权收入的确认
  - 让渡资产使用权收入的计量
- 5. 费用
  - 费用概述
  - 费用的核算
- 6. 政府补助
  - 政府补助概述
  - 政府补助的核算
    - 与资产相关的政府补助
    - 与收益相关的政府补助
    - 与资产和收益均相关的政府补助
- 7. 利润
  - 利润的构成
  - 营业外收入和营业外支出的核算
  - 所得税费用的核算
  - 本年利润的核算

本章重点与难点

11.1 收入概述

11.1.1 收入的概念和特征

收入是指企业在日常活动中形成的会导致所有者权益增加的与所有者投入资本无关的经济利益的总流入。收入具有三个特点:①收入是企业在日常活动中形成的经济利益的总流入;②收入会导致企业所有者权益的增加;③收入与所有者投入资本无关。

11.1.2 收入的分类

(1)按企业从事日常活动的性质不同,可将收入分为销售商品收入、提供劳务收入和让渡资产使用权收入。

(2)按照企业从事日常活动在企业的重要性,可将收入分为主营业务收入、其他业务收入等。

11.1.3 科目设置

此部分内容可参阅教材。

11.2 销售商品收入

11.2.1 销售商品收入的确认

销售商品收入同时满足下列条件的,才能加以确认:①企业已将商品所有权上的主要风险和报酬转移给购货方;②企业既没有保留通常与所有权相联系的继续管理权,也没有对已售出的商品实施有效控制;③收入的金额能够可靠地计量;④相关的经济利益很可能流入企业;⑤相关的已发生或将发生的成本能够可靠地计量。

11.2.2 销售商品收入的计量

11.2.2.1 一般销售商品业务的会计处理

通常情况下,企业确认销售商品收入时,应按已收或应收的合同或协议价款,加上应收取的增值税额,借记"银行存款"、"应收账款"、"应收票据"等科目,按确定的收入金额,贷记"主营业务收入"、"其他业务收入"等科目,按应收取的增值税额,贷记"应交税费——应交增值税(销项税额)"科目;同时或在资产负债表日,按应交纳的消费税、资源税、城市维护建设税、教育费附加等税费金额,借记"营业税金及附加"科目,贷记"应交税费——应交消费税(应交资源税、应交城市维护建设税等)"科目。

11.2.2.2 销售商品不符合收入确认条件的会计处理

如果企业售出商品不符合销售商品收入确认的五个条件,则不应确认收入。为了单独反映已经发出但尚未确认销售收入的商品成本,企业应增设“发出商品”科目。“发出商品”科目核算一般销售方式下已经发出但尚未确认销售收入的商品成本。

11.2.2.3 销售商品涉及商业折扣、现金折扣、销售折让的处理

企业销售商品涉及商业折扣的,应当按照扣除商业折扣后的金额确定销售商品收入金额。企业销售商品涉及现金折扣的,应当按照扣除现金折扣前的金额确定销售商品收入金额,现金折扣在以后实际发生时计入财务费用。对于销售折让,企业应分别不同情况进行处理:①已确认收入的售出商品发生销售折让的,通常应当在发生时冲减当期销售商品收入;②已确认收入的销售折让属于资产负债表日后事项的,应当按照有关资产负债表日后事项的相关规定进行处理。

11.2.2.4 销售退回的处理

对于销售退回,企业应分别不同情况进行会计处理。

(1)未确认收入的售出商品发生销售退回的,企业应按已记人“发出商品”科目的商品成本金额,借记“库存商品”科目,贷记“发出商品”科目。采用计划成本或售价核算的,应按计划成本或售价记人“库存商品”科目,同时计算产品成本差异或商品进销差价。

(2)已确认收入的售出商品发生销售退回的,企业一般应在发生时冲减当期销售商品收入,同时冲减当期销售商品成本。如该项销售退回已发生现金折扣的,应同时调整相关财务费用的金额;如该项销售退回允许扣减增值税额的,应同时调整“应交税费——应交增值税(销项税额)”科目的相应金额。

(3)已确认收入的售出商品发生的销售退回属于资产负债表日后事项的,应当按照有关资产负债表日后事项的相关规定进行会计处理。

11.2.2.5 支付手续费方式委托代销商品的会计处理

委托方在发出商品时,通常不应确认销售商品收入,而应在收到受托方开出的代销清单时确认销售商品收入,同时将应支付的代销手续费计入销售费用;受托方应在代销商品销售后,按合同或协议约定的方法计算确定代销手续费,确认劳务收入。

受托方可通过“受托代销商品”、“受托代销商品款”等科目,对受托代销商品进行核算。确认代销手续费收入时,借记“受托代销商品款”科目,贷记“其他业务收入”等科目。

11.2.2.6 预收款方式销售商品的处理

预收款销售商品是指购买方在商品尚未收到前按合同或协议约定分期付款,销售方在收到最后一笔款项时才交货的销售方式。预收款销售方式下,销售方直到收到最后一笔款项才将商品交付购货方,表明商品所有权上的主要风险和报酬只有在

收到最后一笔款项时才转移给购货方，销售方通常应在发出商品时确认收入，在此之前预收的货款应确认为预收账款。

11.2.2.7 销售材料等存货的处理

企业销售原材料、包装物等存货，也视同商品销售，其收入确认和计量原则比照商品销售处理。企业销售原材料、包装物等存货实现的收入以及结转的相关成本，通过"其他业务收入"、"其他业务成本"科目核算。

企业销售原材料等确认其他业务收入时，按售价和应收取的增值税，借记"银行存款"、"应收账款"等科目，按实现的其他业务收入，贷记"其他业务收入"科目，按增值税专用发票上注明的增值税税额，贷记"应交税费——应交增值税（销项税额）"科目，结转出售原材料等的实际成本时，借记"其他业务成本"科目，贷记"原材料"等科目。

11.3 提供劳务收入

11.3.1 提供劳务收入概述

企业对外提供劳务所实现的收入以及结转的相关成本，如属于企业的主营业务，应通过"主营业务收入"、"主营业务成本"等科目核算；如属于主营业务以外的其他经营活动，应通过"其他业务收入"、"其他业务成本"等科目核算。企业对外提供劳务发生的支出一般先通过"劳务成本"科目予以归集，待确认为费用时，再由"劳务成本"科目转入"主营业务成本"或"其他业务成本"科目。

"劳务成本"科目属于成本类科目，核算企业对外提供劳务发生的成本。本科目借方登记企业发生的各项劳务成本支出，贷方登记结转劳务的成本，期末余额在借方，反映企业尚未完成或尚未结转的劳务成本。本科目可按提供劳务种类进行明细核算。

11.3.2 在同一会计期间内开始并完成的劳务

对于一次就能完成的劳务，企业应在提供劳务完成时按所确定的收入金额，借记"应收账款"、"银行存款"等科目，贷记"主营业务收入"或"其他业务收入"科目；同时，按提供劳务所发生的相关支出，借记"主营业务成本"或"其他业务支出"科目，贷记"银行存款"等科目。

对于持续一段时间但在同一会计期间内开始并完成的劳务，企业应在为提供劳务发生相关支出时，借记"劳务成本"科目，贷记"银行存款"、"应付职工薪酬"、"原材料"等科目。劳务完成确认劳务收入时，按确定的收入金额，借记"应收账款"、"银行存款"等科目，贷记"主营业务收入"或"其他业务收入"科目；同时，结转相关劳务成本，借记"主营业务成本"或"其他业务支出"科目，贷记"劳务成本"科目。

11.3.3 劳务的开始和完成分属不同的会计期间

如果劳务的开始和完成分属不同的会计期间,且企业在资产负债表日提供劳务交易的结果能够可靠估计的,则应采用完工百分比法确认提供劳务收入。

企业在资产负债表日提供劳务交易结果不能够可靠估计的,应当分别下列情况处理:

(1)已经发生的劳务成本预计能够得到补偿的,应当按照已经发生的劳务成本金额确认提供劳务收入,并按相同金额结转劳务成本;

(2)已经发生的劳务成本预计只能部分得到补偿的,应当按照能够得到补偿的劳务成本金额确认收入,并结转已经发生的劳务成本;

(3)已经发生的劳务成本预计全部不能得到补偿的,应当将已经发生的劳务成本计入当期损益,不确认提供劳务收入。

11.4 让渡资产使用权收入

11.4.1 让渡资产使用权收入的确认

让渡资产使用权收入主要包括两类,即利息收入和使用费收入。让渡资产使用权收入同时满足下列条件的,才能予以确认:

(1)相关的经济利益很可能流入企业;

(2)收入的金额能够可靠地计量。

11.4.2 让渡资产使用权收入的计量

本书主要介绍企业让渡无形资产等资产使用权形成的使用费收入的计量。

如果合同或协议规定一次性收取使用费,且不提供后续服务的,应当视同销售该项资产一次性确认收入;提供后续服务的,应在合同或协议规定的有效期内分期确认收入。如果合同或协议规定分期收取使用费的,应按合同或协议规定的收款时间和金额或规定的收费方法计算确定的金额分期确认收入。

企业确认让渡资产使用权的使用费收入时,按确定的收入金额,借记"银行存款"、"应收账款"等科目,贷记"其他业务收入"科目。企业对所让渡资产计提摊销以及所发生的与让渡资产有关的支出等,借记"其他业务成本"科目,贷记"累计摊销"等科目。

11.5 费 用

11.5.1 费用概述

费用是指企业在日常活动中发生的、会导致所有者权益减少的、与向所有者分配利润无关的经济利益的总流出。

企业的费用主要包括主营业务成本、其他业务成本、营业税金及附加、销售费用、管理费用和财务费用等。

11.5.2 费用的核算

11.5.2.1 主营业务成本

企业应通过“主营业务成本”科目核算主营业务成本的确认和结转情况。企业结转主营业务成本时,借记“主营业务成本”科目,贷记“库存商品”、“劳务成本”等科目。期末,应将“主营业务成本”科目余额结转入“本年利润”科目,借记“本年利润”科目,贷记“主营业务成本”科目。

11.5.2.2 其他业务成本

企业应通过“其他业务成本”科目核算其他业务成本的确认和结转情况。企业发生或结转的其他业务成本,借记“其他业务成本”科目,贷记“周转材料”、“累计折旧”、“累计摊销”、“银行存款”等科目。期末,应将“其他业务成本”科目余额结转入“本年利润”科目,借记“本年利润”科目,贷记“其他业务成本”科目。

11.5.2.3 营业税金及附加

企业应通过“营业税金及附加”科目,核算企业经营活动相关税费的发生和结转情况。企业按规定计算确定的营业税、消费税、城市维护建设税、资源税和教育费附加等税费,借记“营业税金及附加”科目,贷记“应交税费”等科目。期末,应将“营业税金及附加”科目余额结转入“本年利润”科目,借记“本年利润”科目,贷记“营业税金及附加”科目。

11.5.2.4 销售费用

企业应通过“销售费用”科目核算销售费用的发生和结转情况。企业在销售商品过程中发生的包装费、保险费、展览费和广告费、运输费、装卸费等费用,借记“销售费用”科目,贷记“库存现金”、“银行存款”等科目。企业发生的为销售本企业商品而专设的销售机构的职工薪酬、业务费、折旧费、修理费等经营费用,借记“销售费用”科目,贷记“应付职工薪酬”、“银行存款”、“累计折旧”等科目。期末,应将“销售费用”科目余额结转入“本年利润”科目,借记“本年利润”科目,贷记“销售费用”科目。

11.5.2.5 管理费用

企业应通过“管理费用”科目,核算管理费用的发生和结转情况。企业在筹建期间内发生的开办费,包括人员工资、办公费、培训费、差旅费、印刷费、注册登记费等,借记“管理费用”科目,贷记“银行存款”等科目;企业行政管理部门人员的职工薪酬,借记“管理费用”科目,贷记“应付职工薪酬”科目;企业行政管理部门计提的固定资产折旧,借记“管理费用”科目,贷记“累计折旧”科目;企业按规定计算确定的应交房产税、车船使用税、土地使用税、矿产资源补偿费、印花税,借记“管理费用”科目,贷记“应交税费”等科目;企业行政管理部门发生的办公费、水电费、差旅费等,以及企业发生的业务招待费、咨询费、研究费用等其他费用,借记“管理费用”科目,贷记“银行存款"、"研发支出"等科目。期末,应将"管理费用"科目余额结转入"本年利润"科目,借记"本年利润"科目,贷记"管理费用"科目。

11.5.2.6 财务费用

企业应通过"财务费用"科目,核算财务费用的发生和结转情况。企业发生的各项财务费用,借记"财务费用"科目,贷记"银行存款"、"应收账款"等科目;企业发生的应冲减财务费用的利息收入、汇兑差额、现金折扣,借记"银行存款"、"应付账款"等科目,贷记"财务费用"科目。期末,应将"财务费用"科目余额,结转入"本年利润"科目,借记"本年利润"科目,贷记"财务费用"科目。

11.6 政府补助

11.6.1 政府补助概述

政府补助分为与资产相关的政府补助和与收益相关的政府补助。与资产相关的政府补助,是指企业取得的、用于购建或以其他方式形成长期资产的政府补助;与收益相关的政府补助,是指除与资产相关的政府补助之外的政府补助。

政府补助的形式主要有财政拨款、财政贴息、税收返还。

11.6.2 政府补助的核算

企业应当设置"递延收益"科目,用于核算企业确认的应在以后期间计入当期损益的政府补助。

11.6.2.1 与资产相关的政府补助

企业取得与资产相关的政府补助,不能全额确认为当期收益,应当随着相关资产的使用逐渐计入以后各期的收益。也就是说,这类补助应当先确认为递延收益,然后自相关资产可供使用时起,在该项资产使用寿命内平均分配,计入当期营业外收入。

与资产相关的政府补助通常为货币性资产形式,企业应当在实际收到款项时,按照到账的实际金额,借记"银行存款"等科目,贷记"递延收益"科目。将政府补助用于购建长期资产时,相关长期资产的购建与企业正常的资产购建或研发处理一致,通过"在建工程"、"研发支出"等科目归集,完成后转为固定资产或无形资产。自相关长期资产可供使用时起,在相关资产计提折旧或摊销时,按照长期资产的预计使用期限,将递延收益平均分摊转入当期损益,借记"递延收益"科目,贷记"营业外收入"科目。相关资产在使用寿命结束时或结束前被处置(出售、转让、报废等),尚未分摊的递延收益余额应当一次性转入资产处置当期的收益,不再予以递延。

11.6.2.2 与收益相关的政府补助

与收益相关的政府补助应当在其补偿的相关费用或损失发生的期间计入当期损益,即:用于补偿企业以后期间费用或损失的,在取得时先确认为递延收益,然后在确认相关费用的期间计入当期营业外收入;用于补偿企业已发生费用或损失的,取得时直接计入当期营业外收入。

与收益相关的政府补助，用于补偿企业以后期间相关费用或损失的，按收到或应收的金额，借记"银行存款"等科目，贷记"递延收益"；在发生相关费用或损失的未来期间，按应补偿的金额，借记"递延收益"，贷记"营业外收入"科目。用于补偿企业已发生的相关费用或损失的，按收到或应收的金额，借记"银行存款"等科目，贷记"营业外收入"科目。

11.6.2.3 与资产和收益均相关的政府补助

政府补助的对象通常是综合性项目，这种补助既与资产相关，也与收益相关。

企业取得这类补助时，需要将其分解为与资产相关的部分和与收益相关的部分，分别进行会计处理。如果难以分清的，企业可以将该政府补助归类为与收益相关的政府补助，视情况不同计入当期损益，或者在项目期内分期确认为当期收益。

11.7 利 润

11.7.1 利润的构成

利润是指企业在一定会计期间的经营成果。利润包括收入减去费用后的净额、直接计入当期利润的利得和损失等。

利润的相关计算公式如下。

营业利润 = 营业收入 - 营业成本 - 营业税金及附加 - 销售费用 - 管理费用 - 财务费用 - 资产减值损失 + 公允价值变动收益(- 公允价值变动损失) + 投资收益(- 投资损失)

利润总额 = 营业利润 + 营业外收入 - 营业外支出

净利润 = 利润总额 - 所得税费用

11.7.2 营业外收入和营业外支出的核算

11.7.2.1 营业外收入

1. 营业外收入的内容

营业外收入是指企业发生的与其日常活动无直接关系的各项利得，主要包括非流动资产处置利得、盘盈利得、捐赠利得、确实无法支付而按规定程序经批准后转作营业外收入的应付款项、非货币性资产交换利得、债务重组利得、政府补助等等。

2. 营业外收入的核算

企业确认营业外收入，借记"固定资产清理"、"银行存款"、"待处理财产损溢"、"应付账款"等科目，贷记"营业外收入"科目。期末，应将"营业外收入"科目余额转入"本年利润"科目，借记"营业外收入"科目，贷记"本年利润"科目。

11.7.2.2 营业外支出

1. 营业外支出的内容

营业外支出是指企业发生的与其日常活动无直接关系的各项损失，主要包括非流动资产处置损失、盘亏损失、公益性捐赠支出、非常损失、非货币性资产交换损失、债务重组损失等。

2. 营业外支出的核算

企业发生营业外支出时,借记“营业外支出”科目,贷记“固定资产清理”、“待处理财产损溢”、“库存现金”、“银行存款”等科目。期末,应将“营业外支出”科目余额转入“本年利润”科目,借记“本年利润”科目,贷记“营业外支出”科目。

11.7.3 所得税费用的核算

企业的所得税费用(或收益)等于当期所得税以及递延所得税费用(或收益)之和。其中,当期所得税是指当期应交所得税。

所得税费用(或收益)=当期所得税+递延所得税费用(-递延所得税收益)

11.7.3.1 当期所得税的计算

应纳税所得额的计算公式为

应纳税所得额=税前会计利润+纳税调整增加额-纳税调整减少额

纳税调整增加额主要包括税法规定允许扣除项目中,企业已计入当期费用但超过税法规定扣除标准的金额(如超过税法规定标准的工资支出、业务招待费支出)以及企业已计入当期损失但税法规定不允许扣除项目的金额(如税收滞纳金、罚款、罚金)等。

纳税调整减少额主要包括税法规定允许弥补的亏损和准予免税的项目,如五年内尚未弥补完的亏损、国债利息收入等。

企业当期所得税的计算公式为

当期所得税=当期应交所得税=应纳税所得额×所得税税率

11.7.3.2 递延所得税的计算

递延所得税,是指企业会计准则规定应予确认的递延所得税资产和递延所得税负债在期末应有的金额相对于原已确认金额之间的差额,即递延所得税资产及递延所得税负债的当期发生额,但不包括直接计入所有者权益的交易或事项及企业合并的所得税影响。用公式表示即为

递延所得税费用=(期末递延所得税负债-期初递延所得税负债)

-(期末递延所得税资产-期初递延所得税资产)

11.7.3.3 所得税费用的核算

为了核算所得税费用,企业应当设置如下会计科目。

(1)“所得税费用”科目。本科目核算企业所得税费用的确认及其结转情况。期末,应将“所得税费用”科目的余额转入“本年利润”科目,借记“本年利润”科目,贷记“所得税费用”科目。本科目又分“当期所得税费用”和“递延所得税费用”两个明细科目。

(2)“应交税费——应交所得税”科目。本科目反映按照税法规定计算的应交所得税。

(3)“递延所得税资产”科目。本科目借方登记递延所得税资产增加额,贷方登记递延所得税资产减少额。该科目借方余额为资产,表示将来可以少交的所得税金额。

(4)“递延所得税负债”科目。本科目贷方登记递延所得税负债增加额,借方登记递延所得税负债减少额。该科目贷方余额为负债,表示将来应交所得税金额。

11.7.4 本年利润的核算

11.7.4.1 结转本年利润的方法

1.表结法

表结法下,各损益类科目每月月末只需结计出本月发生额和月末累计余额,不结转到“本年利润”科目,只有在年末时才将全年累计余额结转入“本年利润”科目。但每月月末要将损益类科目的本月发生额合计数填入利润表的本月数栏,同时将本月末累计余额填入利润表的本年累计数栏,通过利润表计算反映各期的利润(或亏损)。

2.账结法

账结法下,每月月末均需编制转账凭证,将在账上结计出的各损益类科目的余额结转入“本年利润”科目。结转后“本年利润”科目的本月合计数反映当月实现的利润或发生的亏损,“本年利润”科目的本年累计数反映本年累计实现的利润或发生的亏损。

11.7.4.2 结转本年利润的核算

企业应设置“本年利润”科目,核算企业本年度实现的净利润(或发生的净亏损)。

会计期末,企业应将“主营业务收入”、“其他业务收入”、“营业外收入”等科目的余额分别转入“本年利润”科目的贷方,将“主营业务成本”、“其他业务成本”、“营业税金及附加”、“销售费用”、“管理费用”、“财务费用”、“资产减值损失”、“营业外支出”、“所得税费用”等科目的余额分别转入“本年利润”科目的借方。企业还应将“公允价值变动损益”、“投资收益”科目的净收益转入“本年利润”科目的贷方,将“公允价值变动损益”、“投资收益”科目的净损失转入“本年利润”科目的借方。结转后“本年利润”科目如为贷方余额,表示当年实现的净利润;如为借方余额,表示当年发生的净亏损。

年度终了,企业还应将“本年利润”科目的本年累计余额转入“利润分配——未分配利润”科目。如“本年利润”为贷方余额,借记“本年利润”科目,贷记“利润分配——未分配利润”科目;如为借方余额,作相反的会计分录。年末结转后,“本年利润”科目应无余额。

巩固练习题

一、单项选择题

1. 某工业企业20×9年度营业利润为4 530万元，主营业务收入为5 000万元，销售费用为20万元，管理费用15万元，投资收益为20万元，营业外收入为120万元，营业外支出为100万元，所得税税率为25%。假定不考虑其他因素，该企业20×9年度的净利润应为(　　)万元。

A. 3 397.5　　B. 3 427.5　　C. 3 412.5　　D. 3 753.75

2. 下列各项业务中，不应通过"营业外收入"科目核算的有(　　)。

A. 存货盘盈　　B. 转销无法偿付的应付账款

C. 接受现金捐赠　　D. 固定资产报废净收益

3. 下列各科目，年末应有余额的有(　　)。

A. 管理费用　　B. 资产减值损失　　C. 营业外收入　　D. 预付账款

4. 甲企业本期主营业务收入为500万元，主营业务成本为300万元，其他业务收入为200万元，其他业务成本为100万元，销售费用为15万元，资产减值损失为45万元，公允价值变动收益为60万元，投资收益为20万元，假定不考虑其他因素，该企业本期营业利润为(　　)万元。

A. 300　　B. 320　　C. 365　　D. 380

5. 下列各项中，不属于企业营业利润的项目是(　　)。

A. 劳务收入　　B. 财务费用

C. 出租无形资产收入　　D. 出售固定资产净收益

6. 企业收到用于补偿已发生的政策性损失的财政拨款时，借记"银行存款"科目的同时，贷记的会计科目为(　　)。

A. 银行借款　　B. 资本公积　　C. 营业外收入　　D. 实收资本

7. 企业超过标准的业务招待费，应当计入(　　)。

A. 管理费用　　B. 财务费用　　C. 销售费用　　D. 其他业务支出

8. 某工业企业20×9年11月份发生的费用有：生产车间管理人员工资80万元，行政管理部门人员工资60万元，广告费用40万元，短期借款利息40万元，固定资产维修费30万元。则该企业当期的期间费用总额为(　　)万元。

A. 100　　B. 140　　C. 170　　D. 250

9. 下列各项中，不属于费用的有(　　)。

A. 主营业务成本　　B. 销售费用　　C. 财务费用　　D. 营业外支出

10. 甲企业于20×9年9月接受一项机器设备安装任务，安装期6个月，合同总收入50万元，年度预收款项20万元，余款在安装完成时收回，当年实际发生成本25万元，预计还将发生成本15万元。该项劳务20×9年度应确认的劳务收入为

(　　)万元。

A. 50　　B. 31.25　　C. 25　　D. 20

11. 根据收入的确认标准,企业在发出商品时即确认收入的销售方式是(　　)。

A. 支付手续费方式委托代销商品　　B. 分期收款销售

C. 交款提货　　D. 托收承付

12. 企业对于已经发出但尚未确认销售收入的商品成本,应借记的会计科目是(　　)。

A. 在途物资　　B. 库存商品　　C. 发出商品　　D. 主营业务成本

13. 下列各项中,不属于收入的定义是(　　)。

A. 收入是企业在日常活动中形成的经济利益的总流入

B. 收入会导致企业所有者权益的增加

C. 收入形成的经济利益总流入的形式多种多样,既可能表现为资产的增加,也可能表现为负债的减少。

D. 收入与所有者投入资本有关

二、多项选择题

1. 下列各项中,需要调整增加企业应纳税所得额的项目有(　　)。

A. 已计入投资损益的国库券利息收入

B. 已超过税法规定扣除标准,但已计入当期费用的工资支出

C. 支付并已计入当期损失的各种税收滞纳金

D. 超标的业务招待费支出

2. 下列各项中,会影响企业营业利润的项目是(　　)。

A. 管理费用　　B. 劳务收入　　C. 出售原材料收入　　D. 资产减值损失

3. 下列各项,应计入营业外收入的有(　　)。

A. 即征即退的增值税返还款　　B. 教育费附加返还款

C. 出售固定资产取得的净收益　　D. 转让交易性金融资产取得的净收益

4. 下列各科目的余额,期末应结转到“本年利润”科目的有(　　)。

A. 营业外收入　　B. 营业外支出　　C. 投资收益　　D. 资产减值损失

5. 下列各项中,属于政府补助的有(　　)。

A. 财政拨款　　B. 税收返还

C. 直接减免的税款　　D. 行政划拨的土地使用权

6. 下列各项业务中,应通过“营业外收入”科目核算的有(　　)。

A. 存货盘盈　　B. 转销无法偿付的应付账款

C. 无法查明原因的现金溢余　　D. 固定资产盘盈

7. 企业发生的下列费用中,应计入管理费用的有(　　)。

A. 计提的坏账准备　　B. 超标的业务招待费

C. 矿产资源补偿费　　D. 管理用固定资产计提的折旧

8. 下列有关销售商品收入的处理中，正确的有(　　)。

A. 在采用收取手续费的委托代销方式下销售商品，发出商品时就确认收入

B. 当期售出的商品被退回时，直接冲减退回当期的收入、成本、税金等相关项目

C. 当期售出的商品发生销售折让时，直接将发生的销售折让作为当期的销售费用处理

D. 在采用分期收款方式下销售商品，按照合同约定的时间确认收入

9. 下列各项中，属于让渡资产使用权的收入确认条件的是(　　)。

A. 资产所有权上的风险已经转移　B. 与交易相关的经济利益能够流入企业

C. 收入的金额能够可靠地计量　D. 对已售出的商品已经不能实施控制

10. 下列各项，属于企业期间费用的有(　　)。

A. 销售费用　B. 制造费用　C. 管理费用　D. 财务费用

11. 企业发生的下列各项支出，计入财务费用的是(　　)。

A. 发生的现金折扣　B. 短期借款的利息

C. 企业发行的应付债券计提的利息　D. 企业筹建期间的长期借款利息

12. 下列各项中，影响企业销售商品收入的金额的是(　　)。

A. 企业与购货方签订的合同或协议金额

B. 预计可能发生的现金折扣

C. 商业折扣

D. 代垫购货方的运杂费

13. 收入是企业在日常活动中产生的经济利益的总流入，下列各项中，不属于收入的有(　　)。

A. 对外销售原材料的收入

B. 出售固定资产的收入

C. 收取手续费方式下代销方取得的代销商品的收入

D. 出租无形资产的收入

三、判断题

1. 企业只要符合政府补助政策的规定，均能取得政府补助。(　)

2. 企业已计入管理费用的超标的业务招待费应调整增加企业的应纳税所得额。(　)

3. 某企业年初未分配利润借方余额为45万元，企业上年亏损45万元，当年实现利润总额20万元。则企业当年需要交纳企业所得税5万元。(　　)

4. 政府向企业提供补助具有无偿性的特点。政府并不因此而享有企业的所有权，企业未来也不需要以提供服务、转让资产等方式偿还。(　)

5. 计提的长期借款的利息费用均计入到财务费用中。(　)

6. 制造费用与管理费用不同，本期发生的管理费用直接影响本期损益，而本期发生的制造费用不一定影响本期的损益。(　　)

7. 销售需要安装的商品，只能在安装和检验完毕后确认收入。(　　)

8. 企业在销售收入确认之后发生的销售折让，应在实际发生时冲减发生当期的收入，并同时冲减已结转的成本。(　　)

9. 对于一次就完成的劳务，或在同一个会计期间开始并完成的劳务，应在开始提供时确认收入。(　　)

10. 企业在销售商品时如提供有商业折扣的，在确认收入时应将商业折扣的部分扣除。(　　)

11. 企业在销售商品时，如果估计价款收回可能性不大，尽管收入确认的其他条件满足，也不应确认收入。(　　)

12. 在收取手续费代销方式下，委托方在发出商品时确认收入。(　　)

13. 企业的收入包括主营业务收入、其他业务收入和营业外收入。(　　)

四、计算分析题

1. 甲工业企业20×9年10月份发生如下的经济业务。

(1)销售给A公司A产品100件，每件售价4 000元，货款400 000元，单位成本2 500元，增值税税率为17%。(已收到款项并存入银行)

(2)企业出售无形资产一项，该项无形资产账面价值40 000元，取得收入50 000元，营业税税率为5%。

(3)以前月份销售的B产品本月退回20件，每件售价2 000元，单位成本1 500元，货款已通过银行退回。

(4)本月固定资产盘亏净损失18 000元，经批准作相应的账务处理。

(5)接受某企业现金捐赠20 000元。

(6)发生管理费用3 000元，销售费用2 000元，财务费用35 000元，均用银行存款支付。

要求：根据上述资料编制会计分录。

2. 甲企业为增值税一般纳税企业，适用的增值税税率为17%。20×9年9月1日与乙企业签订代销协议，委托乙企业销售A商品1 000件，协议价180元/件，该商品的实际成本160元/件，受托方按协议价的10%收取手续费。9月3日，甲企业按合同向乙企业交付商品。9月30日，乙企业已将A商品800件销售给顾客，款项均已收存银行并将所售的代销商品清单交付给甲企业，并收到甲企业按协议价开具的增值税专用发票。10月8日，甲企业收到乙企业支付的代销商品款(手续费已扣除)。

要求：分别编制甲企业代销业务的会计分录。(“应交税费”科目须写出明细科目，答案中的金额单位为元)

3. 甲公司为一般纳税工业企业，20×8年作为其他业务与乙公司签订了一份劳务合同，为乙公司建造办公楼一幢，总造价8 000万元，20×8年9月2日工程开工，预计在20×9年12月底完工。20×8年9月30日，甲公司预收乙公司支付的工程款

3 000 万元存入银行,其余款项待完工交付使用后结算。该工程全部成本为 5 600 万元,20×8 年甲公司为该工程实际发生的劳务成本为 2 240 万元。至 20×9 年 12 月 31 日,甲公司为该工程累计实际发生劳务成本 5 040 万元,该合同按完工百分比法确认收入。

要求:根据上述业务编制甲公司相关会计分录。(金额单位用万元表示)

4. 方正公司为增值税一般纳税企业,适用的增值税税率为 17%。20×9 年 5 月 1 日,向甲公司销售 A 商品 2 000 件,每件标价 1 000 元,实际售价 900 元(售价中不含增值税额),已开出增值税专用发票,商品已交付给甲公司。为了及早收回货款,方正公司在合同中规定的现金折扣条件为:2/10,1/20,*n*/30。

要求:

(1)编制方正公司销售商品时的会计分录(假定现金折扣按售价计算;"应交税费"科目要求写出明细科目及专栏)。

(2)根据以下假定,分别编制方正公司收到款项时的会计分录。①甲公司在 5 月 9 日按合同规定付款,方正公司收到款项并存入银行。②甲公司在 5 月 18 日按合同规定付款,方正公司收到款项并存入银行。③甲公司在 5 月 27 日按合同规定付款,方正公司收到款项并存入银行。

5. A 企业为一般纳税人,适用增值税税率为 17%。20×9 年 10 月份发生下列经济业务。(假设除增值税以外的其他税费不予考虑)

(1)3 日销售库存商品一批,价款 50 000 元,增值税 8 500 元,款项已存入银行,该批商品成本为 36 000 元。

(2)11 日出售原材料,应确认收入为 4 000 元,增值税 680 元,款项尚未收回。

(3)15 日出售无形资产,无形资产的账面余额为 60 000 元,已摊销了 12 000 元,未发生减值,取得出售价款为 90 000 元,款项已收到存入银行。

(4)17 日取得出租固定资产收入 6 000 元,款项尚未收回。

(5)24 日收到现金捐赠 70 000 元。

要求:根据上述经济业务编制会计分录,并计算本月收入。

五、综合题

甲股份有限公司(以下简称甲公司)为增值税一般纳税人,增值税税率 17%。甲公司主要生产经营 A 商品和 B 商品,每件 A 商品的成本价为 1 000 元,每件 B 商品的成本价为 800 元。20×9 年发生以下经济业务。(下列货款均为不含增值税的货款)

(1)2 月 10 日,将其生产的 A 商品 200 件销售给乙企业,每件售价 1 500 元,款未收到。

(2)3 月 15 日,将其生产的 A 商品 600 件销售给丙企业,售价每件 2 000 元;将生产的 B 产品销售给丙企业 100 件,每件售价 1 200 元,货款未收到。

(3)4 月 1 日,向 W 企业销售 A 商品 100 件,每件售价 2 300 元;销售 B 商品 900

件,每件售价1 000元,款项已收妥。

(4)5月8日,甲公司以银行存款偿还已逾期的长期借款80万元,利息为20万元。

(5)6月25日,甲公司将其原值为60万元,已提折旧为30万元,已计提减值准备为10万元的固定资产对外出售,取得价款30万元并存入银行。

(6)8月1日,甲公司与乙公司签订购销合同,甲公司向乙公司销售新产品,价款80万元,成本50万元。合同约定试用期6个月,若发现质量问题可以退货,已开出增值税专用发票,目前无法估计退货的可能性,价款尚未收到。

要求:编制上述业务的有关会计分录。(以万元为单位)

巩固练习题参考答案及解析

一、单项选择题

1.【答案】C

【解析】企业20×9年度的净利润应为:(营业利润+营业外收入-营业外支出)×(1-所得税税率)=(4 530+120-100)×(1-25%)=3 412.5(万元)。

2.【答案】A

【解析】存货发生盘盈,在报经批准后,应借记“待处理财产损溢”科目,贷记“管理费用”科目;转销无法偿付的应付账款,应借记“应付账款”科目,贷记“营业外收入”科目;接受现金捐赠,应借记“库存现金”科目,贷记“营业外收入”科目;固定资产报废净收益计入到营业外收入中。

3.【答案】D

【解析】ABC属于损益类账户,期末结转到本年利润中,“预付账款”是资产类账户,期末可以有余额。

4.【答案】B

【解析】营业利润=营业收入-营业成本-营业税金及附加-销售费用-管理费用-财务费用-资产减值损失+公允价值变动收益(-公允价值损失)+投资收益(-投资损失)。其中:营业收入=主营业务收入+其他业务收入;营业成本=主营业务成本+其他业务成本。因此,本期营业利润=500+200-300-100-15-45+60+20=320(万元)。

5.【答案】D

【解析】劳务收入计入到主营业务收入或其他业务收入中,财务费用属于营业利润项目,出租无形资产收入计入到其他业务收入中,出售固定资产净收益计入到营业外收入中,不属于营业利润项目。

6.【答案】C

【解析】用于补偿企业已发生的相关费用或损失的,按收到或应收的金额,借记

"银行存款"、"其他应收款"等科目,贷记"营业外收入"科目。

7.【答案】A

【解析】企业发生的业务招待费不管是否超标,在核算时均计入"管理费用"账户。

8.【答案】C

【解析】发生的生产车间管理人员工资计入"制造费用"中核算,发生行政管理部门人员工资计入"管理费用"核算,支付广告费计入销售费用,计提短期借款的利息计入"财务费用",支付固定资产维修费计入"管理费用"中核算,销售费用、管理费用与财务费用属于期间费用,所以答案是60+40+40+30=170(万元)。

9.【答案】D

【解析】营业外支出不是日常活动中发生的,所以不属于费用。

10.【答案】B

【解析】该业务属于跨年度提供劳务,且企业在资产负债表日提供劳务交易的结果能够可靠估计的,应按完工百分比法确认收入、结转成本,当年应确认的收入为50×25÷(25+15)×100%=31.25(万元)。

11.【答案】C

【解析】选项A是收到代销清单时确认收入;选项B是按合同约定时间确认收入;选项C交款提货方式下,企业在发出商品时即确认收入;选项D在办理好托收承付手续后确认收入。

12.【答案】C

【解析】已经发出但尚未确认销售收入的商品要作为"发出商品"核算。

13.【答案】D

【解析】收入是指企业在日常活动中形成的、会导致所有者权益增加的、与所有者投入资本无关的经济利益的总流入。

二、多项选择题

1.【答案】BCD

【解析】纳税调整增加额主要包括税法规定允许扣除项目中企业已计入当期费用但超过税法规定扣除标准的金额(如超过税法规定标准的工资支出、业务招待费支出),以及企业已计入当期费用但税法规定不允许扣除项目的金额(如税收滞纳金、罚款、罚金)。A选项会计上计入投资收益,但是税法上并不需要交纳所得税,应该调减应纳税所得额。

2.【答案】ABCD

【解析】管理费用是期间费用,影响营业利润;劳务收入属于主营业务收入或其他业务收入;出售原材料收入属于其他业务收入;资产减值损失也是影响营业利润金额的。

3.【答案】ABC

【解析】转让交易性金融资产取得的净收益在“投资收益”中核算。

4.【答案】ABCD

【解析】损益类科目应在期末结转到“本年利润”科目中。

5.【答案】ABD

【解析】直接减免的税款,政府未直接向企业无偿提供资产,不作为政府补助。

6.【答案】BC

【解析】存货发生盘盈,在报经批准后,应借记“待处理财产损溢”科目,贷记“管理费用”科目;转销无法偿付的应付账款,应借记“应付账款”科目,贷记“营业外收入”科目;盘盈的固定资产,应作为前期的会计差错,借记“固定资产”科目,贷记“以前年度损益调整”科目。

7.【答案】BCD

【解析】计提的坏账准备计入“资产减值损失”,其他三项均应计入“管理费用”核算。

8.【答案】BD

【解析】在采用收取手续费方式下,委托方在收到代销清单时才能确认收入;当期售出的商品发生销售折让时,将发生的销售折让冲减当期的收入和税金。

9.【答案】BC

【解析】让渡资产使用权应该按照以下原则确认收入:与交易相关的经济利益很可能流入企业,收入的金额能够可靠地计量。

10.【答案】ACD

【解析】制造费用属于成本类账户,构成企业产品成本,而不直接影响本期损益。

11.【答案】ABC

【解析】发生的现金折扣,属于企业的理财费用,应计入“财务费用”科目;短期借款利息和发行债券利息属于筹资费用,应记入“财务费用”科目;企业筹建期间的长期借款利息,应记入“管理费用”科目。

12.【答案】AC

【解析】销售商品收入的金额应根据企业与购货方签订的合同或协议金额确定。无合同或协议的,销售商品收入的金额应根据购销双方都能同意或接受的价格确定,但不包括企业为第三方或客户代收的一些款项。企业在确定销售商品收入的金额时,不应考虑预计可能发生的现金折扣、销售折让。

13.【答案】BC

【解析】会计上所说的收入是指主营业务收入和其他业务收入。收取手续费方式下代销方取得的代销商品收入不属于代销方的收入,收取的手续费才属于其收入;固定资产的出售收入应计入营业外收入,属于利得,不属于企业的收入。

三、判断题

1.【答案】×

【解析】企业符合政府补助政策规定的，均有资格申请政府补助。符合政策规定不一定都能够取得政府补助；不符合政策规定、不具备申请政府补助资格的，不能取得政府补助。

2.【答案】√

【解析】超标的业务招待费按照税法的规定不能从税前扣除，而会计上将其计入当期损益，因此应作为纳税调整项目增加应纳税所得额。

3.【答案】×

【解析】当年形成的亏损，可以在以后五年内用税前利润补亏，本题中当年实现利润总额为20万元，尚不足弥补亏损额，所以当年是不需要缴纳所得税的。

4.【答案】√

5.【答案】×

【解析】不是所有的长期借款的利息费用均要计入到"财务费用"。筹建期间的长期借款的利息费用是计入到"管理费用"中；为购建固定资产而借入的长期借款，在固定资产未达到可使用状态前发生的利息费用要计入到"在建工程"中。

6.【答案】√

【解析】本期发生的制造费用可能包含在期末存货项目中。

7.【答案】×

【解析】如果安装程序比较简单，则可以在商品发出时确认收入。

8.【答案】×

【解析】只能冲减收入，不能冲减成本。因为折让只是针对价款的折让，销售方的成本结转并不受到影响。

9.【答案】×

【解析】对于一次就完成的劳务，或在同一会计期间开始并完成的劳务，应在劳务完成时确认收入。

10.【答案】√

【解析】商业折扣不构成最终成交价格的一部分，销售商品收入的金额应是扣除商业折扣后的净额。

11.【答案】√

12.【答案】×

【解析】在收取手续费代销方式下，委托方确认销售收入的时间是收到代销清单时。

13.【答案】×

【解析】收入从企业的日常经营活动中产生，而不是从偶发的交易或事项中发生。

四、计算分析题

1.【答案】

企业的收入包括主营业务收入和其他业务收入。营业外收入属于利得。编制的会计分录如下。

(1)发出商品时

借:银行存款　　468 000
　贷:主营业务收入　　400 000
　　应交税费——应交增值税(销项税额)　　68 000

结转销售成本时

借:主营业务成本　　250 000
　贷:库存商品　　250 000

(2)应作如下的账务处理

借:银行存款　　50 000
　贷:无形资产　　40 000
　　应交税费——应交营业税　　2 500
　　营业外收入——非流动资产处置利得　　7 500

(3)销售退回时

借:主营业务收入　　40 000
　应交税费——应交增值税(销项税额)　　6 800
　贷:银行存款　　46 800

借:库存商品　　30 000
　贷:主营业务成本　　30 000

(4)经批准结转固定资产盘亏净损失时

借:营业外支出　　18 000
　贷:待处理财产损溢　　18 000

(5)接受现金捐赠时

借:银行存款　　20 000
　贷:营业外收入　　20 000

(6)支付本月份期间费用时

借:管理费用　　3 000
　销售费用　　2 000
　财务费用　　35 000
　贷:银行存款　　40 000

2.【答案】

甲企业代销业务的会计分录如下。

(1)交付代销商品时

借:委托代销商品　　160 000
　贷:库存商品　　(1 000 × 160)160 000

(2)收到代销清单时

借:应收账款 (144 000 +24 480)168 480

贷:主营业务收入 (800 ×180)144 000

应交税费——应交增值税(销项税额) (144 000 ×17%)24 480

借:主营业务成本 128 000

贷:委托代销商品 (800 ×160)128 000

借:销售费用 (144 000 ×10%)14 400

贷:应收账款 14 400

(3)收到货款时

借:银行存款 154 000

贷:应收账款 (168 400 -14 400)154 000

3.【答案】

(1)20 ×8 年:工程进度 =2 240 ÷5 600 ×100% =40%

应确认的收入 =8 000 ×40% =3 200(万元)

借:银行存款 3 000

贷:预收账款 3 000

借:预收账款 3 200

贷:其他业务收入 3 200

借:其他业务成本 2 240

贷:劳务成本 2 240

(2)20 ×9 年:工程进度 =5 040 ÷5 600 ×100% =90%

应确认的收入 =8 000 ×90% -3 200 =4 000(万元)

应结转的成本 =5 040 -2 240 =2 800(万元)

借:银行存款 4 200

贷:其他业务收入 4 000

预收账款 200

借:其他业务成本 2 800

贷:劳务成本 2 800

4.【答案】

(1)方正公司销售商品时

借:应收账款 2 106 000

贷:主营业务收入 (900 ×2 000)1 800 000

应交税费——应交增值税(销项税额) 306 000

(2)① 甲公司在 5 月 9 日付款,享受 36 000 元的现金折扣(即 1 800 000 ×2%)

借:银行存款 2 070 000

财务费用 36 000

贷:应收账款 2 106 000

② 甲公司在5月18日付款,享受18 000元的现金折扣(即1 800 000×1%)

借:银行存款 2 088 000

财务费用 18 000

贷:应收账款 2 106 000

③ 甲公司在5月27日付款,不能享受折扣,应全额付款

借:银行存款 2 106 000

贷:应收账款 2 106 000

5.【答案】

(1)10月3日,企业销售商品实现时

借:银行存款 58 500

贷:主营业务收入 50 000

应交税费——应交增值税(销项税额) 8 500

借:主营业务成本 36 000

贷:库存商品 36 000

(2)10月11日,收到出售原材料收入

借:应收账款 4 680

贷:其他业务收入 4 000

应交税费——应交增值税(销项税额) 680

(3)10月15日,出售无形资产

借:银行存款 90 000

累计摊销 12 000

贷:无形资产 60 000

营业外收入——非流动资产处置利得 42 000

(4)10月17日,计算出租固定资产收入

借:其他应收款 6 000

贷:其他业务收入 6 000

(5)10月24日,收到现金捐赠

借:银行存款 70 000

贷:营业外收入 70 000

本月收入=50 000+4 000+6 000=60 000(元)。

五、综合题

【答案】

(1)借:应收账款 35.1

贷:主营业务收入——A商品 30

应交税费——应交增值税(销项税额) 5.1

借:主营业务成本　20
　贷:库存商品　20
(2)借:应收账款　154.44
　贷:主营业务收入——A 商品　120
　　　　　　　　——B 商品　12
　　应交税费——应交增值税(销项税额)　22.44
借:主营业务成本　68
　贷:库存商品——A 商品　60
　　　　　　——B 商品　8
(3)①A 商品
借:银行存款　26.91
　贷:主营业务收入——A 商品　23
　　应交税费——应交增值税(销项税额)　3.91
借:主营业务成本　10
　贷:库存商品——A 商品　10
②B 商品
借:银行存款　105.3
　贷:主营业务收入——B 商品　90
　　应交税费——应交增值税(销项税额)　15.3
借:主营业务成本　72
　贷:库存商品——B 商品　72
(4)借:长期借款　80
　　应付利息　20
　贷:银行存款　100
(5)①借:固定资产清理　20
　　累计折旧　30
　　固定资产减值准备　10
　贷:固定资产　60
②借:银行存款　30
　贷:固定资产清理　30
③借:固定资产清理　10
　贷:营业外收入　10
(6)借:发出商品　50
　贷:库存商品　50
借:应收账款　13.6
　贷:应交税费——应交增值税(销项税额)　13.6

12 财务报表

本章基本结构框架

本章主要内容

- 1. 财务报表概述
  - 财务报表的定义和组成
  - 财务报表的分类
  - 财务报表列报的基本要求
- 2. 资产负债表
  - 资产负债表概述
  - 资产负债表的填列方法
    - “年初余额”栏的填列方法
    - “期末余额”栏的填列方法
    - 资产负债表各项目的填列说明
  - 资产负债表编制示例
- 3. 利润表
  - 利润表概述
  - 利润表的填列方法
    - “上期金额”栏的填列方法
    - “本期金额”栏的填列方法
    - 利润表各项目的填列说明
  - 利润表编制示例
- 4. 现金流量表
  - 现金流量表概述
  - 现金流量表各项目的填列方法
    - 经营活动产生的现金流量
    - 投资活动产生的现金流量
    - 筹资活动产生的现金流量
    - 汇率变动对现金及现金等价物的影响
    - 现金流量表补充资料
  - 现金流量表的编制方法
  - 现金流量表编制示例
- 5. 所有者权益变动表
  - 所有者权益变动表概述
  - 所有者权益变动表的填列方法
    - “上年金额”栏的填列方法
    - “本年金额”栏的填列方法
    - 本年增减变动项目的填列方法
  - 所有者权益变动表编制示例

本章重点与难点

12.1 财务报表概述

12.1.1 财务报表的定义和组成

财务报表是对企业财务状况、经营成果和现金流量的结构性表述。

为了达到财务报表有关决策有用和评价企业管理层受托责任的目标，一套完整的财务报表至少应当包括下列组成部分：①资产负债表；②利润表；③现金流量表；④所有者权益（或股东权益，下同）变动表；⑤附注。

12.1.2 财务报表的分类

12.1.2.1 按编报期间进行的分类

按编报期间进行分类，财务报表可以分为中期财务报表和年度财务报表。

12.1.2.2 按编报主体进行的分类

按编报主体的不同，财务报表可以分为个别财务报表和合并财务报表。

12.1.3 财务报表列报的基本要求

12.1.3.1 遵循各项会计准则进行确认和计量

企业应当根据实际发生的交易和事项，遵循各项具体会计准则的规定进行确认和计量，并在此基础上编制财务报表。企业应当在附注中对遵循企业会计准则编制的财务报表作出声明，只有遵循了企业会计准则的所有规定时，财务报表才应当被称为“遵循了企业会计准则”。

12.1.3.2 列报基础

企业会计准则规范的是持续经营情况下企业对所发生的交易和事项进行确认、计量及报表列报。在编制财务报表的过程中，企业管理层应当对企业持续经营的能力进行评价。评价后对企业持续经营的能力产生严重怀疑的，应当在附注中披露导致对持续经营能力产生重大怀疑的重要的不确定因素。

12.1.3.3 重要性和项目列报

关于项目在财务报表中是单独列报还是合并列报，应当依据重要性原则来判断。

12.1.3.4 列报的一致性

可比性是会计信息质量的一项重要质量要求，目的是使同一企业不同期间和同一期间不同企业的财务报表相互可比。为此，财务报表项目的列报应当在各个会计期间保持一致，不得随意变更，这一要求不仅只针对财务报表中的项目名称，还包括财务报表项目的分类、排列顺序等方面。

12.1.3.5 财务报表项目金额间的相互抵销

财务报表项目应当以总额列报，资产和负债、收入和费用不能相互抵销，即不得以净额列报，但企业会计准则另有规定的除外。

下列两种情况不属于抵销，可以以净额列示。

(1)资产计提的减值准备，实质上意味着资产的价值确实发生了减损，资产项目按扣除减值准备后的净额列示，这样才反映了资产当时的真实价值，并不属于上面所述的抵销。

(2)非日常活动的发生具有偶然性，并非企业主要的业务，从重要性来讲，非日常活动产生的损益以收入扣减费用后的净额列示，更有利于报表使用者的理解，也不属于抵销。

12.1.3.6 比较信息的列报

企业在列报当期财务报表时，至少应当提供所有列报项目上一可比会计期间的比较数据，以及与理解当期财务报表相关的说明，目的是向报表使用者提供对比数据，提高信息在会计期间的可比性，以反映企业财务状况、经营成果和现金流量的发展趋势，提高报表使用者的判断与决策能力。

12.1.3.7 财务报表表首的列报要求

财务报表一般分为表首、正表两部分。

12.1.3.8 报告期间

此部分内容可参阅教材。

12.2 资产负债表

12.2.1 资产负债表概述

12.2.1.1 资产负债表的定义和作用

资产负债表是反映企业在某一特定日期的财务状况的会计报表。

资产负债表的作用包括：①它可以提供某一日期资产的总额及其结构，表明企业拥有或控制的资源及其分布情况，使用者可以一目了然地从资产负债表上了解企业在某一特定日期所拥有的资产总额及其结构；②它可以提供某一日期的负债总额及其结构，表明企业未来需要用多少资产或劳务清偿债务以及清偿时间；③它可以反映所有者所拥有的权益，据以判断资本保值、增值的情况以及对负债的保障程度等。

12.2.1.2 资产负债表的结构

资产负债表的格式一般有两种，即报告式和账户式。在我国，资产负债表采用账户式格式。

12.2.1.3 资产负债表项目的列示

1.资产项目的列示

企业的资产应当按照流动资产和非流动资产两大类别在资产负债表中列示，在流动资产和非流动资产类别下进一步按性质分项列示。

资产满足下列条件之一的,应当归类为流动资产:①预计在一个正常营业周期中变现、出售或耗用,如存货、应收账款等资产;②主要为交易目的而持有,如企业持有的交易性金融资产;③预计在资产负债表日起一年内(含一年)变现;④自资产负债表日起一年内,交换其他资产或清偿负债的能力不受限制的现金或现金等价物。

流动资产以外的资产,应当归类为非流动资产。

2. 负债项目的列示

企业的负债应当按照流动负债和非流动负债两大类别在资产负债表中列示,在流动负债和非流动负债类别下进一步按性质分项列示。

负债满足下列条件之一的,应当归类为流动负债:①预计在一个正常营业周期中清偿;②主要为交易目的而持有;③自资产负债表日起一年内到期应予以清偿;④企业无权自主的将清偿推迟至资产负债表日后一年以上。

流动负债以外的负债,应当归类为非流动负债。

3. 所有者权益项目的列示

资产负债表中的所有者权益类一般按照净资产的不同来源和特定用途进行分类,应当按照实收资本(或股本,下同)、资本公积、盈余公积、未分配利润等项目分项列示。

12.2.2 资产负债表的填列方法

12.2.2.1 "年初余额"栏的填列方法

资产负债表"年初余额"栏内各项数字,应根据上年末资产负债表"期末余额"栏内所列数字填列。

12.2.2.2 "期末余额"栏的填列方法

资产负债表"期末余额"栏内各项目数字,一般应根据资产、负债和所有者权益类科目的期末余额填列。

(1)根据总账科目的余额填列。

(2)根据明细账科目的余额计算填列。

(3)根据总账科目和明细账科目的余额分析计算填列。

(4)根据有关科目余额减去其备抵科目余额后的净额填列。

(5)综合运用上述填列方法分析填列。

12.2.2.3 资产负债表各项目的填列说明

1. 资产项目的填列说明

(1)"货币资金"项目,反映企业库存现金、银行结算户存款、外埠存款、银行汇票存款、银行本票存款、信用卡存款、信用证保证金存款等的合计数。本项目应根据"库存现金"、"银行存款"、"其他货币资金"科目期末余额的合计数填列。

(2)"交易性金融资产"项目,反映企业持有的以公允价值计量且其变动计入当期损益为交易目的所持有的债券投资、股票投资、基金投资、权证投资等金融资产。

本项目应根据“交易性金融资产”科目的期末余额填列。

(3)“应收票据”项目，反映企业因销售商品、提供劳务等而收到的商业汇票，包括银行承兑汇票和商业承兑汇票。本项目应根据“应收票据”科目的期末余额，减去“坏账准备”科目中有关应收票据计提的坏账准备期末余额后的金额填列。

(4)“应收账款”项目，反映企业因销售商品、提供劳务等经营活动应收取的款项。本项目应根据“应收账款”和“预收账款”科目所属各明细科目的借方余额合计数，减去“坏账准备”科目中有关应收账款计提的坏账准备期末余额后的金额填列。如“应收账款”科目所属明细科目期末有贷方余额的，应在资产负债表“预收款项”项目内填列。

(5)“预付款项”项目，反映企业按照购货合同规定预付给供应单位的款项等。本项目应根据“预付账款”和“应付账款”科目所属各明细科目的期末借方余额合计数，减去“坏账准备”科目中有关预付款项计提的坏账准备期末余额后的金额填列。如“预付账款”科目所属各明细科目期末有贷方余额的，应在资产负债表“应付账款”项目内填列。

(6)“应收利息”项目，反映企业应收取的债券投资等的利息。本项目应根据“应收利息”科目的期末余额，减去“坏账准备”科目中有关应收利息计提的坏账准备期末余额后的金额填列。

(7)“应收股利”项目，反映企业应收取的现金股利和应收取其他单位分配的利润。本项目应根据“应收股利”科目的期末余额，减去“坏账准备”科目中有关应收股利计提的坏账准备期末余额后的金额填列。

(8)“其他应收款”项目，反映企业除应收票据、应收账款、预付账款、应收股利、应收利息等经营活动以外的其他各种应收、暂付的款项。本项目应根据“其他应收款”科目的期末余额，减去“坏账准备”科目中有关其他应收款计提的坏账准备期末余额后的金额填列。

(9)“存货”项目，反映企业期末在库、在途和在加工中的各种存货的可变现净值。本项目应根据“材料采购”、“原材料”、“低值易耗品”、“库存商品”、“周转材料”、“委托加工物资”、“委托代销商品”、“生产成本”等科目的期末余额合计，减去“受托代销商品款”、“存货跌价准备”科目期末余额后的金额填列。材料采用计划成本核算、库存商品采用计划成本核算或售价核算的企业，还应按加或减材料成本差异、商品进销差价后的金额填列。

(10)“一年内到期的非流动资产”项目，反映企业将于一年内到期的非流动性资产项目金额。本项目应根据有关科目的期末余额填列。

(11)“其他流动性资产”项目，反映企业除货币资金、交易性金融资产、应收票据、应收账款、存货等流动资产以外的其他流动资产。本项目应根据有关科目的期末余额填列。

(12)“可供出售金融资产”项目，反映企业持有的以公允价值计量的可供出售的股票投资、债券投资等金融资产。本项目应根据“可供出售金融资产”科目的期末余额,减去“可供出售金融资产减值准备”科目期末余额后的金额填列。

(13)“持有至到期投资”项目,反映企业持有的以摊余成本计量的持有至到期投资。本项目应根据“持有至到期投资”科目的期末余额,减去“持有至到期投资减值准备”科目期末余额后的金额填列。

(14)“长期应收款”项目,反映企业融资租赁产生的应收款项、采用递延方式具有融资性质的销售商品和提供劳务等产生的长期应收款项等。本项目应根据“长期应收款”科目的期末余额,减去相应的“未实现融资收益”科目和“坏账准备”科目所属相关明细科目期末余额后的金额填列。

(15)“长期股权投资”项目,反映企业持有的对子公司、联营企业和合营企业的长期股权投资。本项目应根据“长期股权投资”科目的期末余额,减去“长期股权投资减值准备”科目的期末余额后的金额填列。

(16)“投资性房地产“项目,反映企业持有的投资性房地产。企业采用成本模式计量投资性房地产的,本项目应根据“投资性房地产”科目的期末余额,减去“投资性房地产累计折旧(摊销)”和“投资性房地产减值准备”科目期末余额后的金额填列;企业采用公允价值模式计量投资性房地产的,本项目应根据“投资性房地产”科目的期末余额填列。

(17)“固定资产”项目,反映企业各种固定资产原价减去累计折旧和累计减值准备后的净额。本项目应根据“固定资产”科目的期末余额,减去“累计折旧”和“固定资产减值准备”科目的期末余额后的金额填列。

(18)“在建工程”项目,反映企业期末各项未完工程的实际支出,包括交付安装的设备价值、未完建筑安装工程已经耗用的材料、工资和费用支出、预付出包工程的价款等的可收回金额。本项目应根据“在建工程”科目的期末余额,减去“在建工程减值准备”科目的期末余额后的金额填列。

(19)“工程物资”项目,反映企业尚未使用的各项工程物资的实际成本。本项目应根据“工程物资”科目的期末余额填列。

(20)“固定资产清理”项目,反映企业因出售、损毁、报废等原因转入清理但尚未清理完毕的固定资产的净值以及固定资产清理过程中所发生的清理费用和变价收入等各项金额的差额。本项目应根据“固定资产清理”科目的期末借方余额填列,如“固定资产清理”科目期末为贷方余额,以“-”号填列。

(21)“生产性生物资产”项目,反映企业持有的生产性生物资产。本项目应根据“生产性生物资产”科目的期末余额,减去“生产性生物资产累计折旧”和“生产性生物资产减值准备”科目期末余额后的金额填列。

(22)“油气资产”项目,反映企业持有的矿区权益和油气井及相关设施的原价减去累计折耗和累计减值准备后的净额。本项目应根据“油气资产”科目的期末余额,减去“累计折耗”科目期末余额和相应减值准备后的金额填列。

(23)“无形资产”项目,反映企业持有的无形资产,包括专利权、非专利技术、商标权、著作权、土地使用权等。本项目应根据“无形资产”科目的期末余额,减去“累计摊销”和“无形资产减值准备”科目期末余额后的金额填列。

(24)“开发支出”项目,反映企业开发无形资产过程中能够资本化形成无形资产成本的支出部分。本项目应根据“研发支出”科目所属的“资本化支出”明细科目期末余额填列。

(25)“商誉”项目,反映企业合并中形成的商誉的价值。本项目应根据“商誉”科目的期末余额,减去相应减值准备后的金额填列。

(26)“长期待摊费用”项目,反映企业已经发生但应由本期和以后各期负担的分摊期限在一年以上的各项费用。长期待摊费用中在一年内(含一年)摊销的部分,在资产负债表“一年内到期的非流动性资产”项目填列。本项目应根据“长期待摊费用”科目的期末余额减去将于一年内(含一年)摊销的数额后的金额填列。

(27)“递延所得税资产“项目,反映企业确认的可抵扣暂时性差异产生的递延所得税资产。本项目应根据“递延所得税资产”科目的期末余额填列。

(28)“其他非流动性资产”项目,反映企业除长期股权投资、固定资产、在建工程、工程物资、无形资产等资产以外的其他非流动性资产。本项目应根据有关科目的期末余额填列。

2. 负债项目的填列说明

(1)“短期借款”项目,反映企业向银行或其他金融机构等借入的期限在一年以下(含一年)的各种借款。本项目应根据“短期借款”科目的期末余额填列。

(2)“交易性金融负债”项目,反映企业承担的以公允价值计量且其变动计入当期损益的为交易目的所持有的金融负债。本项目应根据“交易性金融负债”科目的期末余额填列。

(3)“应付票据”项目,反映企业购买材料、商品和接受劳务供应等而开出、承兑的商业汇票,包括银行承兑汇票和商业承兑汇票。本项目应根据“应付票据”科目的期末余额填列。

(4)“应付账款”项目,反映企业因购买材料、商品和接受劳务供应等经营活动应支付的款项。本项目应根据“应付账款”和“预收账款”科目所属各明细科目的期末贷方余额合计数填列;如“应付账款”科目所属明细科目期末有借方余额的,应在资产负债表“预付款项”项目内填列。

(5)“预收款项”项目,反映企业按照购货合同规定预付给供应单位的款项。本项目应根据“预收账款”和“应收账款”科目所属各明细科目的期末贷方余额合计数填列。如“预收账款”科目所属各明细科目期末有借方余额的,应在资产负债表“应收账款”项目内填列。

(6)“应付职工薪酬”项目,反映企业根据有关规定应付给职工的工资、职工福利、社会保险费、住房公积金、工会经费、职工教育经费、非货币性福利、辞退福利等各种薪酬。外商投资企业按规定从净利润中提取的职工奖励及福利基金,也在本项目列示。

(7)"应交税费"项目,反映企业按照税法规定计算应交纳的各种税费,包括增值税、消费税、营业税、所得税、资源税、土地增值税、城市维护建设税、房产税、土地使用税、车船使用税、教育费附加、矿产资源补偿费等。企业代扣代交的个人所得税,也通过本项目列示。企业所交纳的税金不需要预计应交数的,如印花税、耕地占用税等,不在本项目列示。本项目应根据"应交税费"科目的期末贷方余额填列;如"应交税费"科目期末为借方余额的,应以"-"号填列。

(8)"应付利息"项目,反映企业按照规定应当支付的利息,包括分期付息到期还本的长期借款应支付的利息、企业发行的企业债券应支付的利息等。本项目应根据"应付利息"科目的期末余额填列。

(9)"应付股利"项目,反映企业分配的现金股利或利润。企业分配的股票股利,不通过本项目列示。本项目应根据"应付股利"科目的期末余额填列。

(10)"其他应付款"项目,反映企业除应付票据、应付账款、预收款项、应付职工薪酬、应付股利、应付利息、应交税费等经营活动以外的其他各项应付、暂收的款项。本项目应根据"其他应付款"科目的期末余额填列。

(11)"一年内到期的非流动负债"项目,反映企业非流动性负债中将于资产负债表日后一年内到期部分的金额,如将于一年内到期偿还的长期借款等。本项目应根据有关科目的期末余额分析填列。

(12)"其他流动负债"项目,反映企业除短期借款、交易性金融负债、应付票据、应付账款、应付职工薪酬、应交税费等流动负债以外的其他流动负债。本项目应根据有关科目的期末余额填列。

(13)"长期借款"项目,反映企业向银行或其他金融机构借入的期限在一年以上(不含一年)的各种借款。本项目应根据"长期借款"科目的期末余额分析计算填列。

(14)"应付债券"项目,反映企业为筹集长期资金而发行的债券本金和利息。本项目应根据"应付债券"科目的期末余额分析计算填列。

(15)"长期应付款"项目,反映企业除长期借款和应付债券以外的其他各种长期应付款项。本项目应根据"长期应付款"科目的期末余额,减去相应的"未确认融资费用"科目期末余额后的金额填列。

(16)"专项应付款"项目,反映企业取得政府作为企业所有者投入的具有专项或特定用途的款项。本项目应根据"专项应付款"科目的期末余额填列。

(17)"预计负债"项目,反映企业确认的对外提供担保、未决诉讼、产品质量保证、重组义务、亏损性合同等预计负债。本项目应根据"预计负债"科目的期末余额填列。

(18)"递延所得税负债"项目,反映企业确认的应纳税暂时性差异产生的所得税负债。本项目应根据"递延所得税负债"科目的期末余额填列。

(19)“其他非流动负债”项目,反映企业除长期借款、应付债券等负债以外的其他非流动负债。本项目应根据有关科目的期末余额减去将于一年内(含一年)到期偿还数后的余额填列。非流动负债各项目中将于一年内(含一年)到期的非流动负债,应在“一年内到期的非流动负债”项目中单独反映。

3. 所有者权益项目的填列说明

(1)“实收资本(或股本)”项目,反映企业各投资者实际投入的资本(或股本)总额。本项目应根据“实收资本(或股本)”科目的期末余额填列。

(2)“资本公积”项目,反映企业资本公积的期末余额。本项目应根据“资本公积”的期末余额填列。

(3)“库存股”项目,反映企业持有尚未转让或注销的本公司股份金额。本项目应根据“库存股”科目的期末余额填列。

(4)“盈余公积”项目,反映企业盈余公积的期末余额。本项目应根据“盈余公积”科目的期末余额填列。

(5)“未分配利润”项目,反映企业尚未分配的利润。本项目应根据“本年利润”科目和“利润分配”科目的余额计算填列。未弥补的亏损在本项目内以“-”填列。

12.2.3 资产负债表编制示例

此部分内容可参阅教材。

12.3 利润表

12.3.1 利润表概述

12.3.1.1 利润表的定义和作用

利润表是反映企业在一定会计期间的经营成果的会计报表。

利润表的作用包括:①它可以反映企业一定会计期间的收入实现情况,如实现的营业收入有多少、实现的投资收益有多少、实现的营业外收入有多少等等;②它可以反映一定会计期间的费用耗费情况,如耗费的营业成本有多少、营业税费有多少以及销售费用、管理费用、财务费用各有多少和营业外支出有多少等等;③它可以反映企业生产经营活动的成果,即净利润的实现情况,据以判断资本保值、增值情况等。

12.3.1.2 利润表的结构

利润表一般有两种格式,即单步式和多步式。在我国,利润表采用多步式格式。

12.3.2 利润表的填列方法

12.3.2.1 “上期金额”栏的填列方法

利润表“上期金额”栏内各项数字,应根据上年该期利润表“本期金额”栏内所列数字填列。

12.3.2.2 “本期金额”栏的填列方法

利润表“本期金额”栏内各项数字一般应根据损益类科目的发生额分析填列。

12.3.2.3 利润表各项目的填列说明

(1)“营业收入”项目,反映企业经营主要业务和其他业务所确认的收入总额。本项目应根据“主营业务收入”和“其他业务收入”科目的发生额分析填列。

(2)“营业成本”项目,反映企业经营主要业务和其他业务所发生的成本总额。本项目应根据“主营业务成本”和“其他业务成本”科目的发生额分析填列。

(3)“营业税金及附加”项目,反映企业经营业务应负担的消费税、营业税、城市建设维护税、资源税、土地增值税和教育费附加等。本项目应根据“营业税金及附加”科目的发生额分析填列。

(4)“销售费用”项目,反映企业销售商品过程中发生的包装费、广告费等费用和为销售本企业商品而专设的销售机构的职工薪酬、业务费等经营费用。本项目应根据“销售费用” 科目的发生额分析填列。

(5)“管理费用”项目,反映企业为组织和管理生产经营活动而发生的管理费用。本项目应根据“管理费用”科目的发生额分析填列。

(6)“财务费用”项目,反映企业筹集生产经营所需资金等而发生的筹资费用。本项目应根据“财务费用”科目的发生额分析填列。

(7)“资产减值损失”项目,反映企业各项资产发生的减值损失。本项目应根据“资产减值损失”科目的发生额分析填列。

(8)“公允价值变动收益”项目,反映企业应当计入当期损益的资产或负债公允价值变动收益。本项目应根据“公允价值变动损益”科目的发生额分析填列。如为净损失,本项目以“-”号填列。

(9)“投资收益”项目,反映企业以各种方式对外投资所取得的收益。本项目应根据“投资收益” 科目的发生额分析填列。如为投资损失,本项目以“-”号填列。

(10)“营业利润”项目,反映企业实现的营业利润。如为亏损,本项目以“-”号填列。

(11)“营业外收入”项目,反映企业发生的与经营业务无直接关系的各项收入。本项目应根据“营业外收入”科目的发生额分析填列。

(12)“营业外支出”项目,反映企业发生的与经营业务无直接关系的各项支出。本项目应根据“营业外支出”科目的发生额分析填列。

(13)“利润总额”项目,反映企业实现的利润。如为亏损,本项目以“-”号填列。

(14)“所得税费用”项目,反映企业应当从当期利润总额中扣除的所得税费用。本项目应根据“所得税费用”科目的发生额分析填列。

(15)“净利润”项目,反映企业实现的净利润。如为亏损,本项目以“-”号填列。

12.3.3 利润表编制示例

此部分内容可参阅教材。

12.4 现金流量表

12.4.1 现金流量表概述

12.4.1.1 现金流量表的定义和作用

现金流量表是反映企业一定会计期间现金和现金等价物流入和流出的报表。

现金流量表的作用主要体现在以下几个方面:①有助于评价企业支付能力、偿债能力和周转能力;②有助于预测企业未来现金流量;③有助于分析企业收益质量及影响现金净流量的因素,掌握企业经营活动、投资活动和筹资活动的现金流量,可以从现金流量的角度了解净利润的质量,为分析和判断企业的财务前景提供信息等。

12.4.1.2 现金流量表的编制基础

现金流量表以现金及现金等价物为基础编制,将权责发生制下的盈利信息调整为收付实现制下的现金流量信息。

1. 现金

现金,是指企业的库存现金以及可以随时用于支付的存款。现金主要包括库存现金、银行存款和其他货币资金。不能随时用于支付的存款不属于现金。

2. 现金等价物

现金等价物是指企业持有的期限短、流动性强、易于转换为已知金额现金、价值变动风险很小的投资。其中,“期限短”一般是指从购买日起3个月内到期。现金等价物通常包括3个月内到期的短期债券投资。权益性投资变现的金额通常不确定,因而不属于现金等价物。

3. 现金及现金等价物范围的确定

企业应当根据具体情况,确定现金及现金等价物的范围,一经确定不得随意变更。

在现金流量表中,现金及现金等价物被视为一个整体,企业现金(含现金等价物,下同)形式的转换不会产生现金的流入和流出。例如,企业从银行提取现金,是企业现金存放形式的转换,并未流出企业,不构成现金流量。同样,现金与现金等价物之间的转换也不属于现金流量,例如,企业用现金购买三个月到期的国库券等。

12.4.1.3 现金流量的分类

根据企业业务活动的性质和现金流量的来源,将企业一定期间产生的现金流量分为三类。

1. 经营活动产生的现金流量

经营活动是指企业投资活动和筹资活动以外的所有交易和事项。经营活动产生的现金流量主要包括销售商品、提供劳务、购买商品、接受劳务、支付税费等流入和流出的现金及现金等价物。

2. 投资活动产生的现金流量

投资活动是指企业长期资产的购建和不包括在现金等价物范围内的投资及其处置活动。长期资产是指固定资产、无形资产、在建工程、其他资产等持有期限在一年或一个营业周期以上的资产。这里所讲的投资活动，既包括实物资产投资，也包括金融资产投资。这里之所以将"包括在现金等价物范围内的投资"排除在外，是因为已经将包括在现金等价物范围内的投资视同现金。

3. 筹资活动产生的现金流量

筹资活动是指导致企业资本及债务规模和构成发生变化的活动。这里所说的资本，既包括实收资本（股本），也包括资本溢价（股本溢价）；这里所说的债务，指对外举债，包括向银行借款、发行债券以及偿还债务等。通常情况下，应付账款、应付票据等商业应付款等属于经营活动，不属于筹资活动。

12.4.2 现金流量表各项目的填列方法

12.4.2.1 经营活动产生的现金流量

1."销售商品、提供劳务收到的现金"项目

本项目反映企业销售商品、提供劳务实际收到的现金，包括销售收入和增值税销项税额。具体包括：本期销售商品、提供劳务收到的现金，以及前期销售商品、提供劳务本期收到的现金和本期预收的款项，减去本期销售本期退回商品和前期销售本期退回商品而支付的现金。企业销售材料和代购代销业务收到的现金，也在本项目反映。

本项目可以根据"库存现金"、"银行存款"、"应收账款"、"应收票据"、"预收账款"、"主营业务收入"、"其他业务收入"科目的记录分析填列。

2."收到的税费返还"项目

本项目反映企业收到返还的各种税费，如收到的增值税、营业税、所得税、消费税、关税和教育费附加返还款等。

本项目可以根据"库存现金"、"银行存款"、"营业税金及附加"、"营业外收入"等科目的记录分析填列。

3."收到其他与经营活动有关的现金"项目

本项目反映企业除上述各项目外，收到的其他与经营活动有关的现金，如罚款收入、经营租赁固定资产收到的现金、流动资产损失中由个人赔偿的现金收入、除税费返还外的其他政府补助收入等。

本项目可以根据"库存现金"、"银行存款"、"营业外收入"、"其他业务收入"等科目的记录分析填列。

4."购买商品、接受劳务支付的现金"项目

本项目反映企业购买商品、接受劳务实际支付的现金，包括支付的货款以及与货

款一并支付的增值税进项税额。具体包括:本期购买商品、接受劳务支付的现金,以及本期支付前期购买商品、接受劳务的未付款项和本期预付款项,减去本期发生的购货退回收到的现金。企业代购代销业务支付的现金,也在本项目反映。为购置存货而发生的借款利息资本化部分,应在“分配股利、利润或偿付利息支付的现金”项目中反映。

本项目可以根据“库存现金”、“银行存款”、“应付账款”、“应付票据”、“预付账款”、“主营业务成本”、“其他业务支出”等科目的记录分析填列。

5.“支付给职工以及为职工支付的现金”项目

本项目反映企业实际支付给职工的现金以及为职工支付的现金,包括本期实际支付给职工的工资、奖金、各种津贴和补贴等,以及为职工支付的其他费用。本项目不包括支付给离退休人员的各项费用和支付给在建工程人员的工资及其他费用。企业支付给离退休人员的各项费用(包括支付的统筹退休金以及未参加统筹的退休人员的费用),在“支付其他与经营活动有关的现金”项目中反映;支付给在建工程人员的工资及其他费用,在“购建固定资产、无形资产和其他长期资产支付的现金”项目中反映。

企业为职工支付的医疗、养老、失业、工伤、生育等社会保险基金、补充养老保险、住房公积金,企业为职工交纳的商业保险金,因解除与职工劳动关系给予的补偿,现金结算的股份支付,以及企业支付给职工或为职工支付的其他福利费用等,应根据职工的工作性质和服务对象,分别在本项目和“购建固定资产、无形资产和其他长期资产支付的现金”项目中反映。

本项目可以根据“应付职工薪酬”、“库存现金”、“银行存款”等科目的记录分析填列。

6.“支付的各项税费”项目

本项目反映企业按规定支付的各项税费,包括本期发生并支付的税费以及本期支付以前各期发生的税费和预交的税金,如支付的所得税、增值税、消费税、营业税、印花税、房产税、土地增值税、车船使用税、教育费附加、矿产资源补偿费等。不包括计入固定资产价值、实际支付的耕地占用税和本期退回的增值税、所得税等。本期退回的增值税、所得税等,在“收到的税费返还”项目中反映。

本项目可以根据“应交税费”、“库存现金”、“银行存款”等科目的分析填列。

7.“支付其他与经营活动有关的现金”项目

本项目反映企业除上述各项目外,支付的其他与经营活动有关的现金,如经营租赁支付的现金、罚款支出、支付的差旅费、业务招待费、保险费等。

本项目可以根据“管理费用”、“营业外支出”、“库存现金”、“银行存款”科目的记录分析填列。

12.4.2.2 投资活动产生的现金流量

1."收回投资收到的现金"项目

本项目反映企业出售、转让或到期收回除现金等价物以外的交易性金融资产、持有至到期投资、可供出售金融资产、长期股权投资、投资性房地产而收到的现金。不包括债权性投资收回的利息、收回的非现金资产以及处置子公司及其他营业单位收到的现金净额。债权性投资收回的本金,在本项目反映,债权性投资收回的利息,不在本项目反映,而在"取得投资收益收到的现金"项目中反映。

本项目可以根据"交易性金融资产"、"持有至到期投资"、"可供出售金融资产"、"长期股权投资"、"投资性房地产"、"库存现金"、"银行存款"等科目的记录分析填列。

2."取得投资收益收到的现金"项目

本项目反映企业因股权性投资而分得的现金股利和从子公司、联营企业或合营企业分回利润而收到的现金以及因债权性投资而取得的现金利息收入。股票股利不在本项目中反映;包括在现金等价物范围内的债券投资,其利息收入在本项目中反映。

本项目可以根据"应收股利"、"应收利息"、"投资收益"、"库存现金"、"银行存款"等科目的记录分析填列。

3."处置固定资产、无形资产和其他长期资产收回的现金净额"项目

本项目反映企业出售固定资产、无形资产和其他长期资产所取得的现金,减去为处置这些资产而支付的有关费用后的净额。由于自然灾害等原因所造成的固定资产等长期资产报废、毁损而收到的保险赔款收入,在本项目中反映。

如所收回的现金净额为负数,则应作为投资活动产生的现金流量,在"支付其他与投资活动有关的现金"项目中反映。

本项目可以根据"固定资产清理"、"库存现金"、"银行存款"等科目的记录分析填列。

4."处置子公司及其他营业单位收到的现金净额"项目

本项目反映企业处置子公司及其他营业单位所取得的现金,减去子公司及其他营业单位持有的现金和现金等价物以及相关处置费用后的净额。如所收到的现金净额为负数,则将该金额填列至"支付其他与投资活动有关的现金"项目中。

本项目可以根据"长期股权投资"、"库存现金"、"银行存款"等科目的记录分析填列。

5."收到其他与投资活动有关的现金"项目

本项目反映企业除上述各项目外,收到的其他与投资活动有关的现金。例如,企业收回购买股票和债券时支付的已宣告但尚未领取的现金股利或已到付息期但尚未领取的债券利息。

本项目可以根据"应收股利"、"应收利息"、"库存现金"、"银行存款"等科目的

记录分析填列。

6.“购建固定资产、无形资产和其他长期资产支付的现金”项目

本项目反映企业购买、建造固定资产、取得无形资产和其他长期资产支付的现金，包括购买机器设备所支付的现金及增值税款、建造工程支付的现金、支付在建工程人员的工资等现金支出。本项目不包括为购建固定资产、无形资产和其他长期资产而发生的借款利息资本化部分，以及融资租入固定资产所支付的租赁费，前者在“分配股利、利润或偿付利息支付的现金”项目中反映，后者在“支付其他与筹资活动有关的现金”项目中反映。企业以分期付款方式购建的固定资产，其首次付款支付的现金作为投资活动的现金流出，在本项目中反映；以后各期支付的现金作为筹资活动的现金流出，在“支付其他与筹资活动有关的现金”项目中反映。

本项目可以根据“固定资产”、“在建工程”、“工程物资”、“无形资产”、“库存现金”、“银行存款”等科目的记录分析填列。

7.“投资支付的现金”项目

本项目反映企业进行权益性投资和债权性投资所支付的现金，包括企业取得的除现金等价物以外的交易性金融资产、持有至到期投资、可供出售金融资产而支付的现金，以及支付的佣金、手续费等交易费用。企业购买债券的价款中含有债券利息的，以及溢价或折价购入的，均按实际支付的金额反映。

企业购买股票和债券时，实际支付的价款中包含的已宣告但尚未领取的现金股利或已到付息期但尚未领取的债券利息，应在“支付其他与投资活动有关的现金”项目中反映；收回购买股票和债券时支付的已宣告但尚未领取的现金股利或已到付息期但尚未领取的债券利息，应在“收到其他与投资活动有关的现金”项目中反映。

本项目可以根据“交易性金融资产”、“持有至到期投资”、“可供出售金融资产”、“长期股权投资”、“投资性房地产”、“库存现金”、“银行存款”等科目的记录分析填列。

8.“取得子公司及其他营业单位支付的现金净额”项目

本项目反映企业取得子公司及其他营业单位购买出价中以现金支付的部分，减去子公司及其他营业单位持有的现金和现金等价物后的净额。取得子公司及其他营业单位支付的现金净额如为负数，应在“收到其他与投资活动有关的现金”项目中。

本项目可以根据“长期股权投资”、“库存现金”、“银行存款”等科目的记录分析填列。

9.“支付其他与投资活动有关的现金”项目

本项目反映企业除上述各项目外，支付的其他与投资活动有关的现金。

本项目可以根据“应收股利”、“应收利息”、“库存现金”、“银行存款”等科目的记录分析填列。

12.4.2.3 筹资活动产生的现金流量

1."吸收投资收到的现金"项目

本项目反映企业以发行股票和债券等方式筹集资金实际收到的款项净额(发行收入减去支付的佣金等手续费后的净额)。以发行股票等方式筹集资金而由企业直接支付的审计、咨询等费用,不在本项目中反映,而在"支付其他与筹资活动有关的现金"项目中反映;由金融企业直接支付的手续费、宣传费、咨询费、印刷费等费用,从发行股票、债券取得的现金收入中扣除,以净额列示。

本项目可以根据"实收资本(或股本)"、"资本公积"、"库存现金"、"银行存款"等科目的记录分析填列。

2."借款收到的现金"项目

本项目反映企业举借各种短期、长期借款实际收到的现金。

本项目可以根据"短期借款"、"长期借款"、"交易性金融负债"、"应付债券"、"库存现金"、"银行存款"等科目的记录分析填列。

3."收到其他与筹资活动有关的现金"项目

本项目反映企业除上述各项目外,收到的其他与筹资活动有关的现金。

本项目可以根据"库存现金"、"银行存款"、"营业外收入"等科目的记录分析填列。

4."偿还债务支付的现金"项目

本项目反映企业以现金偿还债务的本金,包括归还金融企业的借款本金、偿付企业到期的债券本金等。企业偿还的借款利息、债券利息,不在本项目中反映,而应在"分配股利、利润或偿付利息支付的现金"项目中反映。

本项目可以根据"短期借款"、"长期借款"、"交易性金融负债"、"应付债券"、"库存现金"、"银行存款"等科目的记录分析填列。

5."分配股利、利润或偿付利息支付的现金"项目

本项目反映企业实际支付的现金股利、支付给其他投资单位的利润或用现金支付的借款利息、债券利息等。

本项目可以根据"应付股利"、"应付利息"、"利润分配"、"财务费用"、"在建工程"、"制造费用"、"研发支出"、"库存现金"、"银行存款"等科目的记录分析填列。

6."支付其他与筹资活动有关的现金"项目

本项目反映企业除上述各项目外,支付的其他与筹资活动有关的现金。

本项目可以根据"营业外支出"、"长期应付款"、"库存现金"、"银行存款"等科目的记录分析填列。

12.4.2.4 汇率变动对现金及现金等价物的影响

在编制现金流量表时,对当期发生的外币业务,可以逐笔计算汇率变动对现金的影响,也可不必逐笔计算而采用简化的计算方法,即通过现金流量表补充资料中"现金及现金等价物净增加额"数额与现金流量表中"经营活动产生的现金流量净额"、

"投资活动产生的现金流量净额"、"筹资活动产生的现金流量净额"三项之和比较，其差额即为"汇率变动对现金的影响额"。

12.4.2.5 现金流量表补充资料

1.将净利润调节为经营活动的现金流量

企业应当采用间接法在现金流量表附注中披露将净利润调节为经营活动现金流量的信息。采用间接法列报经营活动产生的现金流量，需要对四大类项目进行调整：①实际没有支付现金的费用；②实际没有收到现金的收益；③不属于经营活动的损益；④经营性应收应付项目的增减变动。

1）资产减值准备

企业计提的各项资产减值准备，包括坏账准备、存货跌价准备、长期股权投资减值准备、持有至到期投资减值准备、固定资产减值准备、在建工程减值准备、工程物资减值准备、无形资产减值准备、投资性房地产减值准备、商誉减值准备、生产性生物资产减值准备、油气资产减值准备等。企业计提的各项资产减值准备，包括在利润表中，属于利润的减除项目，但没有发生现金流出。所以，在将净利润调节为经营活动现金流量时，需要加回。

本项目可以根据"资产减值损失"科目的记录分析填列。

2）固定资产折旧、油气资产折耗、生产性生物资产折旧

企业计提的固定资产折旧，有的包括在管理费用中，有的包括在制造费用中。计入管理费用中的部分，作为期间费用在计算净利润时从中扣除，但没有发生现金流出，在将净利润调节为经营活动现金流量时，需要予以加回。计入制造费用中的已经变现的部分，在计算净利润时通过销售成本予以扣除，但没有发生现金流出；计入制造费用中没有变现的部分，既不涉及现金收支，也不影响企业当期净利润，由于在调节存货时，已经从中扣除，在此处将净利润调节为经营活动现金流量时，需要予以加回。同理，企业计提的油气资产耗费、生产性生物资产折旧，也需要予以加回。

本项目可根据"累计折旧"、"累计折耗"、"生产性生物资产折旧"科目的贷方发生额分析填列。

3）无形资产摊销

企业对使用寿命有限的无形资产计提摊销时，计入管理费用或制造费用。计入管理费用的期间费用和计入制造费用中的已变现部分，在计算净利润时已从中扣除，但没有发生现金流出；计入制造费用中的没有变现的部分，在调节存货时已经从中扣除，但不涉及现金收支，所以，在将净利润调节为经营活动现金流量时，需要予以加回。

本项目可根据"累计摊销"科目的贷方发生额分析填列。

4）长期待摊费用摊销

长期待摊费用摊销时，有的计入管理费用，有的计入销售费用，有的计入制造费用。计入管理费用的期间费用和计入制造费用中的已变现部分，在计算净利润时已

从中扣除,但没有发生现金流出;计入制造费用中的没有变现的部分,在调节存货时已经从中扣除,但不涉及现金收支,所以需要予以加回。

本项目可根据“长期待摊费用”科目的贷方发生额分析填列。

5)处置固定资产、无形资产和其他长期资产的损失

企业处置固定资产、无形资产和其他长期资产发生的损益,属于投资活动产生的损益,不属于经营活动产生的损益,所以在将净利润调节为经营活动现金流量时,需要予以剔除。如为损失,在将净利润调节为经营活动现金流量时,应当加回;如为收益,在将净利润调节为经营活动现金流量时,应当以“-”号填列。

本项目可根据“营业外收入”、“营业外支出”等科目所属有关明细科目的记录分析填列。

6)固定资产报废损失

企业发生的固定资产报废损失,属于投资活动产生的损益,不属于经营活动产生的损益,所以,在将净利润调节为经营活动现金流量时,需要予以剔除。同样,投资性房地产发生报废、毁损而产生的损失,也需要予以剔除。如为损失,在将净利润调节为经营活动现金流量时,应当加回;如为收益,在将净利润调节为经营活动现金流量时,应当以“-”号填列。

本项目可根据“营业外支出”、“营业外收入”等科目所属有关明细科目的记录分析填列。

7)公允价值变动损失

企业发生的公允价值变动损益,通常与企业的投资活动或筹资活动有关,而且并不影响企业当期的现金流量,因此,应当将其从净利润中剔除。如为持有损失,在将净利润调节为经营活动现金流量时,应当加回;如为持有利得,在将净利润调节为经营活动现金流量时,应当以“-”号填列。

本项目可以根据“公允价值变动损益”科目的发生额分析填列。

8)财务费用

属于投资活动或筹资活动的财务费用,在计算净利润时已扣除,但这部分发生的现金流出不属于经营活动现金流量的范畴,所以在将净利润调节为经营活动现金流量时,应当加回。

本项目可根据“财务费用”科目的本期借方发生额分析填列;如为收益,以“-”号填列。

9)投资损失

企业发生的投资收益,属于投资活动产生的损益,不属于经营活动产生的损益,所以在将净利润调节为经营活动现金流量时,需要予以剔除。如为净损失,在将净利润调节为经营活动现金流量时,应当加回;如为净收益,在将净利润调节为经营活动现金流量时,应当扣除。

本项目可根据利润表中“投资收益”项目的数字填列;如为投资收益,以“-”号

填列。

10)递延所得税资产减少

如果递延所得税资产减少使计入所得税费用的金额大于当期应交的所得税金额,其差额没有发生现金流出,但在计算净利润时已经扣除,所以在将净利润调节为经营活动现金流量时,应当加回。如果递延所得税资产增加使计入所得税费用的金额小于当期应交的所得税金额,两者之间的差额并没有发生现金流入,但在计算净利润时已经包括在内,所以在将净利润调节为经营活动现金流量时,应当扣除。

本项目可根据资产负债表“递延所得税资产”项目期初、期末余额分析填列。

11)递延所得税负债增加

如果递延所得税负债增加使计入所得税费用的金额大于当期应交的所得税金额,其差额没有发生现金流出,但在计算净利润时已经扣除,所以在将净利润调节为经营活动现金流量时,应当加回。如果递延所得税负债减少使计入所得税费用的金额小于当期应交的所得税金额,其差额没有发生现金流入,但在计算净利润时已经包括在内,所以在将净利润调节为经营活动现金流量时,应当扣除。

本项目可根据资产负债表“递延所得税负债”项目期初、期末余额分析填列。

12)存货的减少

期末存货比期初存货减少,说明本期经营过程耗用的存货有一部分是期初的存货,耗用这部分存货并没有发生现金流出,但在计算净利润时已经扣除,所以在将净利润调节为经营活动现金流量时,应当加回。期末存货比期初存货增加,说明当期购入的存货除耗用外,还剩余了一部分,这部分存货也发生了现金流出,但在计算净利润时没有包括在内,所以在将净利润调节为经营活动现金流量时,需要扣除。当然,存货的增减变化过程还涉及应付项目,这一因素在“经营性应付项目的增加”中考虑。

本项目可根据资产负债表中“存货”项目的期初数、期末数之间的差额填列;期末数大于期初数的差额,以“-”填列。如果存货的增减变化过程属于投资活动,如在建工程领用存货,应当将这一因素剔除。

13)经营性应收项目的减少

经营性应收项目期末余额小于经营性应收项目期初余额,说明本期收回的现金大于利润表中所确定的销售收入,所以在将净利润调节为经营活动现金流量时,需要加回。经营性应收项目期末余额大于经营性应收项目期初余额,说明本期销售收入中有一部分没有收回现金,但是在计算净利润时这部分销售收入已包括在内,所以在将净利润调节为经营活动现金流量时,需要扣除。

本项目应当根据有关科目的期初、期末余额分析填列;如为增加,以“-”号填列。

14)经营性应付项目的增加

经营性应付项目期末余额大于经营性应付项目期初余额,说明本期购入的存货中有一部分没有支付现金,但是在计算净利润时却通过销售成本包括在内,所以在将净利润调节为经营活动现金流量时,需要加回;经营性应付项目期末余额小于经营性应付项目期初余额,说明本期支付的现金大于利润表中所确认的销售成本,所以在将净利润调节为经营性活动产生的现金流量时,需要扣除。

本项目应当根据有关科目的期初、期末余额分析填列;如为减少,以"-"号填列。

2. 不涉及现金收支的重大投资和筹资活动

(1)"债务转为资本"项目,反映企业本期转为资本的债务金额。

(2)"一年内到期的可转换公司债券"项目,反映企业一年内到期的可转换公司债券的本息。

(3)"融资租入固定资产"项目,反映企业本期融资租入固定资产的最低租赁付款额扣除应分期计入利息费用的未确认融资费用后的净额。

3. 现金及现金等价物净变动情况

该项目的金额应与现金流量表中"现金及现金等价物净增加额"项目的金额核对相符。

12.4.3 现金流量表的编制方法

12.4.3.1 直接法和间接法

在直接法下,一般是以利润表中的营业收入为起算点,调节与经营活动有关项目的增减变动,然后计算出经营活动产生的现金流量。在间接法下,是将净利润调节为经营活动现金流量,实际上就是将按权责发生制原则确定的净利润调整为现金净流入,并剔除投资活动和筹资活动对现金流量的影响。

企业应当采用直接法编报现金流量表,同时采用间接法在附注中提供以净利润为基础调节到经营活动现金流量的信息。

12.4.3.2 工作底稿法、T型账户法和分析填列法

1. 工作底稿法

工作底稿法是以工作底稿为手段,以资产负债表和利润表数据为基础,结合有关科目的记录,对现金流量表中的每一项目进行分析并编制调整分录,从而编制出现金流量表的一种方法。

2. T型账户法

T型账户法是以T型账户为手段,以资产负债表和利润表数据为基础,结合有关科目的记录,对现金流量表的每一项目进行分析并编制调整分录,从而编制出现金流量表的一种方法。

3. 分析填列法

分析填列法是直接根据资产负债表、利润表和有关会计科目明细账的记录,分析计算出现金流量表各项目的金额,并据以编制现金流量表的一种方法。

12.4.4 现金流量表编制示例

此部分内容可参阅教材。

12.5 所有者权益变动表

12.5.1 所有者权益变动表概述

12.5.1.1 所有者权益变动表的定义和作用

所有者权益变动表是指反映构成所有者权益各组成部分当期增减变动情况的报表。所有者权益变动表应当全面反映一定时期所有者权益变动的情况,不仅包括所有者权益总量的增减变动,还包括所有者权益增减变动的重要结构性信息,特别是要反映直接计入所有者权益的利得和损失,让报表使用者准确理解所有者权益增减变动的根源。

12.5.1.2 所有者权益变动表的结构

所有者权益变动表应当以矩阵的形式列示:一方面,列示导致所有者权益变动的交易或事项,从所有者权益变动的来源对一定时期所有者权益变动情况进行全面反映;另一方面,按照所有者权益各组成部分及其总额列示交易或事项对所有者权益的影响。此外,企业还需要提供比较所有者权益变动表,所有者权益变动表还就各项目再分为“本年金额”和“上年金额”两栏分别填列。

12.5.2 所有者权益变动表的填列方法

12.5.2.1 “上年金额”栏的填列方法

所有者权益变动表“上年金额”栏内各项数字,应根据上年度所有者权益变动表“本年金额”栏内所列数字填列。

12.5.2.2 “本年金额”栏的填列方法

所有者权益变动表“本年金额”栏内各项数字一般应根据“实收资本(或股本)”、“资本公积”、“盈余公积”、“利润分配”、“库存股”、“以前年度损益调整”科目的发生额分析填列。

12.5.2.3 本年增减变动项目的填列方法

(1)“净利润”项目,反映企业当年实现的净利润(或净亏损)金额,并对应列在“未分配利润”栏。

(2)“直接计入所有者权益的利得和损失”项目,反映企业当年直接计入所有者权益的利得和损失金额。其中:

“可供出售金融资产公允价值变动净额”项目,反映企业持有的可供出售金融资产当年公允价值变动的金额,并对应列在“资本公积”栏;

“权益法下被投资单位其他所有者权益变动的影响”项目,反映企业对按照权益法核算的长期股权投资,在被投资单位除当年实现的净损益以外其他所有者权益当年变动中应享有的份额，并对应列在“资本公积”栏；

“与计入所有者权益项目相关的所得税影响”项目，反映企业根据《企业会计准则第 18 号——所得税》规定应计入所有者权益项目的当年所得税影响金额，并对应列在“资本公积”栏。

(3)“净利润”和“直接计入所有者权益的利得和损失”小计项目，反映企业当年实现的净利润(或净亏损)金额和当年直接计入所有者权益的利得和损失金额的合计额。

(4)“所有者投入和减少资本”项目，反映企业当年所有者投入的资本和减少的资本。其中：

“所有者投入资本”项目，反映企业接受投资者投入形成的实收资本(或股本)和资本溢价或股本溢价，并对应列在“实收资本”和“资本公积”栏；

“股份支付计入所有者权益的金额”项目，反映企业处于等待期中的权益结算的股份支付当年计入资本公积的金额，并对应列在“资本公积”栏。

(5)“利润分配”下各项目，反映企业当年对所有者(或股东)分配的利润(或股利)金额和按照规定提取的盈余公积金额，并对应列在“未分配利润”和“盈余公积”栏。其中：

“提取盈余公积”项目反映企业按照规定提取的盈余公积；

“对所有者(或股东)的分配”项目，反映企业对所有者(或股东)分配的利润(或股利)金额。

(6)“所有者权益内部结转”下各项目，反映不影响当年所有者权益总额的所有者权益各组成部分之间当年的增减变动，包括资本公积转增资本(或股本)、盈余公积转增资本(或股本)、盈余公积弥补亏损等项金额。其中：

“资本公积转增资本(或股本)”项目，反映企业以资本公积转增资本或股本的金额；

“盈余公积转增资本(或股本)”项目，反映企业以盈余公积转增资本或股本的金额；

“盈余公积弥补亏损”项目，反映企业以盈余公积弥补亏损的金额。

12.5.3　所有者权益变动表编制示例

此部分内容可参阅教材。

12.6　附注

12.6.1　附注概述

附注是对资产负债表、利润表、现金流量表和所有者权益变动表等报表中列示项目的文字描述或明细资料以及对未能在这些报表中列示项目的说明等。附注是财务报表的重要组成部分。

12.6.2 附注披露的主要内容

12.6.2.1 企业的基本情况

(1)企业注册地、组织形式和总部地址。

(2)企业的业务性质和主要经营活动。

(3)母公司以及集团最终母公司的名称。

(4)财务报告的批准报出者和财务报告批准报出日。

12.6.2.2 财务报表的编制基础

此部分内容可参阅教材。

12.6.2.3 遵循企业会计准则的声明

企业应当声明编制的财务报表符合企业会计准则的要求,真实、公允地反映了企业的财务状况、经营成果和现金流量等有关信息。

12.6.2.4 重要会计政策和会计估计

此部分内容可参阅教材。

12.6.2.5 会计政策和会计估计变更以及差错更正的说明

企业应当按照《企业会计准则第28号——会计政策、会计估计变更和差错更正》及其应用指南的规定,披露会计政策和会计估计变更以及差错更正的有关情况。

12.6.2.6 报表重要项目的说明

企业对报表重要项目的说明,应当按照资产负债表、利润表、现金流量表、所有者权益变动表及其项目列示的顺序,采用文字和数字描述相结合的方式进行披露。报表重要项目的明细金额合计,应当与报表项目金额相衔接。

12.6.2.7 或有事项

此部分内容可参阅教材。

12.6.2.8 资产负债表日后事项

此部分内容可参阅教材。

12.6.2.9 关联方关系及其交易

此部分内容可参阅教材。

巩固练习题

一、单项选择题

1. 某企业“应收账款”科目月末借方余额40 000元,其中:“应收甲公司账款”明细科目借方余额35 000元,“应收乙公司账款”明细科目借方余额5 000元。“预收账款”科目月末贷方余额15 000元,其中:“预收A工厂账款”明细科目贷方余额25 000元,“预收B工厂账款”明细科目借方余额10 000元。该企业月末资产负债表中“应收账款”项目的金额为(　　)元。

A. 40 000　　B. 25 000　　C. 15 000　　D. 50 000

2. 企业 20×9 年 10 月 31 日“生产成本”科目借方余额 50 万元,“原材料”科目借方余额 30 万元。“材料成本差异”科目贷方余额 2 万元,“委托代销商品”科目借方余额 10 万元,“工程物资”科目借方余额 20 万元。则资产负债表“存货”项目的金额为(　　)万元。

A. 88　　B. 90　　C. 108　　D. 110

3. “应收账款”科目明细账中若有贷方余额,应将其计入资产负债表中的(　　)项目。

A. 应收账款　　B. 预收账款　　C. 应付账款　　D. 其他应付款

4. 某企业 20×9 年 12 月 31 日应收票据的账面余额为 100 万元,已提坏账准备 10 万元,应付票据的账面余额为 60 万元,其他应收款的账面余额为 30 万元。该企业 20×9 年 12 月 31 日资产负债表中“应收票据”项目的金额为(　　)万元。

A. 100　　B. 90　　C. 40　　D. 30

5. 下列资产负债表项目中,应根据多个总账科目余额计算填列的是(　　)。

A. 应付账款　　B. 盈余公积　　C. 未分配利润　　D. 长期借款

6. 下列项目中,不应在资产负债表“存货”项目下反映的是(　　)。

A. 生产成本　　B. 发出商品　　C. 材料采购　　D. 工程物资

7. 某企业 20×9 年 12 月 31 日“固定资产”账户余额为 2 000 万元,“累计折旧”账户余额为 800 万元,“固定资产减值准备”账户余额为 100 万元,“在建工程”账户余额为 200 万元,该企业 20×9 年 12 月 31 日资产负债表中“固定资产”项目的金额为(　　)万元。

A. 1 200　　B. 90　　C. 1 100　　D. 2 200

8. 下列资产负债表项目中,应直接根据总账科目余额填列的是(　　)。

A. 固定资产　　B. 其他应收款　　C. 短期借款　　D. 长期借款

9. 以下项目中,属于资产负债表中流动负债项目的是(　　)。

A. 长期借款　　B. 长期应付款　　C. 应付股利　　D. 应付债券

10. 资产负债表中的“未分配利润”项目,应根据(　　)填列。

A. “利润分配”科目余额　　B. “本年利润”科目余额

C. “本年利润”和“利润分配”科目的余额计算后　　D. “盈余公积“科目余额

11. 某企业“应付账款”科目月末贷方余额为 50 000 元,其中:“应付甲公司账款”明细科目贷方余额为 45 000 元,“应付乙公司账款”明细科目贷方余额为 20 000 元,“应付丙公司账款”明细科目借方余额为 15 000 元。“预付账款”科目月末贷方余额 20 000 元,其中:“预付 A 工厂账款”明细科目贷方余额 30 000 元,“预付 B 工厂账款”明细科目借方余额 10 000 元。该企业月末资产负债表中“预付款项”项目的金额为(　　)元。

A. −45 000　　B. 25 000　　C. −20 000　　D. 20 000

12. 下列资产负债表项目,需要根据相关总账所属明细账户的期末余额分析填列的是(　　)。

A. 应收账款　　B. 应收票据　　C. 应付票据　　D. 应付职工薪酬

13. 下列项目在资产负债表中只需要根据某一个总分类账账户就能填列的项目是(　　)。

A. 应收账款　　B. 应付职工薪酬　C. 预付款项　　D. 预收款项

14. 某企业 20×9 年 12 月 31 日"无形资产"账户余额为 500 万元,"累计摊销"账户余额为 200 万元,"无形资产减值准备"账户余额为 100 万元。该企业 20×9 年 12 月 31 日资产负债表中"无形资产"项目的金额为(　　)万元。

A. 500　　B. 300　　C. 400　　D. 200

15. 资产负债表中"货币资金"项目中包含的项目是(　　)。

A. 银行本票存款　　B. 银行承兑汇票

C. 商业承兑汇票　　D. 交易性金融资产

16. "预付账款"科目明细账中若有贷方余额,应将其计入资产负债表中的(　　)项目。

A. 应收账款　　B. 预收款项　　C. 应付账款　　D. 其他应付款

17. 某企业"应收账款"总账科目月末借方余额 400 万元,其中:"应收甲公司账款"明细科目借方余额 350 万元,"应收乙公司账款"明细科目借方余额为 50 万元。"预收账款"科目月末贷方余额 300 万元,其中:"预收 A 工厂账款"明细科目贷方余额 500 万元,"预收 B 工厂账款"明细科目借方余额 200 万元,与应收账款有关的"坏账准备"明细科目贷方余额为 10 万元,与其他应收款有关的"坏账准备"明细科目贷方余额为 5 万元。该企业月末资产负债表中"应收账款"项目的金额为(　　)万元。

A. 400　　B. 600　　C. 590　　D. 585

18. 某企业 20×9 年发生的营业收入为 200 万元,营业成本为 100 万元,销售费用为 10 万元,管理费用为 20 万元,财务费用为 5 万元,投资收益为 20 万元,资产减值损失为 10 万元(损失),公允价值变动损益为 30 万元(收益),营业外收入为 8 万元,营业外支出为 7 万元。该企业 20×9 年的营业利润为(　　)万元。

A. 108　　B. 105　　C. 85　　D. 100

19. 引起现金流量净额变动的项目是(　　)。

A. 将现金存入银行　　B. 用银行存款购买 1 个月到期的债券

C. 用固定资产抵偿债务　　D. 用银行存款清偿 20 万元的债务

20. 支付的在建工程人员的工资属于(　　)活动产生的现金流量。

A. 筹资活动　　B. 经营活动　　C. 汇率变动　　D. 投资活动

二、多项选择题

1. 下列各项中,影响企业营业利润的项目有(　　)。

A. 销售费用　　B. 管理费用　　C. 投资收益　　D. 所得税费用

2. 资产负债表中的“应收账款”项目应根据( )填列。
A. 应收账款所属明细账借方余额合计
B. 预收账款所属明细账借方余额合计
C. 按应收账款余额一定比例计提的坏账准备科目的贷方余额
D. 应收账款总账科目借方余额
3. 下列资产负债表项目中,应根据明细科目余额分析填列的有( )。
A. 应付票据 B. 预收款项 C. 应收账款 D. 应付账款
4. 资产负债表中的“存货”项目包括( )。
A. 生产成本 B. 委托代销商品 C. 发出商品 D. 制造费用
5. 获得资产负债表的数据来源的方式有( )。
A. 直接从总账科目的余额获得
B. 根据明细科目的余额分析获得
C. 根据几个总账科目的余额分析合计获得
D. 根据有关科目的余额分析获得
6. 下列各项中,应在资产负债表“应付账款”项目中反映的有( )。
A. “应付账款”明细科目的借方余额 B. “应付账款”明细科目的贷方余额
C. “预付账款”明细科目的贷方余额 D. “应收账款”明细科目的贷方余额
7. 下列会计科目中,在编制资产负债表时应列入“存货”项目的有( )。
A. 在途物资 B. 存货跌价准备 C. 委托加工物资 D. 工程物资
8. 下列资产负债表项目中,根据总账余额直接填列的有( )。
A. 短期借款 B. 资本公积 C. 应收票据 D. 应收账款
9. 下列各项中,应包括在资产负债表“存货”项目的有( )。
A. 委托代销商品成本 B. 委托加工材料成本
C. 正在加工中的在产品成本 D. 发出商品
10. 下列资产中,属于流动性资产的有( )。
A. 交易性金融资产 B. 一年内到期的非流动性资产
C. 应收利息 D. 开发支出
11. 下列项目中,属于流动负债的有( )。
A. 应付职工薪酬 B. 预收款项
C. 一年内到期的非流动性负债 D. 预付款项
12. 下列各项中,属于现金流量表中投资活动生产的现金流量的有( )。
A. 购买股票作为交易性金融资产支付的现金
B. 转让无形资产所有权收到的现金
C. 购买三个月内到期的国库券支付的现金
D. 收到分派的现金股利
13. 下列各项中,属于我国现金流量表中现金的有( )。

A. 银行存款　　B. 银行汇票存款　C. 库存现金　　D. 现金等价物

14. 下列交易和事项中，不影响当期经营活动产生的现金流量的有(　　)。

A. 用产成品偿还短期借款　　　　B. 支付管理人员工资

C. 收到被投资单位利润　　　　　D. 支付各项税费

15. 下列各项中，不影响现金流量表中现金流量发生增减变动的有(　　)。

A. 用银行存款购买两个月内到期的国债投资

B. 收回期限为两个月到期的应收票据

C. 从银行提取现金

D. 用银行存款偿还应付账款

三、判断题

1. 资产负债表中的"固定资产原价"项目应包括融资租入固定资产的原价。(　　)

2. "利润分配"总账的年末余额不一定与相应的资产负债表中"未分配利润"项目的数额一致。(　　)

3. 资产负债表中的"长期待摊费用"项目应根据"长期待摊费用"科目的余额直接填列。(　　)

4. 利润表中"营业税金及附加"项目不包括增值税。(　　)

5. 如果"固定资产清理"科目出现借方余额，应在资产负债表"固定资产清理"项目中以负数填列。(　　)

6. 资产负债表中"应付账款"项目应根据"应付账款"和"预收账款"所属明细账贷方余额合计填列。(　　)

7. 资产负债表中确认的资产都是企业拥有的。(　　)

8. 资产负债表中"应付账款"、"预付款项"项目，应直接根据该科目的总账余额填列。(　　)

9. 资产负债表中"交易性金融资产"项目，反映企业持有的以公允价值计量且其变动计入当期损益的为交易目的所持有的债券投资、股票投资、基金投资、权证投资等金融资产。(　　)

10. "应收票据"项目应根据"应收票据"总账余额填列。(　　)

11. "应收账款"项目应根据"应收账款"和"预收账款"科目所属各明细科目的期末借方余额合计减去"坏账准备"科目中有关应收账款计提的坏账准备期末余额后的金额填列。如"应收账款"科目所属明细科目期末有贷方余额的，应在"预收款项"项目内填列。(　　)

12. "预付账款"科目所属各明细科目期末有贷方余额的，应在资产负债表"应收账款"项目内填列。(　　)

13. "应收利息"项目应根据"应收利息"科目的期末余额，减去"坏账准备"科目中有关应收利息计提的坏账准备期末余额后的金额填列。(　　)

14.“长期股权投资”项目应根据“长期股权投资”科目的期末余额,减去“长期股权投资减值准备”科目的期末余额后的金额填列。(　　)

15.“在建工程”项目应根据“在建工程”科目的期末余额填列。(　　)

16.“开发支出”项目应根据“研发支出”科目中所属的“费用化支出”明细科目期末余额填列。(　　)

17.“应付账款”项目应根据“应付账款”和“预付账款”科目所属各明细科目的期末贷方余额合计数填列。如“应付账款”科目所属明细科目期末有借方余额的,应在资产负债表“预付款项”项目内填列。(　　)

18.“预收款项”项目应根据“预收账款”和“应收账款”科目所属各明细科目的贷方余额合计数填列。如“预收账款”科目所属各明细科目期末有借方余额,应在资产负债表“应付账款”项目内填列。(　　)

19.“应付职工薪酬”项目,反映企业根据有关规定应付给职工的工资、职工福利、社会保险费、住房公积金、工会经费、职工教育经费,但不包括非货币性福利、辞退福利等薪酬。(　　)

20.“短期借款”项目应根据“短期借款”总账科目余额直接填列。(　　)

四、计算分析题

1.某工业企业为增值税一般纳税企业,适用的增值税率为17%,所得税率为25%。该企业20×9年度有关资料如下。

(1)本年度内发出产品50 000件,其中对外销售45 000件,其余为在建工程领用。该产品销售成本每件为12元,销售价格每件为20元。

(2)本年度内计入投资收益的债券利息收入为30 000元,其中,国债利息收入为2 500元。

(3)本年度内发生管理费用50 000元,其中,业务招待费20 000元,按税法规定可在应纳税所得额前扣除的业务招待费10 000元。

(4)本年度内补贴收入3 000元(计入当期营业外收入),按税法规定应缴纳所得税。

要求:计算该企业20×9年利润表中有关项目的金额:

(1)营业利润;

(2)利润总额;

(3)本年应交所得税;

(4)净利润。

2.乙公司为有限责任公司,于20×9年1月1日设立,注册资本总额为200万元,甲公司向乙公司投入货币资金20万元,拥有乙公司10%的股份,甲公司对乙公司的长期股权投资采用成本法核算。

20×9年度,乙公司实现净利润40万元,年末按10%提取法定盈余公积,向投资者分配利润20万元,向投资者分配的利润已通过银行转账支付。

要求：

(1)编制甲公司长期股权投资核算的有关会计分录；

(2)编制乙公司接受该投资和利润分配核算的有关会计分录。(“利润分配“科目需要列出明细科目)

3. 乙公司 20×9 年 12 月 31 日有关材料如下。

(1) 长期借款资料如下表。

借款起始日期	借款期限(年)	金额(万元)
20×9 年 1 月 1 日	3	200
20×7 年 1 月 1 日	5	400
20×6 年 6 月 1 日	4	300

(2)“长期待摊费用”项目的期末余额为 50 万元,将于一年内摊销的数额为 20 万元。

根据以上资料,计算资产负债表中下列项目的金额：

(1)长期借款；

(2)一年内到期的非流动性负债；

(3)长期待摊费用；

(4)一年内到期的非流动性资产。

4. 丙公司 20×8 年度“主营业务收入”科目的贷方发生额为 5 000 万元,借方发生额为 100 万元(系 10 月的购买方退货),“其他业务收入”科目的贷方发生额为 300 万元,“主营业务成本”科目的借方发生额为 4 000 万元,20×8 年 10 月 10 日,收到购买方退货,其成本为 60 万元,“其他业务成本”科目借方发生额为 200 万元,20×9 年 1 月 10 日,收到 20×8 年 12 月销售给某单位的一批产品,由于质量问题被退回,其收入为 60 万元,成本为 40 万元。

要求:根据上述资料,计算利润表中的营业收入和营业成本项目的金额。

5. 长江公司 20×9 年有关资料如下。

(1)本年销售商品本年收到的现金 1 000 万元,以前年度销售商品本年收到的现金 200 万元,本年预收款项 100 万元,本年退回本年销售商品支付现金 80 万元,本年退回以前年度销售商品支付的现金 60 万元。

(2)本年分配的生产经营人员的职工薪酬为 200 万元,“应付职工薪酬”年初余额和年末余额分别为 20 万元和 10 万元,假定应付职工薪酬本期减少数均为本年支付的现金。

(3)本年购买商品支付的现金 700 万元,本年支付以前年度购买商品的未付款项 80 万元和本年预付款项 70 万元,本年发生的购货退回收到的现金 40 万元。

(4)本年利润表中的所得税费用为50万元(均为当期应交所得税产生的所得税费用),“应交税费——应交所得税”科目年初数为4万元,年末数为2万元,假定不考虑其他税费。

要求计算:

(1) 销售商品收到现金;

(2) 购买商品支付现金;

(3) 支付给职工以及为职工支付的现金;

(4) 支付的各项税费。

五、综合题

1. ABC股份有限公司系增值税一般纳税人,该公司适用的所得税率为25%,增值税率为17%,库存材料采用计划成本核算,材料成本差异率为1%,该公司20×9年年初未分配利润为670万元,该公司20×9年度发生如下有关经济业务。

(1)采用托收承付方式销售产品一批,销售价款为200万元,该产品销售成本为120万元,本年应收的款项尚未收到。

(2)取得罚款收入6万元,存入银行。

(3)结转固定资产清理净损失6.8万元。

(4)以银行存款支付违反税收规定的罚款3万元,非公益性捐赠支出5万元。

(5)以银行存款支付广告费7万元。

(6)销售材料一批,该批材料计划成本为7万元,销售价格为10万元,款项已经收到并存入银行。

(7)计提本期应负担的城市维护建设税30万元。

(8)计算本年销售应负担的教育费附加1万元。

(9)计提短期借款利息5万元.。

(10)按成本法核算收到被投资单位分配的现金股利6.6万元(属于投资后被投资单位实现的净利润)。假定税法不确认此项投资收益。

(11)计提管理部门使用的固定资产年折旧,该固定资产系20×7年12月购入并投入使用,其原价为50.5万元,折旧年限为4年,假使预计净残值为0.5万元,采用直线法计提折旧,按税法规定该固定资产的折旧年限为2年。

(12)公司本年度发生其他管理费用3万元,以用银行存款支付。

(13)计算本年所得税费用和应交所得税,假定本年度应纳税所得额为111 300万元,递延所得税负债的期末余额为31 250元,期初余额为0。

(14)结转“本年利润”和“利润分配——未分配利润”。

要求:

(1)编制20×9年度有关经济业务的会计分录;

(2)编制20×9年度利润表。

利润表

会企 02 表

编制单位:ABC 股份有限公司　　20×9　　单位:元

项目	本期金额
一、营业收入	
减:营业成本	
营业税金及附加	
销售费用	
管理费用	
财务费用	
加:投资收益(损失以“-”号填列)	
二、营业利润(亏损以“-”号填列)	
加:营业外收入	
减:营业外支出	
三、利润总额(亏损总额以“-”号填列)	
减:所得税费用	
四、净利润(净亏损以“-”号填列)	

2. 甲股份有限公司(以下简称甲公司)为增值税一般纳税企业,适用的增值税税率为17%。商品销售价格中均不含增值税额,按每笔销售分别结转销售成本。甲公司销售商品、零配件及提供劳务均为主营业务。

甲公司20×9年9月发生的经济业务如下。

(1)以交款提货方式向A公司销售商品一批。该批商品的销售价格为4万元,实际成本为3.4万元,提货单和增值税专用发票已交A公司,款项已收到存入银行。

(2)与B公司签订协议,委托其代销商品一批。根据代销协议,B公司按代销商品协议价的5%收取手续费,并直接从代销款中扣除。该批商品的协议价为5万元,实际成本为3.6万元,商品已运往B公司。本月末收到B公司开来的代销清单,列明已售出该批商品的50%;同时收到已售出代销商品的代销款(已扣除手续费)。

(3)与C公司签订一项设备安装合同。该设备安装期为两个月,合同总价款为3万元,分两次收取。本月末收到第一笔价款1万元,并存入银行。按合同约定,安装工程完成日收取剩余的款项。至本月末,已实际发生安装成本1.2万元(假定均为安装人员工资)。

(4)向D公司销售一件特定商品。合同规定,该件商品须单独设计制造,总价款35万元,自合同签订日起两个月内交货。D公司已预付全部价款。至本月末,该件商品尚未完工,已发生生产成本15万元(其中,生产人员工资5万元,原材料10万元)。

(5)向E公司销售一批零配件。该批零配件的销售价格为100万元,实际成本为 80 万元。增值税专用发票及提货单已交给 E 公司。E 公司已开出承兑的商业汇票,该商业汇票期限为三个月,到期日为 12 月 10 日。E 公司因受场地限制,推迟到下月 23 日提货。

(6)与 H 公司签订一项设备维修服务协议。本月末,该维修服务完成并经 H 公司验收合格,同时收到 H 公司按协议支付的劳务款 50 万元。为完成该项维修服务,发生相关费用 10.4 万元(假定均为维修人员工资)。

(7)M 公司退回 20×8 年 12 月 28 日购买的商品一批。该批商品的销售价格为 6 万元,实际成本为 4.7 万元。该批商品的销售收入已在售出时确认,但款项尚未收取。经查明,退货理由符合原合同约定。本月末已办妥退货手续并开具红字增值税专用发票。

(8)计算本月应交所得税。假定该公司适用的所得税率为 25%,本期无任何纳税调整事项。

除上述经济业务外,甲公司登记 9 月份发生的其他经济业务形成的账户余额如下表所示。

账户名称	借方余额(万元)	贷方余额(万元)
其他业务收入		2
其他业务成本	1	
投资收益		1.53
营业外收入		20
营业外支出	40	
营业税金及附加	10	
管理费用	5	
财务费用	1	

要求:

(1)编制甲公司上述(1)至(8)项经济业务相关的会计分录("应交税费"科目要求写出明细科目及专栏名称);

(2)编制甲公司 9 月份的利润表。(答案中的金额单位用万元表示)

利润表

会企 02 表

编制单位:甲股份有限公司　　20×9 年 9 月　　单位:元

项　目	本期金额
一、营业收入	
减:营业成本	

续表

项　目	本期金额
营业税金及附加	
销售费用	
管理费用	
财务费用	
资产减值损失	
加:公允价值变动收益(损失以"-"号填列)	
投资收益(损失以"-"号填列)	
其中:对联营企业和合营企业的投资收益	
二、营业利润(亏损以"-"号填列)	
加:营业外收入	
减:营业外支出	
其中:非流动资产处置损失	
三、利润总额(亏损总额以"-"号填列)	
减:所得税费用	
四、净利润(净亏损以"-"号填列)	

3. 乙公司为增值税一般纳税企业,销售的产品为应纳增值税产品,增值税率为17%,产品销售价格中不含增值税额。适用的所得税率为25%。产品销售成本按经济业务逐笔结转。乙公司20×9年发生如下经济业务。

(1)向A公司销售甲产品一批,销售价格20万元,产品成本12万元。产品已经发出,并开出增值税专用发票,已向银行办妥托收手续。

(2)委托B公司销售甲产品一批,协议价格10万元,产品成本6万元。乙公司收到B公司开来的代销清单,B公司已将代销的该批甲产品售出80%。

(3)收到B公司按售价10%扣除手续费后的金额存入银行。

(4)采用交款提货方式向C公司销售甲产品一批,售价20 000元,产品成本11 250元,收到的款项已存入银行。

(5)收到A公司甲产品退货30件。该退货系乙公司20×8年售出,售出时每件售价200元,单位成本175元,该货款当时已如数收存银行。乙公司用银行存款支付退货款项,退回的甲产品验收入库,并按规定开出红字增值税专用发票。(该项退货不属于资产负债表日后事项)

(6)计提交易性金融资产利息5 000元,该交易性金融资产为分期付息的企业债券。

(7)计提已完工工程项目的长期借款利息6 000元;用银行存款支付发生的管理

费用5 000元,销售费用2 000元。

(8)用银行存款支付非公益救济性捐赠支出1万元。

要求:

(1)编制乙公司有关经济业务的会计分录(除“应交税费”科目外,企业其余科目可不写明细科目);

(2)计算本期应交所得税(假定应纳税所得额为10.4万元);

(3)编制乙公司20×9年度的利润表。(答案中的金额用万元表示)

利润表

会企02表

编制单位:乙公司　　　　20×9年　　　　单位:元

项　目	本期金额
一、营业收入	
减:营业成本	
营业税金及附加	
销售费用	
管理费用	
财务费用	
资产减值损失	
加:公允价值变动收益(损失以“-”号填列)	
投资收益(损失以“-”号填列)	
二、营业利润(亏损以“-”号填列)	
加:营业外收入	
减:营业外支出	
三、利润总额(亏损总额以“-”号填列)	
减:所得税费用	
四、净利润(净亏损以“-”号填列)	

4.甲公司和乙公司均为增值税一般纳税工业企业,其有关资料如下。

(1)甲公司销售的产品、材料均为应纳增值税货物,增值税税率17%,产品、材料销售价格中均不含增值税。

(2)甲公司材料和产品均按实际成本核算,其销售成本随着销售同时结转。

(3)乙公司为甲公司的联营企业,甲公司对乙公司的投资占乙公司有表决权资本的25%,甲公司对乙公司的投资按权益法核算。

(4)甲公司20×9年1月1日有关科目余额如下表所示。

科目名称	借方余额	科目名称	贷方余额
库存现金	500	短期借款	500 000
银行存款	400 000	应付票据	50 000
应收票据	230 000	应付账款	180 000
应收账款	200 000	应付职工薪酬	5 000
坏账准备	-1 000	应交税费	12 000
其他应收款	200	长期借款	1 260 000
原材料	350 000	实收资本	2 000 000
周转材料	30 000	盈余公积	120 000
库存商品	80 000	利润分配(未分配利润)	7 700
长期股权投资——乙公司	600 000		
固定资产	2 800 000		
累计折旧	-560 000		
无形资产	5 000		
合 计	4 134 700	合 计	4 134 700

(5)甲公司20×9年度发生如下经济业务。

① 购入原材料一批,增值税专用发票上注明的增值税税额为51 000元,原材料实际成本300 000元。材料已经到达并验收入库。企业开出商业承兑汇票。

② 销售给乙公司一批产品,销售价格40 000元,产品成本32 000元。产品已经发出,开出增值税专用发票,款项尚未收到。(除增值税以外,不考虑其他税费)甲公司销售该产品的销售毛利率为20%。

③ 对外销售一批原材料,销售价格26 000元,材料实际成本18 000元。销售材料已经发出,开出增值税专用发票。款项已经收到并存入银行。(除增值税以外,不考虑其他税费)

④ 出售一台不需用设备给乙公司,设备账面原价150 000元,已提折旧24 000元,出售价格180 000元。出售设备价款已经收到并存入银行。甲公司出售该项设备的毛利率为30%。(假设出售该项设备不需交纳增值税等有关税费)乙公司购入该项设备用于管理部门,本年度提取该项设备的折旧18 000元。

⑤ 按应收账款年末余额的5‰计提坏账准备。

⑥ 用银行存款偿还到期应付票据20 000元,交纳所得税2 300元。

⑦ 乙公司本年实现净利润280 000元,甲公司按投资比例确认其投资收益。

⑧ 摊销无形资产价值1 000元;计提管理用固定资产折旧8 766元。

⑨ 本年度所得税费用和应交所得税为42 900元;实现净利润87 100元;计提盈余公积8 710元。

要求：

(1)编制甲公司的有关经济业务会计分录(各损益类科目结转本年利润以及与利润分配有关的会计分录除外。除"应交税费"科目外,其余科目可不写明细科目)。

(2)填列甲公司20×9年12月31日资产负债表的年末数(填入下表)。

资产负债表

会企01表

编制单位:甲公司　　20×9年12月31日　　单位:元

资　产	期末余额	负债及所有者权益	期末余额
流动资产：		流动负债：	
货币资金		短期借款	
应收票据		应付票据	
应收账款		应付账款	
其他应收款		应付职工薪酬	
存货		应交税费	
流动资产合计		其他流动负债	
非流动资产：		流动负债合计	
长期股权投资　乙公司		长期借款	
固定资产		非流动负债合计	
无形资产		负债合计	
非流动资产合计		所有者权益：	
		实收资本	
		盈余公积	
		未分配利润	
		所有者权益合计	
资产总计		负债和股东权益总计	

巩固练习题参考答案及解析

一、单项选择题

1.【答案】D

【解析】该企业月末资产负债表中"应收账款"项目的金额 = 35 000 + 5 000 + 10 000 = 50 000(元)。

2.【答案】A

【解析】存货项目的金额 = 50 + 30 − 2 + 10 = 88(万元)。

3.【答案】B

【解析】“应收账款”明细账贷方余额具有预收性质，应在资产负债表的“预收账款”项目中反映。

4.【答案】B

【解析】应收票据项目的金额 = 100 - 10 = 90(万元)。

5.【答案】C

【解析】未分配利润项目应根据“本年利润”和“利润分配”科目的余额计算填列。

6.【答案】D

【解析】工程物资属于长期资产，而非存货。

7.【答案】C

【解析】固定资产项目的金额 = 2 000 - 800 - 100 = 1 100(万元)。

8.【答案】C

【解析】短期借款应根据总账款科目余额直接填列。

9.【答案】C

【解析】长期借款、长期应付款和应付债券三个项目均在长期负债项下列示，应付股利项目是流动性项目。

10.【答案】C

【解析】“本年利润”账户的金额只有在年度终了时才能结转到“利润分配——未分配利润”账户。在未结转前编制资产负债表时，“本年利润”账户的余额也应反映在资产负债表的“未分配利润”项目中。

11.【答案】B

【解析】资产负债表中的“预付款项”项目应根据“预付账款”所属明细账借方余额合计和“应付账款”所属明细账借方余额合计数之和填列，该企业月末资产负债表中“预付款项”项目的金额 = 15 000 + 10 000 = 25 000(元)。

12.【答案】A

【解析】资产负债表中的“应收账款”项目应根据“应收账款”所属明细账借方余额合计数和“预收账款”所属明细账借方余额合计数减去与应收账款有关的“坏账准备”贷方余额填列。

13.【答案】B

【解析】“应收账款”项目应根据“应收账款”和“预收账款”明细账户期末借方余额及与应收账款有关的“坏账准备”账户期末贷方余额相抵后填列；“预付款项”项目应根据“预付账款”所属明细账借方余额合计数和“应付账款”所属明细账借方余额合计数之和填列；“预收款项”项目应根据“预收账款”所属明细账贷方余额合计和“应收账款”所属明细账贷方余额合计数之和填列。“应付职工薪酬”项目应根据“应付职工薪酬”账户期末贷方余额填列。

14.【答案】D

【解析】“无形资产”项目的金额=500-200-100=200(万元)。

15.【答案】A

【解析】资产负债表中的“货币资金”项目包括库存现金、银行存款和其他货币资金三项内容。银行承兑汇票和商业承兑汇票属于应收票据核算的内容。

16.【答案】C

【解析】“预付账款”明细账贷方余额具有应付性质,应在资产负债表的“应付账款”项目中反映。

17.【答案】C

【解析】“应收账款”项目的金额=(350+50)+200-10=590(万元)。

18.【答案】B

【解析】营业利润=200-100-10-20-5+20-10+30=105(万元)。

19.【答案】D

【解析】选项“A 和 B”属于现金内部发生的变动,不影响现金流量;选项“C”不影响现金流量;选项“D”会影响现金流量的变动。

20.【答案】D

【解析】投资活动是指企业长期资产的购建和不包括在现金等价物范围内的投资及其处置活动。支付的在建工程人员的工资属于投资活动。

二、多项选择题

1.【答案】ABC

【解析】所得税费用不影响营业利润。

2.【答案】ABC

【解析】资产负债表中的“应收账款”项目反映的是应收账款的金额,“坏账准备”科目的余额应反映到资产负债表的“应收账款”项目内。

3.【答案】BCD

【解析】应收账款和预收款项应根据其明细科目分析,借方余额为应收账款,贷方余额为预收款项;应付账款明细账借方余额为预付,贷方余额为应付。

4.【答案】ABCD

【解析】生产成本和制造费用反映在产品的成本。

5.【答案】ABCD

【解析】资产负债表的数据来源,可以通过以下几种方式取得:①根据总账科目余额直接填列;②根据总账科目计算填列;③根据明细账余额计算填列;④根据总账科目和明细科目余额进行填列。

6.【答案】BC

【解析】应付账款项目反映的内容有:①应付账款所属明细账贷方余额;②预付账款所属明细账贷方余额。

7.【答案】ABC

【解析】工程物资属于资产负债表中的非流动资产,不属于流动资产中存货的内容。

8.【答案】AB

【解析】短期借款和资本公积两个项目应根据其总账余额直接填列。应收票据项目应根据应收票据总账余额和与应收票据有关的坏账准备余额计算后填列。应收账款项目填列时应考虑的科目有:“应收账款”所属明细账借方余额合计减去与应收账款计提有关的“坏账准备”科目贷方余额。

9.【答案】ABCD

【解析】上述选项均应包括在资产负债表“存货”项目中。

10.【答案】ABC

【解析】资产负债表中列示的流动资产项目通常包括:货币资金、交易性金融资产、应收票据、应收账款、预付款项、应收利息、应收股利、其他应收款、存货和一年内到期的非流动资产等。

11.【答案】ABC

【解析】预付款项属于流动资产。

12.【答案】ABD

【解析】三个月内到期的国库券属于现金等价物。

13.【答案】ABCD

【解析】现金流量表中的现金包括库存现金、可随时支用的银行存款和其他货币资金以及现金等价物。银行汇票属于其他货币资金核算的内容。

14.【答案】AC

【解析】用产成品偿还短期借款不影响现金流量的变动,支付管理人员工资和支付的各项税费属于经营活动现金流出内容。收到被投资单位利润属于投资活动产生的现金流量。因此,选项“A”和“C”正确。

15.【答案】AC

【解析】两个月内到期的国债投资属于现金等价物,选项“A”不影响现金流量;应收票据不属于现金等价物。

三、判断题

1.【答案】√

2.【答案】×

【解析】“利润分配”总账的年末余额一定与相应的资产负债表中“未分配利润”项目的数额一致。

3.【答案】×

【解析】“长期待摊费用”项目应根据“长期待摊费用”科目的期末余额减去将于一年内摊销的数额后的金额填列。

4.【答案】√

【解析】增值税属于价外税。

5.【答案】×

【解析】“固定资产清理”科目出现贷方余额才以负数填列。

6.【答案】×

【解析】资产负债表中“应付账款”项目应根据“应付账款”和“预付账款”所属明细账贷方余额合计填列。

7.【答案】×

【解析】有的不是企业所拥有的,但属于企业所控制的,如融资租入的固定资产。

8.【答案】×

【解析】“应付账款”、“预付款项”、“预收款项”项目应根据明细科目余额计算填列。

9.【答案】√

10.【答案】×

【解析】“应收票据”项目应根据“应收票据”科目的期末余额减去“坏账准备”科目中有关应收票据计提的坏账准备期末余额后的金额填列。

11.【答案】√

12.【答案】×

【解析】“预付账款“科目所属各明细科目期末有贷方余额的,应在资产负债表“应付账款”项目内填列。

13.【答案】√

14.【答案】√

15.【答案】×

【解析】“在建工程”项目应根据“在建工程”科目的期末余额减去“在建工程减值准备”科目期末余额后的金额填列。

16.【答案】×

【解析】“开发支出”项目应根据“研发支出”科目中所属的“资本化支出”明细科目期末余额填列。

17.【答案】√

18.【答案】×

【解析】“预收款项”项目应根据“预收账款”和“应收账款”科目所属各明细科目的期末贷方余额合计数填列。如“预收账款”科目所属各明细科目期末有借方余额,应在资产负债表“应收账款”项目内填列。

19.【答案】×

【解析】“应付职工薪酬”项目,反映企业根据有关规定应付给职工的工资、职工福利、社会保险费、住房公积金、工会经费、职工教育经费、非货币性福利、辞退福利等各种薪酬。

20.【答案】√

四、计算分析题

1.【答案】

该企业20×9年利润表中有关项目的金额为：

(1)营业利润=45 000×20－45 000×12+30 000－50 000=340 000(元)

(2)利润总额=340 000+3 000=343 000(元)

(3)本年应交所得税=〔343 000－2 500+(20 000－10 000)〕×25%=87 625(元)

(4)净利润=343 000－87 625=255 375(元)

2.【答案】

(1)甲公司长期股权投资核算的有关会计分录：

20×9年1月1日

借:长期股权投资——乙公司 200 000

　贷:银行存款 200 000

乙公司宣告并派发20×9年利润时

借:应收股利 20 000

　贷:投资收益 20 000

借:银行存款 20 000

　贷:应收股利 20 000

(2)乙公司接受该投资和利润分配核算的有关会计分录：

借:银行存款 200 000

　贷:实收资本 200 000

20×9年末

借:利润分配——提取法定盈余公积 40 000

　贷:盈余公积——法定盈余公积 40 000

借:利润分配——应付现金股利或利润 200 000

　贷:应付股利 200 000

借:应付股利 200 000

　贷:银行存款 200 000

3.【答案】

(1)“长期借款”项目金额=(200+400+300)－300=600(万元)。

(2)“一年内到期的非流动性负债”项目金额=300(万元)。

(3)“长期待摊费用”项目金额=50－20=30(万元)。

(4)“一年内到期的非流动性资产”项目金额=20(万元)。

4.【答案】

(1)“营业收入”项目金额=5 000－100+300－60=5 140(万元)。

(2)"营业成本"项目金额 =4 000 -60 +200 -40 =4 100(万元)。

5.【答案】

(1)销售商品收到现金 =1 000 +200 +100 -80 -60 =1 160(万元)。

(2)购买商品支付现金 =700 +80 +70 -40 =810(万元)。

(3)支付给职工以及为职工支付的现金 =200 +(20 -10) =210(万元)。

(4)支付的各项税费 =50 +(4 -2) =52(万元)。

五、综合题

1.【答案】

(1)编制 20×9 年度有关经济业务的会计分录:

分录	借方	贷方
①借:应收账款	2 340 000	
贷:主营业务收入		2 000 000
应交税费——应交增值税(销项税额)		340 000
借:主营业务成本	1 200 000	
贷:库存商品		1 200 000
②借:银行存款	60 000	
贷:营业外收入		60 000
③借:营业外支出	68 000	
贷:固定资产清理		68 000
④借:营业外支出	80 000	
贷:银行存款		80 000
⑤借:销售费用	70 000	
贷:银行存款		70 000
⑥借:银行存款	117 000	
贷:其他业务收入		100 000
应交税费——应交增值税(销项税额)		17 000
借:其他业务成本	70 700	
贷:原材料		70 000
材料成本差异		700
⑦借:营业税金及附加	300 000	
贷:应交税费——应交城市维护建设税		300 000
⑧借:营业税金及附加	10 000	
贷:应交税费——应交教育费附加		10 000
⑨借:财务费用	50 000	
贷:应付利息		50 000
⑩借:应收股利	66 000	
贷:投资收益		66 000

借:银行存款　　66 000

　贷:应收股利　　66 000

⑪本年会计折旧额=(505 000－5 000)÷4=125 000(元)

借:管理费用　　125 000

　贷:累计折旧　　125 000

⑫借:管理费用　　30 000

　贷:银行存款　　30 000

⑬应交所得税=111 300×25%=27 825(元)

递延所得税负债=31 250－0=31 250(元)

借:所得税费用　　59 075

　贷:应交税费——应交所得税　　27 825

　　递延所得税负债　　31 250

⑭结转费用损失

借:本年利润　　2 062 775

　贷:主营业务成本　　1 200 000

　　营业税金及附加　　310 000

　　其他业务成本　　70 700

　　销售费用　　70 000

　　财务费用　　50 000

　　管理费用　　155 000

　　营业外支出　　148 000

　　所得税费用　　59 075

结转收入收益

借:主营业务收入　　2 000 000

　营业外收入　　60 000

　其他业务收入　　100 000

　投资收益　　66 000

　贷:本年利润　　2 226 000

结转净利润

借:本年利润　　163 225

　贷:利润分配——未分配利润　　163 225

(2)编制利润表:

利润表

会企 02 表

编制单位:ABC 股份有限公司　　20×9 年　　单位:元

项目	本期金额
一、营业收入	2 100 000
减:营业成本	1 270 700
营业税金及附加	310 000
销售费用	70 000
管理费用	155 000
财务费用	50 000
加:投资收益(损失以"-"号填列)	66 000
二、营业利润(亏损以"-"号填列)	310 300
加:营业外收入	60 000
减:营业外支出	148 000
三、利润总额(亏损总额以"-"号填列)	222 300
减:所得税费用	59 075
四、净利润(净亏损以"-"号填列)	163 225

2.【答案】

(1)编制相关的会计分录:

①借:银行存款　4.68
　贷:主营业务收入　4
　　应交税费——应交增值税(销项税额)　0.68
借:主营业务成本　3.4
　贷:库存商品　3.4

②借:委托代销商品　3.6
　贷:库存商品　3.6
借:银行存款　2.8
　销售费用——代销手续费　0.13
　贷:主营业务收入　2.5
　　应交税费——应交增值税(销项税额)　0.43
借:主营业务成本　1.8
　贷:委托代销商品　1.8

③借:银行存款 1
　　贷:预收账款 1
　借:生产成本 1.2
　　贷:应付职工薪酬 1.2
④借:银行存款 35
　　贷:预收账款 35
　借:生产成本 15
　　贷:应付职工薪酬 5
　　　原材料 10
⑤借:应收票据 117
　　贷:主营业务收入 100
　　　应交税费——应交增值税(销项税额) 17
　借:主营业务成本 80
　　贷:库存商品 80
⑥借:银行存款 50
　　贷:主营业务收入 42.74
　　　应交税费——应交增值税(销项税额) 7.26
　借:生产成本 10.4
　　贷:应付职工薪酬 10.4
　借:主营业务成本 10.4
　　贷:生产成本 10.4
⑦借:主营业务收入 6
　　应交税费——应交增值税(销项税额) 1.02
　　贷:应收账款——甲公司 7.02
　借:库存商品 4.7
　　贷:主营业务成本 4.7

⑧本月实现的利润总额 = (143.24 + 2 + 1.53 + 20) - (90.9 + 1 + 10 + 0.13 + 5 + 1 + 40) = 18.74(万元)

所得税 = 18.74 × 25% = 4.685(万元)

　借:所得税费用 4.685
　　贷:应交税费——应交所得税 4.685

(2)编制9月份利润表如下。

利润表 会企 02 表

编制单位:甲股份有限公司 20×9 年 9 月 单位:元

项目	本期金额
一、营业收人	145.24
减:营业成本	91.9
营业税金及附加	10
销售费用	0.13
管理费用	5
财务费用	1
资产减值损失	
加:公允价值变动收益(损失以"-"号填列)	
投资收益(损失以"-"号填列)	1.53
其中:对联营企业和合营企业的投资收益	
二、营业利润(亏损以"-"号填列)	38.74
加:营业外收入	20
减:营业外支出	40
其中:非流动资产处置损失	
三、利润总额(亏损总额以"-"号填列)	18.74
减:所得税费用	4.685
四、净利润(净亏损以"-"号填列)	14.055

3.【答案】

(1)编制会计分录

①向 A 公司销售甲产品并结算销售成本

借:应收账款 23.4

贷:主营业务收入 20

应交税费——应交增值税(销项税额) 3.4

借:主营业务成本 12

贷:库存商品 12

②委托 B 公司代销甲产品

发出商品时

借:委托代销商品 6

贷:库存商品 6

收到代销清单时

借:应收账款 9.36

贷:主营业务收入 (10×80%)8

　　应交税费——应交增值税(销项税额)　　1.36

结转成本

借:主营业务成本　　4.8

　贷:委托代销商品　　4.8

③收到款项

借:银行存款　　8.56

　销售费用　　0.8

　贷:应收账款　　9.36

④交款提货方式销售商品

借:银行存款　　2.34

　贷:主营业务收入　　2

　　应交税费——应交增值税(销项税额)　　0.34

结转成本

借:主营业务成本　　1.125

　贷:库存商品　　1.125

⑤销售退回

借:主营业务收入　　0.6

　应交税费——应交增值税(销项税额)　　0.102

　贷:银行存款　　0.702

借:库存商品　　0.525

　贷:主营业务成本　　0.525

⑥计提交易性金融资产利息

借:应收利息　　0.5

　贷:投资收益　　0.5

⑦计提借款利息和支付期间费用

借:财务费用　　0.6

　贷:长期借款　　0.6

借:管理费用　　0.5

　销售费用　　0.2

　贷:银行存款　　0.7

⑧支付非公益救济性捐赠支出

借:营业外支出　　1

　贷:银行存款　　1

(2)计算本期应交所得税

应交所得税 =10.4×25% =2.6(万元)

会计分录:

借:所得税费用 2.6

　贷:应交税费——应交所得税 2.6

(3)编制利润表

利润表

会企 02 表

编制单位:甲股份有限公司　20×9 年　单位:元

项目	本期金额
一、营业收入	29.4
减:营业成本	17.4
营业税金及附加	
销售费用	1
管理费用	0.5
财务费用	0.6
资产减值损失	
加:公允价值变动收益(损失以"-"号填列)	
投资收益(损失以"-"号填列)	0.5
二、营业利润(亏损以"-"号填列)	10.4
加:营业外收入	
减:营业外支出	1
三、利润总额(亏损总额以"-"号填列)	9.4
减:所得税费用	2.6
四、净利润(净亏损以"-"号填列)	6.8

4.【答案】

(1)编制甲公司会计分录

①借:原材料 300 000

　应交税费——应交增值税(进项税额) 51 000

　贷:应付票据 351 000

②借:应收账款 46 800

　贷:主营业务收入 40 000

　　应交税费——应交增值税(销项税额) 6 800

借:主营业务成本 32 000

　贷:库存商品 32 000

③借:银行存款 30 420

　贷:其他业务收入 26 000

应交税费——应交增值税(销项税额) 4 420
借:其他业务成本 18 000
贷:原材料 18 000
④借:固定资产清理 126 000
累计折旧 24 000
贷:固定资产 150 000
借:银行存款 180 000
贷:固定资产清理 180 000
借:固定资产清理 54 000
贷:营业外收入 54 000
⑤借:资产减值损失 [(200 000 +46 800) ×5‰ -1 000]234
贷:坏账准备 234
⑥借:应付票据 20 000
应交税费——应交所得税 2 300
贷:银行存款 22 300
⑦借:长期股权投资——乙公司(损益调整) 70 000
贷:投资收益 70 000
⑧借:管理费用 1 000
贷:累计摊销 1 000
借:管理费用 8 766
贷:累计折旧 8 766
⑨借:所得税费用 42 900
贷:应交税费——应交所得税 42 900

(2)编制资产负债表

资产负债表

会企 01 表

编制单位:甲公司 20×9 年 12 月 31 日 单位:元

资　产	期末余额	负债及所有者权益	期末余额
流动资产:		流动负债:	
货币资金	588 620	短期借款	500 000
应收票据	230 000	应付票据	381 000
应收账款	245 566	应付账款	180 000
其他应收款	200	应付职工薪酬	5 000
存货	710 000	应交税费	12 820
流动资产合计	1 774 386	流动负债合计	1 078 820

续表

资　产	期末余额	负债及所有者权益	期末余额
非流动资产：		非流动负债：	
长期股权投资——乙公司	670 000	长期借款	1 260 000
固定资产	2 105 234	非流动负债合计	1 260 000
无形资产	4 000	负债合计	2 338 820
非流动资产合计	2 779 234	所有者权益：	
		实收资本	2 000 000
		盈余公积	128 710
		未分配利润	86 090
		所有者权益合计	2 214 800
资产总计	4 553 620	负债和股东权益总计	4 553 620

【答案解析】计算过程如下：

应交税费 = 期初 12 000 − (1)51 000 + (2)6 800 + (3)4 420 − (6)2 300 + (9)42 900 = 12 820(元)

参考文献

[1]全国会计专业技术资格考试参考用书编审委员会.2008年度全国会计专业技术资格考试参考用书:初级会计实务学习指南[M].北京:中国财政经济出版社,2007.

[2]全国会计专业技术资格考试参考用书编审委员会.2008年度全国会计专业技术资格考试参考用书:中级会计实务学习指南[M].北京:中国财政经济出版社,2007.

[3]张志凤.全国会计专业技术资格考试辅导用书:2008年会计专业技术资格考试应试指导及全真模拟测试——中级会计实务[M].北京:北京大学出版社,2007.

[4]张志凤.全国会计专业技术资格考试辅导用书:2008年会计专业技术资格考试应试指导及全真模拟测试——初级会计实务[M].北京:北京大学出版社,2007.

[5]班景刚.财务会计学[M].上海:立信会计出版社,2008.

[6]杨闻萍.中级会计实务(2008)习题班练习.大家学习网.

[7]王世定,赵治纲.最新企业会计准则实务操作[M].2版.北京:经济科学出版社,2007.